JN017378

ITO
MAKOTO
FAST
TRACK
SERIES

伊藤 真ファーストトラックシリーズ 2

民法

第 2 版

伊藤 真 監修／伊藤塾 著

弘文堂

シリーズ刊行に際して――今こそ法律を学ぶチャンス

法律の勉強を始めるのに決まった時期などありません。年齢、性別、学歴、国籍などもいっさい関係ありません。中学生や高校生でも、社会人、シニアでも、いつからでも法律は学べます。学び始めるのに早すぎることも、遅すぎることもありません。

やってみよう、読んでみようと思ったときが始めるのに一番いいタイミングなのです。

今、日本は大きく変わろうとしています。

経済成長、エネルギー、安全保障、TPP、社会保障、少子化、超高齢社会等、科学技術や芸術の発展、変化だけでなく、国のあり方や社会のあり方も大きく変わろうとしています。こうした社会の変化はすべて法律問題として現れてきます。今、法律を学び、こうした問題を法的に見る目を養っておくことは、将来こうした問題に的確に対処するうえで不可欠です。これからますます法律が重要になってきます。

法律は、わたしたちの生活にとても身近で、興味深いものです。

コンビニでおにぎりを買うことも、就職することも、結婚することも、ベンチャー企業を起こすことも、NPO・NGOを立ち上げることも、SNSに動画や文書をあげることも、何もかもすべて法律が関わっています。そして、それは日本国内にとどまりません。法は世界のあらゆるところで顔をだします。コンプライアンスの意味がわからなければ、民間企業で働くことはできません。就活にも不可欠の知識です。

法律を学ぶとどう変わると思いますか？

人気テレビ番組の法律クイズに答えられるような知識はもちろん身につきますが、一番は、社会との関わりのなかで答えがわからない問題について、自分で考えて結論をだせるようになるのです。そして、その結論を事実と論理と言葉で説得できるようになります。

実は法律は説得の道具なのです。

世の中は何が正しいのかわからない問題であふれています。たとえば、原発、普天間、TPP、年金、地方活性化などの国政や行政に関わる問題から、新商品開発、新しい営業や新会社の設立などの企業に関わる問題や、就活、結婚、育児、相続など個人的な問題まで、何が正しい答えなのかわからない問題ばかりです。

そうした問題に対して、インターネットから答えを探してくるのではなく、自分の頭で考えて、自分の価値観で判断して答えを創りだすことができるようになります。しかも、かぎられた情報と時間のなかで決断する能力を身につけることができるようになります。その結果を、感情に訴えて説得するのではなく、論理的に事実に基づいて、正確な言葉で説得できるようになるのです。

法的な思考方法は世界共通です。

この国で生活する良き市民として、企業人として、世界で活躍する地球市民として、法的思考方法は不可欠な素養となっていきます。本シリーズ「伊藤真 Fast track」ではこうした力を身につけるきっかけとして、法律に気軽に触れ、楽しみながら学習できるようにさまざまな工夫をこらしました。これから遭遇するエキサイティングな法律の世界を、楽しんでめぐってみてください。

伊藤　真

第2版　はしがき

知ること、知識を得ることは楽しいと感じる人がほとんどだと思います。この本を読んでいるあなたも、法律を知りたい、勉強したいという思いが起きたから手に取ったのではないでしょうか。人間は、知りえたことを次に活かすことによって進歩してきました。

このファーストトラックシリーズは、発売以来多くの方から感想をいただきました。たとえば、60代の方からは「Caseが大変興味深い内容で、読み進めると自然にAnswerに導かれるところが面白かった」、20代の講師の方からは「わかりやすくタメになった」、また「自身の再勉強と甥・姪にも読ませたい」という方もあり、学生やビジネスマンはもちろん、法律に興味のあるさまざまな方に読んでいただくことができました。

これは、First Track――はじめて法律の世界を知る人たちに、難しく感じる法律の知識や議論を迅速に理解してもらえるように、という本書のコンセプトが受け入れられたのだろうと嬉しく思います。

さて、今回の改訂では、主に、2017年5月26日に成立した「民法の一部を改正する法律」（平成29年法律第44号）の内容を反映しました。この民法の改正は、現在の民法になってから「120年ぶりの大改正」とよばれるほどの大きなものでした。大改正といわれるゆえんのひとつとして、民法ばかりでなく、それに関わる多くの他の法律が改正されています（平成29年法律第45号）。そのため、これらの法律の運用を開始するにはかなりの期間が必要と判断され、この（2020年）4月1日から施行されることとなりました。

また、これとは別に成年年齢を変更する民法の改正があり、その内容も第2版で反映しました。これも社会に大きく影響してくる改正ですが、こちらのほうは2022年4月1日から施行されるため、注記程度にとどめています。

これらの法改正の内容を反映することが今回の改訂の一番の目的ですが、そのほかにも、初版を見直し、重要な内容をいくつか新たに追加し、よりわかりやすく、適切な表現に改めました。

民法は、私たちの日常生活にいちばん密接に関わっている法律です。今、AI（人工知能）やIoT（Internet of Things）ばかりでなく、社会の変化はめまぐるしいものがありますが、そんな社会変化によって、法律は変わる必要があります。以前に民法を勉強したのに、また勉強しなおすのかと億劫になることもあるかもしれませんが、むしろ変化にわくわくしながら、本書ですばやく、楽しく学んでいきましょう。

今回の改訂にあたっては、多くの方に関わっていただきました。特に伊藤塾（法学館）の書籍出版において従前から貢献していただいている弁護士近藤俊之氏と弁護士永野達也氏には、本書でも紹介している『試験対策講座スタートアップ民法・民法総則』の制作にもご尽力いただいたため、細部にわたって目を通していただきました。そして、2018年に予備試験に合格し、翌2019年に司法試験に合格された平岩三佳さんをはじめとする伊藤塾の誇る優秀なスタッフ、ならびに弘文堂のみなさんのご協力があり刊行となりました。ここに改めて感謝の意を表します。

2020年5月

伊藤　真

はしがき――だれでも楽しめる法律の世界へ ●●●●●●●

1　何が不安ですか？

法律に興味はあるのだけれど、法律の勉強は量も多くて難しそうだし、大変だと思い込んでいませんか。ですが、法律の勉強ほど実は楽しく、ある意味で簡単なものはありません。こういうと誤解を受けそうなのですが、ほかの分野の勉強と比較してみるとわかります。まず、物理や数学という自然科学の世界は、まさに自然がつくったものを人間が解明しようとするのですから、これは理解するだけでも相当大変だとわかります。文学、哲学、心理学などの人文科学の世界は、人間の心の問題を扱います。人間とは何か、人は何のために生きるのか、複雑奇怪な人間の感情を問題にします。自分の感情さえわからないことがあるのですから、これまた極めるのは大変なことです。社会科学の分野でも、経済は高等数学が必要ですし、政治学は現実の政治を相手にするのですから、相当の覚悟が必要です。

ですが、**法律の勉強は、たかだか百数十年前に人間がつくった法律という道具を使いこなせるようになればいいだけです**。基本的には対立する利益を調整するための道具ですから、どうバランスを取ればいいのかという常識的な判断と、どのように説明すればいいのかという多少の理屈を学べば、だれでも使いこなすことができます。

わたしはよく、**法律の勉強は語学と同じ**だと言っています。学び始める前はとても難しく感じる言葉であっても、慣れるとそれなりに使えるようになります。日本では日本語を、アメリカやイギリスでは英語を、その国では子どもでもその国の言葉を使って生活をしています。学べばだれでも身につけることができるものなのです。法律もまったく同じです。難しく思える法律用語がたくさんありますが、日本語ですから、ほかの国の言語より簡単に学べます。

では、法律が難しいと感じてしまう原因はどこにあるのでしょうか。わたしは、3つあると思っています。1つ目は**勉強する量が多くて途中で挫折してしまうこと**、2つ目は**何が重要なのかわからずに全体が見えなくなること**、3つ目は、**抽象的な議論が多いうえに言葉が難しいこと**です。ですから、この3つの原因を解決してしまえば、簡単に楽しく勉強できるのです。

1つ目の量の多さに関しては、**本当に重要なものに絞り込んで全体の学習量を**

圧縮してしまえばいいだけです。ただ、量を減らすだけでは意味がありません。**まずは木の幹にあたる部分だけをしっかりと学びます**。すると木の幹が見えてきて、その法律のフォームが見えてきます。そうすると、法律の勉強を続けようという意欲も沸いてきます。

２つ目ですが、知らない分野の勉強を始めると、どこが重要かわからず、メリハリがつけられないためにわかった気がしないということがよくあります。ここも、学習当初から**適切なメリハリを意識しながら学べば大丈夫**です。まずこのシリーズで法律の幹を学習することで、その**法律の全体像、体系というものが浮かび上がってきます**。こうなったらもうこっちのものです。あとは枝を身につけ、最先端の議論をその枝の先に位置づけて学習すればいいだけです。このシリーズはできるだけ適切なメリハリをつけて法律の幹の部分の学習に重点をおいていますから､法律の森に迷い込んで方向がわからなくなってしまうことがありません。

３つ目の抽象的な議論が多いうえに言葉が難しいという点は、このシリーズは具体的なケース（Case）をもとに**具体例を意識しながら、わかりやすい言葉で解説**していますから安心してください。難しいことを難しく説明することはだれでもできます。簡単なことを平易に解説することも容易でしょう。難しいことをわかりやすく説明するところにこのシリーズの役割があります。

2　試験対策で必要なことはたった３つだけ

法律の勉強は語学と同じだとお話ししましたが、もう１点、語学と同じところがあります。それは、法律を学んで何をしたいのかを常に考えてみようということです。語学を学ぶときも、ただ学ぶだけでなく、その語学を使って何をしたいのかという目的意識をもって学んだほうが圧倒的に速く身につきます。法律も、試験をめざして勉強する、学部成績をアップさせる、就活に有利に使う、実際のトラブルを解決するために使う、などの目的意識がはっきりしていたほうがより速く、効果的に学習できます。

ですから、このシリーズで基本を学んだあとは、必ず次のステップに進んでほしいと思います。

行政書士や司法書士、そして司法試験などの法律資格の取得に、公務員などの就職筆記試験の合格に必要な勉強で身につけるべきことは3つだけです。

1つ目は**盤石な基礎固め**です。曖昧な100の知識よりも正確な10の知識のほうがずっと役に立ちます。知ったかぶりするための曖昧な知識を振りかざすことができても試験には絶対に合格できません。**知識は量ではなく質、精度で勝負**すべきなのです。

2つ目はその**基礎から考えて決断する訓練**です。知らない問題がでても対処できるように自分の頭で考えて**答えを創りだせるような力をつける**必要があります。

3つ目は答案を書いたり、問題を解いたりして**表現方法を訓練する**必要があります。アウトプット（答案作成力）の訓練です。これをやっておかないと、**頭ではわかっているのだけれど書けない**という悔しい思いをすることがあります。

この3つのステップにおいてもっとも重要なものはいうまでもなく、**盤石な基礎**です。どの分野の勉強でもスポーツでも音楽でもほかの芸術でも同じだと思います。基礎なくしては絶対に先に進めません。特に、これから公務員試験、司法試験、就職試験、司法書士試験、行政書士試験などさまざまな分野に進もうと決意したときに、しっかりとした基礎固めさえしておけば、後悔しないですみます。勉強を始める段階では、将来の可能性を広げておくような勉強をしておかなければなりません。このシリーズはあなたの将来の可能性を広げる役割を果たします。

3 Fast Trackのめざすところ

最後に、このシリーズの名称がなぜFast Trackなのかお話ししておきます。

Fast Trackとは、ほかとは別扱いのルート＝trackを通って、重要なものとか大切なもののための特別の早道とか抜け道、追い越し車線、急行列車用の線路を通るという意味です。つまり、難しく感じる法律の知識や議論を迅速に理解してもらえるようにという意味でつけました。また、はじめて法律の世界を知る人たちにとっては法律という競技場トラックの1周目ですから、First Trackともかけています。

このシリーズで、法律の世界をすばやく、楽しく1周してみてください。

ガイダンス

1 このシリーズの構成

(1) Case と Answer でイメージしてみよう

このシリーズの大きな特徴として、特に重要な項目については、具体的なイメージをもって理解できるように、その冒頭に、具体的な事実関係をもとにした設例を示す Case とその解答となる Answer を設けています。Case については、まずは法律の知識を気にすることなく、常識としてどのような結論になるのだろうかという視点から考えてみてください。そのうえで Answer を読むことによって、その項目について興味をもちながら読み進めることができるはずです。

(2) 法律初学者を迷わせない判例・通説に基づく説明

法律では、たとえばある条文の解釈について考え方が何通りかに分かれている、いわゆる論点とよばれるものがいくつもあります。この論点については、裁判所の確立した先例（判例）や通説、少数説など考え方の対立が激しいものもあり、深く学習しようとすると初心者にとってはわかりにくくなってしまいがちです。そこで、このシリーズでは、論点については**原則として判例・通説をより所として説明をする**にとどめています。例外として、判例・通説以外の考え方を理解しておかないと、そのテーマについての正確な理解をすることができないなどの場合にかぎって、判例・通説以外の考え方も説明しています。

(3) ビジュアル化で理解を手助け

法律の学習においては、**図や表を活用することで理解を助けます**。たとえば、具体的な事例を図に描いてみたり、さまざまな知識を表に整理したりしてビジュアル化することにより、理解がしやすくなることが多いはずです。このシリーズでは、そのような観点から、各所に図・表を用いています。

(4) 側注でも理解を手助け

側注には、本文に判例を示した場合の判例の事件名または『伊藤真試験対策講座』のページ、条文、用語の説明、ほかの章やページへのリファレンスが書かれています。そのなかでも特に注目しておくものには、色のけい線で囲みがあります。側注は、基本的に本文を補助するものですから、丁寧に読む必要はありません。本文で気になる箇所やわかりにくい箇所があったら、参照することで理解を助けてくれるでしょう。

(1)判例

判例については、その判例の内容が具体的にわかるように、側注に『伊藤真試験対策講座』または『伊藤真の判例シリーズ』に掲載している事件名を入れました。これらに事件名がないものは、その表題を入れました。

このシリーズは基本となる事項を厳選して説明しているため、判例の判決文をそのまま引用するという方法は極力避けています。そのため、このシリーズを読んで判例を更に詳しく学習してみたいと思ったときに、判例の詳細を学習することができるように、その判例が掲載されている『伊藤真試験対策講座』のページを入れました。なお、最新の判例でこれに登載されていないものについては、「☆」マークを付けたうえでその判例の内容を端的に示す事件名を入れています。

(2)条文

条文は、法律をはじめて学習する場合、慣れるまでは読みにくく感じてしまいがちです。そこで、このシリーズでは、本文では条文をそのまま引用せずに、要約をするなど条文の内容がわかるように努めました。理解を助けるために必要と思われる条文は、側注に入れています。実際の条文がどのように書かれているのかを確認したい場合は、側注を参照してください。

(3)法律等の用語説明

法律の学習では、あるテーマを学習するにあたり、他のテーマの知識が必要になる場合があります。また、法律には多くの法律用語があり、その意味を正しく理解することがとても重要なので、本文で学習する法律用語や知識の意味をすぐに確認することができるように、側注にその説明を加えました。すでに説明された用語でも、法律をはじめて学習するときには理解しにくい用語や一般的な意味とは異なる用語などは≪復習 Word ≫として表記しています。

また、法律用語にとどまらず、少し難しい一般用語の説明もしています。

（4）リファレンス

本文や側注で説明をするよりも、関連する項目を説明している箇所を読んだほうが適切である場合には、リファレンスする箇所を示しています。ただし、意識が散漫になるため、どうしても気になるとき以外は、すぐにリファレンス先のページを読むよりも学習している章や項目が読み終わってからリファレンス先を読むほうがよいでしょう。

【5】 2色刷りを有用してメリハリづけ

キーワードや特に重要な文章は**色文字**で強調しています。これによって、メリハリをつけた学習や効率のよい復習が可能です。

冒頭でお話ししたメリハリづけの重要性というのと、キーワードや重要な文章のメリハリづけとは少し違いますが、各テーマや各項目を理解するためには、**色文字**で強調されているところを意識して読み、記憶しておくことで、学習が進みやすくなります。

ちなみに、冒頭でお話しした法律の森に迷い込んで方向がわからなくなってしまわないようにメリハリづけしているというのは、このシリーズで取り上げた章をさしています。法律には、このシリーズでは取り上げていないものも多くあります。法律の幹の部分となる各章の学習をして、法律の森で迷わないようにしましょう。

【6】 学習の難易度（ランク）でメリハリづけ

このシリーズでは、メリハリをつけて効率よく学習することができるように、キ・ス・デという3段階のランクを表示しています。この3つの意味は次のとおりです。

キ　ここは基本！：法律の学習を始めたばかりであっても、しっかり理解する
（キホン）　必要のある基本的な事項です。まずはここを確実に理解できるようにしましょう。

ス　できたらスゴイ！：重要な論点やそれについての判例などを含んでおり、法律の学習を始めたばかりの時期に理解できたらす

ごいといえる事項です。法律の学習を進めていくうえで重要な事項ばかりですので、早くから理解しておきたい事項になります。

デ 君ならできる！（デキル）：このシリーズのなかでは難易度の高い事項であるものの、がんばって取り組めば法律の学習を始めたばかりであっても理解することができると考えられる事項です。一読して難しいと感じた場合には読み飛ばしてもかまいませんが、何度か繰り返し読んでいくうちに理解できるようになるでしょう。

(7) プラスα文献を利用してステップアップ

各章の末尾に、このシリーズの上位本である『伊藤真試験対策講座』、『伊藤真の判例シリーズ』、『伊藤真の条文シリーズ』、『伊藤真新ステップアップシリーズ』の対応箇所を示しています。本書を学習し終え、次の段階へ進む場合や、法律関係の資格試験や公務員試験にチャレンジする場合には、これら姉妹シリーズを活用して法律学習のステップアップを図ってください。

(8) Exerciseで試験問題にチャレンジ

各章の末尾に、関係する国家試験問題をExerciseとして紹介しています。○か×かで答えられるように、少し手を加えたものもあります。これによって、**知識の認識をしたり、国家試験で実際にどのような問題が出題されているのかを確認**したりすることができます。

問題には、試験名と出題年度（行政書士試験については出題年度と問題番号）を示しているため、受験を考えている試験の問題だけを解いていくという使い方も有益でしょう。

問題文の側注には、正誤だけでなく本文へのリファレンスも示しています。このリファレンスによって、間違えてしまった場合などにはすぐに本文を参照することができます。また、×の場合は、どこが誤りなのか下線を引いてあります。

本書の内容だけでは解答できない少し難しい問題も含まれていますが、それらには解答の根拠をつけています。次のステップのために意欲があればチャレンジしてみましょう。

2 このシリーズの使い方

(1) 体系を意識した学習

このシリーズは法律の体系に従って章を構成しているため、はじめて法律を学習するなら第１章から順番に読み進めるのが効果的です。

ただし、法律は、複数の分野が絡み合っている場合も少なくありません。その場合には、側注に用語説明やリファレンスを設けているため、上手に活用してください。それによって理解が進むはずです。

しかし、それでもよくわからないという場合には、あまり気にすることなく読み飛ばしてしまってかまいません。法律の学習を始めたばかりのうちは、わからない箇所は読み飛ばしていき、最後まで一読した後で読み直してみれば、意外にもすんなり理解することができるということが多々あります。**法律は全体像を把握してはじめて真に理解することができる**ものです。

(2) 記憶よりも理解が重要

法律の学習は覚えるものと誤解しているかもしれませんが、法律の学習で一番重要なのは、記憶することではなく理解することです。たとえば、ある条文を学習する場合に、単にその条文を覚えるのではなく、その条文はなぜそのような定めをしているのか（このような、条文などの存在理由・目的などを趣旨といいます）を理解することが重要なのです。このように理解する方法が身につけば、繰り返し学習をしていくなかで重要事項については自然に覚えてしまうものです。

条文の趣旨は何だろうかと考えたり、判例はなぜそのような結論をとったのかと考えたり、なぜそうなるのかという点を考え、**理解する姿勢があれば、無味乾燥な記憶の学習にならず、興味をもちながら楽しく法律の学習をすることができる**でしょう。

〔3〕 条文を読むときのルール

条文を読む際に、意味を正確に理解しておくべき接続詞があります。「又は」と「若しくは」、「及び」と「並びに」の4つです。これらは法律では非常によくでてくるので、ここで理解しておきましょう。

「又は」と「若しくは」は、複数のものを選択する場合に使われます。基本的には「又は」を使いますが、選択するものに段階がある場合には「若しくは」も使います。たとえば、「A又はB若しくはC」という場合、まずはBとCが選択の関係にあり（B若しくはC)、そのうえでこれらがAと選択の関係にあります（「A」又は「B若しくはC」)。

「及び」と「並びに」は、複数のものを併合する場合に使われます。基本的には「及び」を使いますが、併合するものに段階がある場合には「並びに」も使います。たとえば、「A及びB並びにC」という場合、まずAとBが併合の関係にあり（A及びB)、更にこれらとCが併合の関係になります（「A及びB」並びに「C」)。

A 又は　B 若しくは C

A 及び B　並びに C

このシリーズの作成にあたっては、今回も弘文堂のみなさんに大変お世話になりました。また、伊藤塾の司法試験合格者を中心とする優秀な多くのスタッフの協力がなければこのシリーズが世に出ることはなかったでしょう。ここに改めて感謝の意を表します。

2014年5月　伊藤　真

伊藤塾ホームページ

各章のテーマ名です。法律の世界で広く使われているものです。

サブタイトルです。各章の内容がイメージしてもらえると思います。

第20章

契約総論——契約書がなくても契約は有効?!

1 契約の成立について理解しよう

キ……ここは基本！
ステ…君ならできる！
……できたらスゴイ！

学習の難易度をアイコンで示しています。
→詳しくは、1(6)を見よう！

Case 1 東京に住むコンビニ店長は、大阪に住む幸子に対して、8月1日に「店の経営がうまくいっていないので、急にお金が必要になった。俺のもっている甲土地を2000万円で買ってくれ。8月31日までに返事をしてほしい」と書いた手紙を出しました。
幸子は悩みに悩んだ結果、8月31日の夜に「甲土地を2000万円で買います」と書いた手紙を出し、その手紙は9月2日に店長に届きました。この場合、店長と幸子との間の甲土地の売買契約は成立するでしょうか。

Answer 1 甲土地の売買契約は成立しません。

重要な項目は、具体的にイメージをもてるようにCase(設例)とAnswer(解答)があります。
→詳しくは、1(1)を見よう！

特に注目しておく条文や判例、内容には囲みがあります。
→詳しくは、1(4)を見よう！

(1) 契約はどのようなときに成立するの？

契約は、通常、申込みの意思表示と承諾の意思表示の合致によって成立します（522条1項）。たとえば **Case 1** で、店長が電話で「甲土地を2000万円で買ってくれ」と言い、幸子がその場で「買います」と答えたとしたら、書面がなくてもその

1 **第522条 契約の成立と方式**
1 契約は、契約の内容を示してその締結を申し入れる意思表示（以下「申込み」という。）に対して相手方が承諾をしたときに成立する。

第13章

地に抵当権の設定を受けました。ところが、Nは更にOからも400万円を借りる必要が生じたとします。Oとしては、抵

4 **第375条 抵当権の被担保債権の範囲**
1 抵当権者は、利息その他の定期金を請求する権利を有するときは、その満期となった最後の2年分についてのみ、その抵当権を行使することができる。（略）

5 1つの目的物に複数の抵当権が設定されている場合、その抵当権には1番2番というように順位がつけられ、実行の段階では先の順位から優先的に配当を受けます。このように、先順位の抵当権に劣後する抵当権のことを後順位抵当権といいます。

13-7

M
1番抵当権
1000万円
N
1500万円の土地
400万円
2番抵当権
O
1番抵当権の利息・損害金が無制限に膨れると、Oの取り分が減ってしまう。

知識を整理したり、具体例をイメージさせる図表です。
→詳しくは、1(3)を見よう！

第4章 Exercise

第4章

1	表意者が真意でないことを知りながら意思表示をした場合、表意者を保護する必要がないことから、相手方が表意者の真意を知っていたとしても、意思表示は無効とはならない。（特別区 H17 年）	× 3【2】(2)
2	A と B が合意のうえで行った虚偽の意思表示は、A と B の間では無効であるが、その意思表示の無効は、善意の第三者 C に対しては対抗することができない。（国Ⅱ H21 年）	○ 4【1】
3	A が自己の所有する甲土地を B と通謀して B に売却（仮装売買）した場合において、B が甲土地を A に無断で C に転売した場合に、善意の C は、A・B 間の売買の無効を主張して、B・C 間の売買を解消することができる。（行書 H20-27）	○ 4【1】
4	A が自己の所有する甲土地を B と通謀して B に売却（仮装売買）した場合において、B が甲土地につき A に無断で E のために抵当権を……買の無効を……書 H20-27）	○ 4【2】(1) (a)
	……所有権移転……一般債権者……法律上利害……の売買契約……事 H21 年）	× 4【2】(1) (b)
	……をした場合……	× ……2】(2)
	……当該建物を……長期にわ……該建物を C……つき C が善……れない。	× 4【3】

……」と言った契約は有効？　45

各章に関連する国家試験問題とその解答です。
→詳しくは、1〔8〕を見よう！

第25章

あたります。これに対して、すでに登記されている不動産では、引渡しがあっただけでは「給付した」にあたらず、移転登記がされてはじめて、「給付した」にあたります。

（iii）不法の原因が受益者だけにあるのではないこと

不法の原因が受益者のみにあるような場合には、給付者に反社会性があるとはいえないので、不当利得返還請求が認められます。たとえば、相手に一方的にだまされ、つい賭博の資金を渡してしまったというような場合は、渡したほうの給付者に不法性がないといえるので、給付者を保護する結果となることは、708 条に背きません。

重要な用語や文は色字になっています。
→詳しくは、1〔5〕を見よう！

（d）不法原因給付の効果はどのようなもの？

不当利得返還請求ができなくなります。たとえば、愛人でいることの対価として、男が女に建物を譲渡した場合、男は女に対して、建物が不当利得であると主張することはできません。

また、給付が物の所有権移転である場合、所有権に基づく返還請求についても、708 条が類推適用され、否定されると考えられています（判例）[14]。つまり、男は建物について、所有権に基づく返還請求もできなくなります。そして、給付した物の返還を請求することができなくなった結果として、所有権は、相手方（女）に帰属すると考えられています（判例）。

広く一般に知られている判例には名称が付いています。
→詳しくは、1〔4〕(1) を見よう！

14 所有権に基づく返還請求権と民法 708 条
試験対策講座・債権各論 395 頁

なお、当事者間で、不法原因給付の後になされた、給付した物を任意に返還する旨の特約は、708 条の趣旨に背かないので、有効です（判例）[15]。つまり、男女の間で合意して、やっぱり建物を男に返すということは可能です。

15 試験対策講座・債権各論 394 頁、395 頁

プラスα文献

試験対策講座・債権各論 3 章 1 節1〜3、4 章 1 節、2 節1〜3
判例シリーズ 80 事件
条文シリーズ 3 編 3 章、4 章
ステップアップ No. 36、37

更に学習したい場合、それぞれの書籍の見るべきところを示しています。
→詳しくは、1〔7〕を見よう！

え！　おせっかいにお金を払うの!?　271

条文の構造

見出し

1項の本文、柱書

条名

（根抵当権の元本の確定事由）
第398条の20　次に掲げる場合には、根抵当権の担保すべき元本は、確定する。

1号

1号ただし書

①　根抵当権者が抵当不動産について競売若しくは担保不動産収益執行又は第372条において準用する第304条の規定による差押えを申し立てたとき。ただし、競売手続若しくは担保不動産収益執行手続の開始又は差押えがあったときに限る。

②　根抵当権者が抵当不動産に対して滞納処分による差押えをしたとき。

③　……

2項

2　前項第3号の競売手続の開始若しくは差押え又は同項第4号の破産手続開始の決定の効力が消滅したときは、担保すべき元本は、確定しなかったものとみなす。ただし、元本が確定したものとしてその根抵当権又はこれを目的とする権利を取得した者があるときは、この限りでない。

1項前段

1項括弧書

1項後段

（制限行為能力者の相手方の催告権）
第20条　制限行為能力者の相手方は、その制限行為能力者が行為能力者（行為能力の制限を受けない者をいう。以下同じ。）となった後、その者に対し、一箇月以上の期間を定めて、その期間内にその取り消すことができる行為を追認するかどうかを確答すべき旨の催告をすることができる。この場合において、その者がその期間内に確答を発しないときは、その行為を追認したものとみなす。

目次

伊藤 真
ファーストトラック
シリーズ 2

民法

第 2 版

序章

イントロダクション
——太郎と店長の民法に絡むお話の始まり

1 あらすじ

本書は、大学に入学し、東京に引っ越したばかりの『太郎』と、太郎が住むマンションの隣にある、とあるコンビニエンスストアの経営者『店長』やその周りの人々とのさまざまなトラブルを法律的にみて解決していきます。

2 人物紹介

太郎　2浪の末に大学受験を乗り切り、晴れて東京にある真大学の法学部に入学することができた本書の主人公です。大阪から上京したばかりで、まだ法律の『ほ』の字も、そして社会のこともわからない法律学の初学者中の初学者です。

店長　太郎の住むマンションの隣にある個人経営のコンビニの店長で、本書のもうひとりの主役です。自分の欲望を叶えるためなら手段を選ばない危険なところもある人物ですが、なぜか太郎から慕われています。

太郎と店長の周囲の人たち

花子　太郎の恋人です。最初に登場する時点では、店長の知り合いというだけで、太郎とは顔見知りでもありませんでした。いつ太郎が花子を口説いたのかはよくわかっていません。

幸子　店長の恋人である、才色兼備な女性です。店長と付き合っていることはどう考えても不幸なのに、名前が幸子という点が特徴です。

良男・良子

太郎の父と母で、大阪に住んでいます。

その他の人たち

本書では、これらの登場人物のほかにさまざまな人たちが登場しますが、その場面場面で太郎や店長と関わってくる人たちで、目立った特徴はありません。

3　この本の物語

これから始まる太郎と店長との物語にはさまざまなトラブルが繰り広げられます。時には店長が太郎をだましてフィギュアを買わせることもありますし、時には自転車の運転中に美女に視線が釘付けになっていた店長が、太郎をはねてけがを負わせることもあります。このようなトラブルに巻き込まれた太郎は、店長に対してどのようなことを主張したいといえるのか。はたしてフィギュアの代金を返してもらえるのか。けがの治療費は払ってもらえるのか。その答えをこれから一緒に考えていきましょう。

そして、こうした太郎と店長との間のトラブルは何も物語のなかだけで起こることではありません。私たちの普段の生活のなかでも起こりうることです。ですから、太郎と店長とのトラブルを民法がどのように解決するかということは、まさに私たちの普段の生活と密接に関連しているのです。太郎を自分に置き換えて本書を読み進めてみてください。そうすれば、もしあなたが何かのトラブルに巻き込まれたとしても、民法を使ってうまく切り抜けることができるようになるはずです。

なお、法律的にどのように解決するかを中心に話が進むため、ここにでてくる出来事は、急に過去にさかのぼったり、だいぶ未来の話になったりもします。

それでは、太郎と店長との間で起きたトラブルをみて、一緒に考えていきましょう。

第1章 ようこそ民法の世界へ！――ボンジュール民法

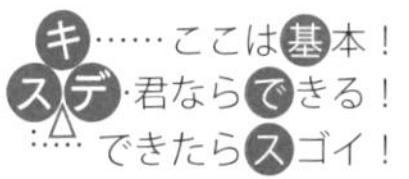

1 民法ってなんだろう？

民法を学習する前に、民法とは何か、ということを考えておきましょう。

民法という概念（考え方）は、比較的新しいものです。封建制が崩れ近代国家が成立する過程で、個々人は、封建的な制約から解放され、自由な経済活動を保障する制度を強く望むようになりました。

そこで、国家は、個々人の自由な経済活動の場を保障し、またその活動を容易にするためにのみ権力を使うべきであり、それ以上に個人の自由を制限するような活動をすべきではない、という思想が生まれました。これを**自由主義**の思想といいます。この自由主義の思想に基づいて、国家の介入を受けない、自由な人々の間の関係について、ルールを定めておくことが求められたのです。そして、このルールの集合として、**民法**という概念が成立したのです。つまり、民法とは、自由主義の思想に基づいた市民社会のルールなのです。

こうした市民社会のルールを定める民法とはどのようなものなのかを、これから学んでいきます。大きく分けると民法は、所有、売買、賃貸借などの財産的な問題を規律する**財産法**と、夫婦の婚姻関係、相続などの人の身分関係に関わる問題を規律する**家族法**（身分法）との２つに分かれます。

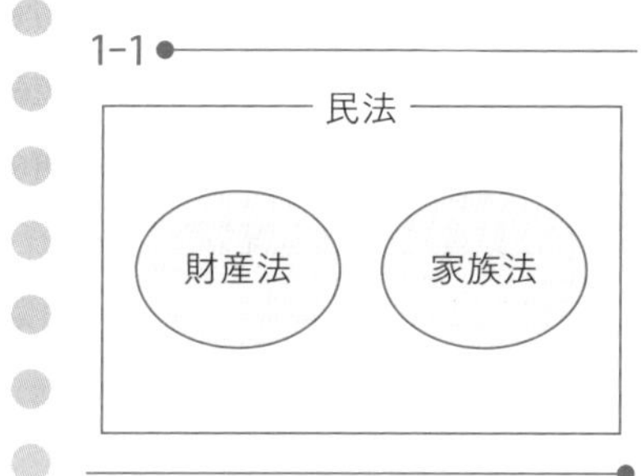

2 民法の役割ってなんだろう？

(1) 基本は何でも自由—私的自治の原則、契約自由の原則—

民法は、市民社会において具体的にどのような役割を果たすのでしょうか。民法は市民社会のルールです。そして、市民社会のルールの基本は**私的自治の原則**にあります。私的自治の原則とは、私人（個人）同士の取引や経済活動は、お互いの話し合いや合意で、どのような内容のものであっても自由にできるというルールです。

また、私的自治の原則が認められるということは、**契約自由の原則**が認められるということでもあります（521条参照）①。会社や個人の間で行われる取引は、契約という形式をとることがほとんどですが、契約自由の原則とは、契約を結ぶか結ばないか、どのような相手方と契約するか、どのような方式で契約をするか、どのような内容の契約をするかについて、原則として自由であるということです。これら私的自治の原則、契約自由の原則のもとで、私たちは自由に取引をし、契約を結び、あるいは会社をつくったりすることができます。

1 **第521条　契約の締結及び内容の自由**
何人も、法令に特別の定めがある場合を除き、契約をするかどうかを自由に決定することができる。
2　契約の当事者は、法令の制限内において、契約の内容を自由に決定することができる。

(2) 民法は基本的に補助的なもの

このように、私的自治の原則・契約自由の原則のもとで、私たちが自由に契約をした場合、契約内容が明確でなかったためにトラブルが発生したときに、どのように対応したらよいのかわからないことがあります。このようなときに、民法が補助的にでてきてトラブルを解決します。

つまり、民法の規定②は、私たちが約束をしなかった部分を補う役割を果たします。逆にいえば、当事者が約束（特約）③をすれば、その点に関する民法の規定は適用されません。このように、当事者の特約によって排除できる規定のことを**任意規定**といいます。

2 **規定**とは、法律などの個々の条文のことをいいます。

3 **特約**とは、当事者の間で交わされた特別の合意・約束のことをいいます。

1-2

店長

カメラを1万円で売るよ

太郎

買います！

カメラが壊れていたら、契約は解除できるという約束が

民法適用あり
民法に基づいて、太郎は契約を解除できる

ない　ある

民法適用なし
壊れていた場合の約束があれば、それに従う

しかし、民法はこのように当事者の特約で解決できる任意規定ばかりで構成されているわけではありません。たとえば、覚醒剤の売買は公序良俗違反④で無効（90条）ですし、15歳で結婚することも認められません（731条）⑤。このような当事者の意思によっては排除できない公の秩序に関する規定のことを**強行規定**といいます。

このように、**民法は強行規定によって最低限のルールを定め、それ以外の部分は任意規定として当事者の意思を尊重している**のです。つまり、民法は、最低限の市民社会のルールであるとともに、当事者の意思を補うはたらきをします。このようなはたらきによって市民社会が円滑に運営されるようにすること、これが民法の役割なのです。

4 **第90条　公序良俗**
公の秩序又は善良の風俗に反する法律行為は、無効とする。

「公の秩序」とは、国家あるいは社会における秩序のことをいい、「善良の風俗」とは、社会における一般的な道徳観念をいいます。そして、この「公の秩序又は善良の風俗」のことを公序良俗といいます。

5 **第731条　婚姻適齢**
男は、18歳に、女は、16歳にならなければ、婚姻をすることができない。
2022年4月1日からは、男女ともに婚姻年齢が18歳以上となります。

3 民法の大まかな構造はこうなっている！

日本の民法の条文は5つの編⑥から成り立っています。「第1編　総則」は民法全体の通則的規定です。「第2編　物権」は所有権など物に対する権利に関する規定です。「第3編　債権」は人に対する請求権などに関する規定です。そして、「第4編　親族」が親子などの親族の関係、「第5編　相続」が文字どおり相続関係の規定です。

このうち、第2編と第3編が財産法、第4編と第5編が家族法（身分法）とよばれます。

6 民法の「第1編　総則」の規定は、「第2編　物権」や「第3編　債権」、場合によっては、「第4編　親族」、「第5編　相続」にも適用される、いわば通則です。
たとえば、債権について考えるとき、第3編だけでなく、通則である第1編の両方から考えます。
日本の民法は、パンデクテン方式といって、通則部分を先におくシステムを採用しています。

1-3

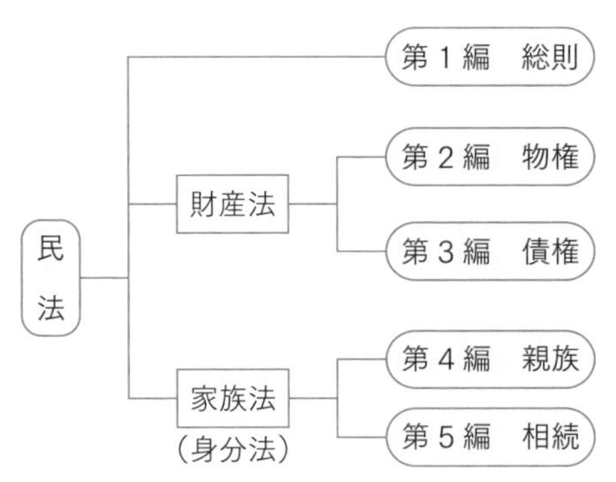

4 民法の考え方を知ろう

民法では法律関係を調べて検討することが多いので、法律関係とは何かについて理解をすることが重要です。そこで、ここでは法律関係がどういうものなのかをみていきましょう。

(1) 法律関係をイメージしてみよう！

まずは、財産法でもっとも基本的な物を売ったり買ったりする売買契約を例にして、法律関係をイメージしてみましょう。

店長は、コンビニの経営を始めるにあたり、店舗として利用するための建物を友人であるＡ男から買っていました。

この売買契約について、法律関係を考えてみます。

1-4

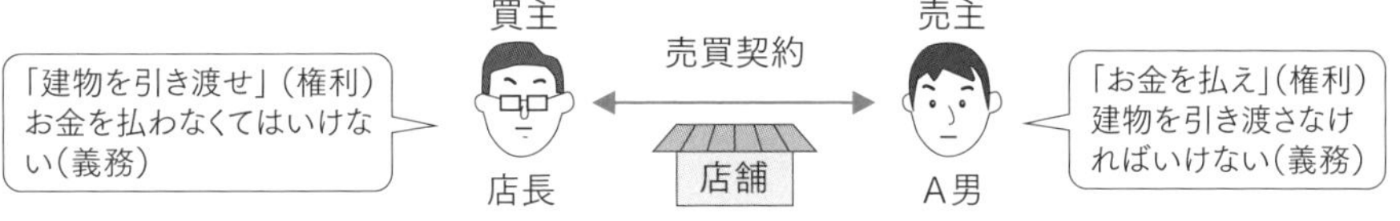

法律関係を考えるときは、当事者が何を主張したいのかを考えることが重要です。店長はＡ男に対して、Ａ男は店長に

対して、それぞれ何を主張したいと思いますか？

まず、店長は、買主として、売主であるA男に対して、建物を引き渡してくださいということを主張したいと考えるでしょう。これに対してA男は、売主として、買主である店長に対して、売買代金を支払ってくださいということを主張したいと考えるでしょう。

これを法律的にみると、店長はA男に対して建物の引渡しを請求する権利をもち、A男は店長に対して売買代金の支払を請求する権利をもつことになります。これを逆からみると、店長はA男に対して売買代金を支払う義務を負い、A男は店長に対して建物を引き渡す義務を負うということになります。

店長とA男の間には、このような権利義務の関係があることになります。

(2) 法律関係ってどんな関係？

法律関係とは、このような権利と義務の関係のことをいいます。**権利**とは、『何々することができる』ということ、**義務**とは、権利に対応した『何々しなければならない』ということ、といちおう思っていてください。この場合の権利としての『できる』というのは、日常用語としての『できる』という意味ではありません。**裁判所を通じて強制することができる**ということを意味するのが原則です。

つまり、法律関係とは、裁判所を通じて強制することができるような権利と、それに対応した義務との関係を意味することになります。

そして、民法上の法律関係は、すべて『何々であるならば何々である』というかたちをとります。この『何々であるならば』という部分を**法律要件**といい、『何々である』という部分を**法律効果**といいます。つまり、

1-5

法律関係

法律要件（～ならば） → 法律効果（～である）

民法上の法律関係は、一定の法律要件がそろっていれば（法律要件をみたせば）、**一定の法律効果が生じる、というかたちをとっている**のです。

民法における法律効果⑦とは、**一定の権利義務の発生・変更・消滅**を意味します。これは、**(3)**で具体的にみていきます。

法律要件は、さまざまな事実の組合せから成り立つものですが、それが意思表示⑧の場合もあれば、人の意思とは関係のない事実の場合もあります。民法は、人の意思に基づく経済活動を規律することを基本としているので、意思表示を要素とする法律要件がもっとも重要といえます。このように、意思表示を要素とする法律要件を**法律行為**といいます。法律行為にはいくつか種類がありますが、そのうちもっとも重要なものが**契約**です。

7 法律における「効果」という言葉は、「結果」くらいの意味で使われます。日常用語で「効果がある」という場合とは意味合いが異なるので注意しましょう。

8 **意思表示**とは、一定の法律効果を発生させるという意思を表示する行為をいいます。

意思表示と法律行為については、第4章 契約の有効要件（意思表示等）①で詳しく学習します。

1-6

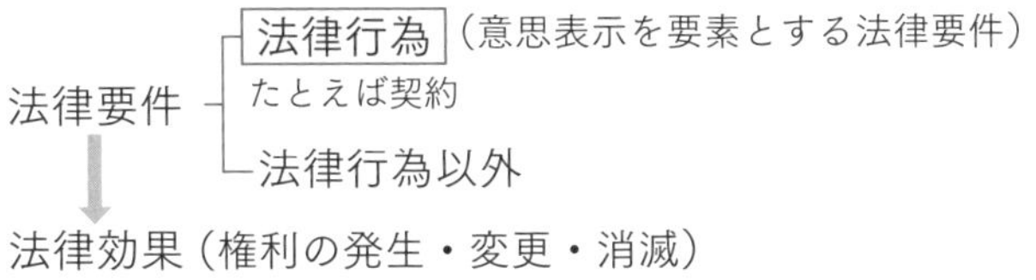

法律要件
- 法律行為（意思表示を要素とする法律要件）たとえば契約
- 法律行為以外

↓

法律効果（権利の発生・変更・消滅）

(3) 物権って何？　債権って何？

民法の想定する法律関係は、大きく2つに分けて考えることができます。1つは人と物との関係です。もう1つは人と人との関係です。では、店長とA男の間の建物の売買契約の例に戻って、更に詳しく法律関係を検討してみましょう。

（1）人と物との関係―物権―

この例では、建物の売買契約が成立するまでは、A男が建物を所有しています。つまり、A男は建物の所有権をもっているわけです。

そして、店長とA男の間で建物の売買契約が成立すると、店長とA男の間で所有権が移転する時期について特約がな

いかぎり、建物の所有権は売買契約の時点でA男から店長に
9 移転すると考えられています（判例⑨。第10章 物権変動①で詳し
く学習します）。

試験対策講座・物権法18頁

先ほどの用語を使うと、売買契約という法律要件によって、**所有権の移転**という法律効果が生じることになります。

店長・A男と建物との関係は、人と物との関係であって、
10 このような関係について定めているのが物権法⑩です。

物権とは、**物に対する直接・排他的な支配を内容とする権利**をいいます。物権でもっとも典型的なものは**所有権**（206条⑪）です。所有者は、他人の手を借りるまでもなく（直接性）、他人を排除してでも（排他性）、物を支配することができます。物権には所有権以外にもさまざまなものがあります。

物権に関する規定を物権法とよぶことがあります。物権法といってもそのような名前の法律があるわけではなく、民法という法律のなかで物権に関する部分をそうよんでいます。同様に、債権については債権法、親族については親族法、相続については相続法などとよぶこともあります。

（2）人と人との関係―債権―

買主である店長は、この例では売買契約に基づいて、売主
であるA男に対して、建物の引渡しを請求することができま
11 す。

第206条　所有権の内容
所有者は、法令の制限内において、自由にその所有物の使用、収益及び処分をする権利を有する。

また、売主であるA男は、買主である店長に対して、代金の支払を請求することができます。これは、売買契約という法律要件によって、建物を引き渡せと請求する権利（建物引渡請求権）と代金を支払えと請求する権利（代金支払請求権）が発生するという法律効果が起こることを意味しています。

この建物引渡請求権や代金支払請求権のように、**人が他人に対して、一定の行為や給付を要求することを内容とする権利**を**債権**といい、債権をもつ者を**債権者**といいます。これに対して、債権に対応する義務を**債務**といい、債務を負担する者を**債務者**といいます。

この例での債権・債務を整理すると、店長は、建物引渡請求権という債権を取得するとともに、代金支払債務を負担することになります。これに対して、A男は、代金支払請求権という債権を取得するとともに、建物引渡債務を負担することになります。

1-7

店長
買　主

A男
売　主

債権者 ―建物引渡請求権→ 債務者

債務者 ←代金支払請求権― 債権者

このように、売買契約という法律要件によって、**債権債務の発生**という法律効果が起こることになります。

このような人と人との債権債務の関係について定めているのが債権法です。**債権の発生原因**としては、例であげた**契約**のほか、**事務管理**、**不当利得**、**不法行為**[12]というものが含まれます。契約については第 20 章 契約総論から第 24 章 役務型契約等までで、事務管理・不当利得については第 25 章 事務管理・不当利得で、不法行為については第 26 章 不法行為で、それぞれ詳しく学習します。

12 具体的にはそれぞれの章で説明しますが、聞き慣れない用語ばかりでしょうから、どのような場面で使うものか少しお話します。
事務管理
隣の家の窓が暴風雨で割れたけれど、隣は旅行中だから代わりに直した。➡修理費用の請求
不当利得
りんごを 2 個買ったら、店の手違えで 3 個入っていた。➡店は、客に 1 個を返せと言えるのか
不法行為
道を歩いていたら自転車にはねられた。➡交通事故の治療費の請求

5 民法の全体像はこうなっている！

ここまで、民法を学習していくうえで理解しておいてほしいことについてお話ししてきました。次章から民法の中身を本格的にお話ししていきますが、最初に民法の全体像を把握しておくことが大切です。次のページに民法のおおまかな全体図がありますから、頭に入れておきましょう。

物権法について、もう少しお話ししておきます。

物権法は、占有権に関する部分と本権に関する部分に分かれます。**占有**とは、自分が利益を得るために、物を所有しているかいないかにかかわらず、単に所持することによって、現実にその物を支配している状態をいい、占有に基づいて認められる権利を**占有権**といいます。**本権**とは、**占有を正当化**

する権利のことをいいます。

本権は、所有権と制限物権とに分かれ、制限物権は更に用益物権と担保物権とに分かれます。**用益物権**とは、土地の使**用**または収**益**を内容とする権利のことをいいます。**担保物権**

13 とは、債務の弁済⑬を確実に受けるために、弁済されるまで他人の所有物を留め置いたり、その物から優先的に弁済を受けたりする権利のことをいいます。

占有権、所有権および用益物権については第 12 章 物権変動③で、担保物権については第 13 章 物的担保①と第 14 章 物的担保②で、それぞれ詳しく学習します。

13 たとえば、売買契約において代金債務を負っている債務者（買主）が、債権者（売主）に代金を支払うと、債権者は代金を支払ってもらうという利益を得られるのですから、債権者の売買代金債権は消滅することになります。
代金を支払ったり借金を返したりするなど、債務者が債務の内容である給付をして、債権者の利益を充足させる行為のことを**弁済**といい、弁済によって債務が消滅することになります。
弁済については、第 17 章 債務の消滅で詳しく学習します。

1-8

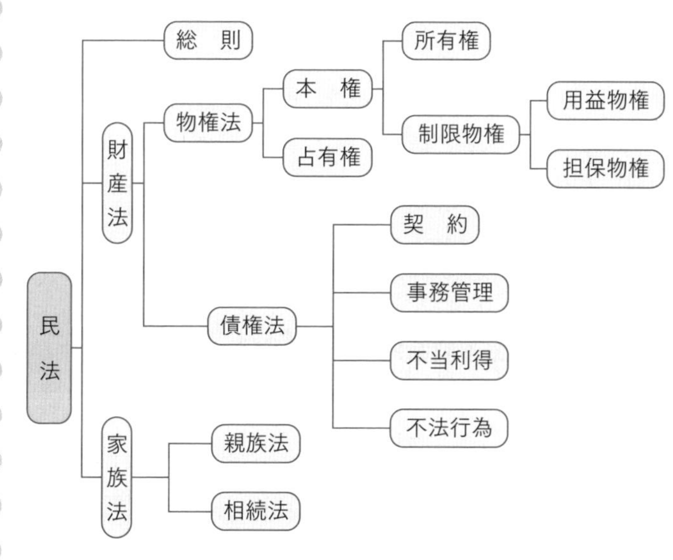

プラスα文献

試験対策講座・スタートアップ民法・民法総則 序章、1 章

Topics

民法のハウツー・スタディー

体系を意識した学習が重要

民法は大きく５つの体系に分けることができます。この体系をしっかりとおさえ、自分が学習しているのがどの分野なのかを意識することが重要です。この本は、民法の体系に従って章を構成していますから、はじめて民法を学習する場合は第１章から順番に読み進めるのが効果的です。

ただし、民法では、複数の分野が絡み合っている場合も少なくないので、よくわからない場合は、用語説明やリファレンス先を先取りして読めば、理解が進むはずです。それでもよくわからない場合には、あまり気にすることなく読み飛ばしてしまいましょう。民法の学習を始めたばかりのうちは、わからない箇所は読み飛ばしていき、この本を最後まで一読した後で読み直してみれば、意外にもすんなり理解することができるということが多いものです。

基本は条文

民法の学習で重要なのは条文です。しかし、民法は全部で1050もの条文があり、全部を理解しようとしたら時間が掛りすぎます。この本では、民法のなかでも特に重要な条文を厳選して掲載しています。まずは、ここで取り上げた条文をおさえておけば十分です。

記憶するより理解を

法律の学習は覚えるものと誤解されがちです。たしかに、法律の学習には記憶が必要です。しかし、重要なのは記憶することではなく理解することです。たとえば、ある条文を学習する場合に、その条文はなぜそのような定めをしているのか（このような条文などの存在理由・目的などを**趣旨**といいます）を理解することが重要です。このような理解が身につけば、繰り返し学習をしていくなかで重要な事項は自然と覚えてしまうものです。

条文だけではなく判例も同じです。なぜそのような結論をとったのかを考えるという、理解する姿勢があれば、無味乾燥な記憶の学習にならず、更に関連していることにも興味が沸き、楽しく民法の学習をすることができるでしょう。

第2章

権利の主体（自然人）——人間も会社も「人」！

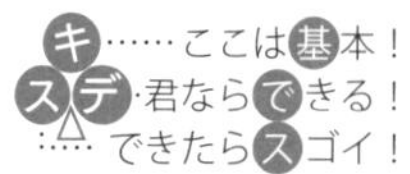

1 権利の主体って人なんだ!?

契約を結んだり、権利を実際に使ったり（行使）することができるのは、法律的に考えてどのような人なのでしょうか。

この章では、権利の主体である人の権利能力、意思能力、行為能力について、具体的にみていくことにしましょう。この章の全体像をまとめると次の図のようになります。

2-1

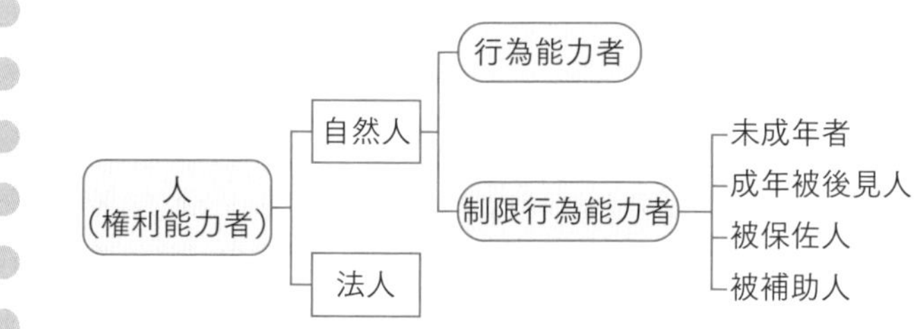

2 権利能力ってなんだろう？

Case 1 太郎の父である良男は、大阪で妻良子と暮らしていました。しかし、毎日の会社勤めに嫌気がさした良男は、「自分はもっとできる人間だ！」と言い残し、ある日突然行方不明となってしまいました。良子は、10 年以上の間、良男が帰ってくるのを待っていましたが、生きているのかどうかもわからない良男を待つことに次第に疲れてきました。そのうち、良子は、良男がいないことでできた心の隙間にうまく入り込んだ A 男と一緒に暮ら

すようになり、A男と結婚したいと思うようになりました。A男と結婚するために、良子はどのようにしたらよいのでしょうか。

Answer 1 良子は、家庭裁判所に良男の失踪宣告をしてもらえれば、A男と結婚することができます。

(1) 権利能力について理解しよう

権利能力とは、権利義務の主体となることができる一般的資格、地位をいいます。かつての奴隷のように権利の主体とは認められていなかった人たちは、物を所有したり、お金を借りたりすることができませんでした。これは、奴隷の人たちが権利能力をもっていなかったことを意味します。

現在、民法では、自然人(しぜんじん)①はだれでも権利(私権＝私法上の権利②)を取得したり、義務を負担したりすることができるとされています(3条1項参照)③。また、日常会話で「人」といえば自然人をさしますが、民法では、自然人に加えて会社や団体などの法人も「人」に含まれます。つまり、民法は、すべての自然人と法人を「人」として権利能力の主体と考えているということです。

(2) いつ権利能力を取得し、いつ失うの？

(1) 権利能力を取得するのは生まれたとき?!

権利能力の始まり(始期)である「出生」(3条1項)とは、身体が母体から全部露出した時点と考えられています。

人は、このように出生によってはじめて権利能力を得られるので、出生前の胎児は原則として権利能力が否定されます。つまり、胎児には権利能力がないのですが、例外的に、不法行為④に基づく損害賠償(721条)や相続⑤(886条)、遺贈⑥(965条・886条)については、胎児はすでに生まれたものとみなされます。たとえば、太郎が母良子のお腹の中にいるときに父良男が死亡し、その60日後⑦に太郎が生まれたとします。そうする

1 法律では、法人との区別がしやすいように、人間のことを自然人とよびます。

2 私法とは、国民と国民との間の関係を規律する法律の総称です。民法は私法の代表例です。

3 **第3条**
1 私権の享有は、出生に始まる。

4 不法行為とは、他人から損害を加えられた場合に、被害者が、その受けた損害の賠償を加害者に対して請求する債権が発生する制度をいいます。
第26章 不法行為で詳しく学習します。

5 相続とは、ある人が死亡した場合に、その人の権利義務を、ある一定の身分関係にある人がまとめて受け継ぐことをいいます。
第28章と第29章の相続で詳しく学習します。

6 遺贈とは、遺言で自分の財産を特定の人に無償で与えることをいいます。

7 遺産を相続するには、血のつながっている胎児であればよく、ここにあげた60日はたとえです。

と、父良男が死亡した当時太郎はまだ生まれていないため、権利能力がなく、父良男の遺産を相続することができないように思えます。しかし、太郎があと60日早く生まれていれば相続できたのに、60日遅く生まれたがために相続できないというのでは不公平です。そこで、相続については例外的に太郎を生まれたものとみなすことで、太郎は、父良男の財産を
8 相続することができるとされているのです。

（2）権利能力を失うのは死んだとき?!

権利能力の終わり（終期）**は、死亡**した時です。死亡により権利能力を失う結果、死亡者がもっていた権利義務は、相続人に受け継がれます（882条、896条）。

(3) 行方不明者の取扱いってどうなるの？
—失踪宣告—

失踪宣告とは、不在者の生死不明の状態がずっと続き、死亡の可能性が高い場合に、一定の条件がそろえば、不在者を死亡したものとみなす制度のことをいいます（30条から32条
9 まで）。失踪宣告の制度は、一定の要件のもとで人を死亡したものとみなして相続を開始させることにより、財産関係の処理などを図るものです。

10 たとえば **Case 1** において、良男に失踪宣告がでると、良男は死亡したものとみなされ、法律上死亡したものと扱われるため、良男名義であった土地や建物、銀行預金などをすべて相続人が受け継ぐことになります。

失踪宣告は、失踪者の家族など、失踪者と利害関係のある
11 人の請求により、家庭裁判所が宣告します（30条）⑧。

失踪宣告に必要な生死不明の期間は、**普通失踪**⑨の場合には7年（30条1項）、**特別失踪**⑩の場合には1年です（30条2項）。

12 そして、失踪宣告を受けた者は、**普通失踪では7年間が過ぎた時に、特別失踪では危難が去った時⑪に、それぞれ死亡したものとみなされます**（31条）⑫。

「みなす」の意味は、18ページの⑭を見よう！

第30条　失踪の宣告
1　不在者の生死が7年間明らかでないときは、家庭裁判所は、利害関係人の請求により、失踪の宣告をすることができる。
2　戦地に臨んだ者、沈没した船舶の中に在った者その他死亡の原因となるべき危難に遭遇した者の生死が、それぞれ、戦争が止んだ後、船舶が沈没した後又はその他の危難が去った後1年間明らかでないときも、前項と同様とする。

普通失踪とは、普通の音信不通による行方不明をいいます。

特別失踪とは、たとえば大災害や、船舶の沈没等、死亡したものと推測するのに十分な危難があった場合の失踪をいいます。

危難が去った時とは、大災害が終息した後や、船舶が沈没した後などをいいます。

第31条　失踪の宣告の効力
前条第1項の規定によ

Case 1 では、現状のまま良子がA男と結婚すると、重婚になるので犯罪になってしまいます（刑法184条）。そこで、家庭裁判所に良男の失踪宣告をしてもらう必要があります。良男は10年以上行方不明であるため、普通失踪として、良男が失踪して7年間が過ぎた時に死亡したものとみなされ、法律上は死亡したものと扱われます。良男の失踪宣告によって、良子は、新たにA男と結婚することができるようになります。

り失踪の宣告を受けた者は同項の期間が満了した時に、同条第2項の規定により失踪の宣告を受けた者はその危難が去った時に、死亡したものとみなす。

2-2

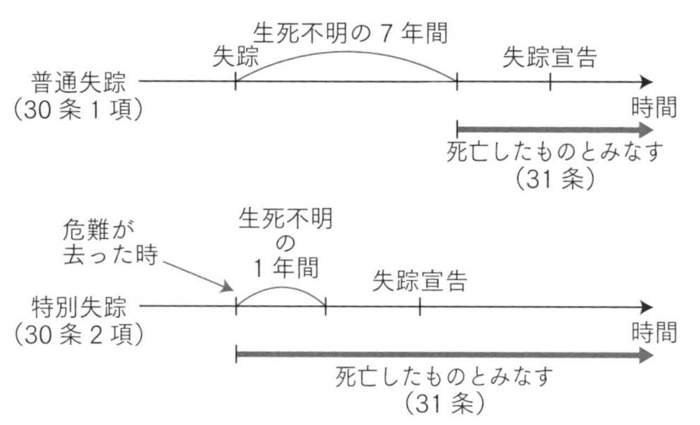

ただし、失踪宣告によって死亡したとみなされるのは、失踪した者（不在者）の失踪前の住所を中心とした法律関係に関することだけであることに注意をしてください。失踪した者が他の場所で生存していれば、そこで法律関係を形成することは当然にできます。つまり、**失踪宣告の制度は、失踪者の権利能力自体を奪う制度ではない**のです。たとえば **Case 1** で、大阪で良男の失踪宣告がだされたとき、実は九州で良男が元気に生活をしていた場合、良男が九州のスーパーマーケットで食品を買ったり、アパートを借りたりすることは当然にできます。

このように、失踪者が生存していることが明らかになった場合、**失踪宣告の取消し**の手続をとる必要があります。失踪宣告が取り消されると、原則として、**失踪宣告の効果が最初**

13 からなかったことになります。つまり、**Case 1** でたとえば、良男の失踪宣告後に良子が土地や財産を相続していた場合には、その相続はなかったことになり、良子が相続した良男の土地や建物、銀行預金などは良男のもとに戻されます（32 条 2 項参照）。

しかし、この原則を貫くと、たとえば、失踪宣告を信じて、良子の土地だと思って買った善意[13]の買主に思わぬ損害を与えることになってしまいます。そこで、失踪宣告後、取消し前に「善意でした行為」は有効とされます（32 条 1 項後段）。ここにいう「善意」とは当事者双方が善意であることが必要だと
14 考えられています。たとえば、**Case 1** で、良子が良男から受け継いだ土地を購入した B 子がいる場合、良男の失踪宣告が取り消されても、購入当時、良子も B 子も良男が生きていることを知らなかったときには、B 子はその土地を良男に返す必要がなくなります。

(4) 同時に死亡したら相続はどうなるの？
―同時死亡の推定―

同時死亡の推定とは、死亡した者が数人の場合に、その死亡の先後関係（順番）が明らかでないときは、同時に死亡したものと推定[14]する制度をいいます（32条の 2）[15]。たとえば、交通事故などで父良男と子太郎が死亡してしまい、どちらが先に死
15 亡したのか不明な場合には、良男と太郎は同時に死亡したと推定され、両者の間では相続は発生しないことになります。

3 意思能力ってなんだろう？

意思能力とは、自己の行為の意味や結果を弁識[16]するのに十
16 分な精神能力をいいます。つまり、自分で行ったことが法律的にどんな結果になるのか理解できる能力です。第 1 章で学習した私的自治の原則から、法律関係を形成していくために

法律の世界では、相手方が知らないことを善意とよびます。また、相手方が知っていることを悪意とよびます。この善意・悪意は、日常用語の使い方とはまったく異なるので、注意が必要です。
また、不注意で知らなかったことを善意有過失、不注意もなく知らなかったことは善意無過失といいます。

法律の世界では、『みなす』と『推定する』は明確に使い分ける必要があります。
みなすとは、本来異なるものを、法令上、一定の法律関係で同一なものと認めてしまうことをいい、推定するとは、反対の証明（反証）がない場合に、ある事柄について、法令がとりあえずそのように判断することをいいます。推定の場合、反証をすればいちおうの判断が覆るという点が、『みなす』と違うところです。

第 32 条の 2
数人の者が死亡した場合において、そのうちの 1 人が他の者の死亡後になお生存していたことが明らかでないときは、これらの者は、同時に死亡したものと推定する。

弁識とは、一般に理解できることをいいます。

は、自分で行ったことが法律的にどんな結果になるのかを弁識できる状態でなければなりません。そのため、権利能力のある自然人であっても、精神的な障害や泥酔等によって十分な判断能力を欠いた者は意思能力がないとされ、そのような者が契約を結んでも、法律上の効力がない（無効）[17]とされています（3条の2）。つまり、権利能力があっても、意思能力がなければ、物を買ったり、お金を借りたりできないということです。たとえば、普段は健康で判断能力のある太郎が、お酒を大量に飲んで泥酔状態のときに、店長から普段は買わない10万円もするワインを買わされたとしても、太郎はワインを買わされた当時には意思能力がなかったため、ワインの売買契約は無効となります。

17 無効とは、当事者の意図した法律効果が最初から生じないことをいいます。

4 制限行為能力者ってなんだろう？

Case 2 ①太郎が16歳の時、家のたんすからお金を盗み出し、母良子に黙って勝手に3万円のギターを購入しました。そのことを知った良子は、ギターをお店に返却して、3万円を返してもらいたいと考えています。そのようなことは可能でしょうか。

②20XX年、太郎の母良子は90歳になり、認知症が進み、自分の行動の是非を判断することができない状態です。東京で暮らす太郎は、良子が悪質なセールスなどに引っ掛ってしまうのではないかと心配です。しかし、離れて住む母の様子をしょっちゅう見に行くことはできません。何かよい方法はないでしょうか。

Answer 2 ①良子は、ギターの売買契約を取り消して、ギターをお店に返却するとともに、3万円を返してもらうことができます。

②太郎は、良子に成年後見人をつけてもらうことで、良子を保護することができます。

(1) 行為能力ってなんだろう？

行為能力とは、みずから単独で確定的に有効な法律行為をすることができる能力をいいます。

意思能力があるかないかは、具体的な行為ごとに十分な判断能力があったかどうかの判断が必要になりますが、それをいちいち個別に確認しなければならないとしたら、手間も掛り、十分な判断能力があることの証明が難しい場合もでてきます。

そこで民法は、十分な判断能力をもっている人とそうでない人を一定の基準で分類し、意思能力を欠いている人や意思能力が不十分な人を**制限行為能力者**として、これらの人が行為をすることをあらかじめ制限したり、だれかの同意や支援なしに行為をした場合に、その行為を取り消すことができたりするということを規定しています。つまり、その制限行為
18 能力者がたまたま十分な判断能力をもっていたとしても、民法上は制限行為能力者として一律に扱ってしまうということ
19 です。

制限行為能力者には、未成年者、成年被後見人、被保佐人、行為能力の制限を受けた被補助人があります。

2022年4月1日からは18歳で成年となります。

第5条　未成年者の法律行為
1　未成年者が法律行為をするには、その法定代理人の同意を得なければならない。ただし、単に権利を得、又は義務を免れる法律行為については、この限りでない。
2　前項の規定に反する法律行為は、取り消すことができる。
3　第1項の規定にかかわらず、法定代理人が目的を定めて処分を許した財産は、その目的の範囲内において、未成年者が自由に処分することができる。目的を定めないで処分を許した財産を処分するときも、同様とする。

(2) 子どもはまだまだ半人前―未成年者―

未成年者とは、成年に達していない者をいいます。民法は20歳で成年としているため[18]（4条）、20歳未満の者が未成年者です。

未成年者が法律行為をするには、原則として、その法定代理人の同意が必要とされています（5条1項本文）[19]。法定代理人は、通常は親（親権者）であり（818条）、親権者がいないときは未成年後見人が選任されます（838条1号、840条）。**Case 2**-①では、当時太郎は未成年者なので、親である良子が太郎の法定代理人となります。

法定代理人は、同意権以外にも、未成年者の代わりに契約

する代理権（824条、859条）、未成年者が何かをやってしまったときにそれを取り消すための取消権[20]（5条2項、120条1項）、事後的にそれを有効なものとする追認権[21]（122条）などをもっています。**Case 2**-①では、太郎は良子の同意がなくギターを購入しているため、良子は取消権を行使して、太郎とお店の間のギター購入契約を取り消すことができます。そして、取り消すことによって、ギターをお店に返却し、3万円を返してもらうことができます。

例外的に、法定代理人の同意がなくてもみずから単独で法律行為をすることができる場合として、**単に権利を得または義務を免れる行為**（5条1項ただし書）、**処分を許された財産を処分する場合**（5条3項）、**営業の許可を受けた場合**（6条1項）[22]などがあげられます。たとえば、**Case 2**-①で、かりに太郎が高校入学祝いに親戚からもらった3万円を使ってギターを購入した場合は、処分を許された財産を処分する場合といえるため、太郎は単独でこの行為をすることができ、良子はギターの購入契約を取り消すことができません。

法定代理人の同意が必要なのに同意を得ないでした未成年者の法律行為は、法定代理人だけでなく、未成年者本人もこれを取り消すことができます（5条2項、120条1項）。

20 取消しとは、いったん有効に効力を生じた法律行為をはじめから無効とすることをいいます。

第6章 契約の有効要件（意思表示等）③で詳しく学習します。

21 追認とは、一般的には、過去にさかのぼって認めることをいいます。ここでは、いちおう有効に成立している法律行為を、その後確定的に有効とする意思表示のことです。

22 **第6条　未成年者の営業の許可**

1　一種又は数種の営業を許された未成年者は、その営業に関しては、成年者と同一の行為能力を有する。

(3) 大人でも保護されるの?!―成年後見制度―

成人であっても、判断能力が不十分な人（たとえば認知症患者、知的障害者、精神障害者等）を保護するために、その判断能力を補い、本人が損害を受けないようにして、本人の権利が守られるようにするための制度があります。それが成年後見制度です。

保護される人としては、成年被後見人、被保佐人、被補助人がいます。

(1) 後見ってどういうもの？

成年被後見人とは、精神上の障害により、事理[23]を弁識する

23 事理とは、物事の道理をいいます。ここでは、みずからの行為とその結果のことだと思ってください。

能力を欠く常況にある者（みずからの行為の結果を正しく認識・判断する能力が常にない者）で、家庭裁判所から後見開始の審判を受けた者をいいます。その者には成年後見人が付くことになります（7条、8条）。**Case 2**-②では、良子は認知症により事理を弁識する能力を欠く常況にあるため、太郎は家庭裁判所に良子の後見開始の審判をしてもらい、良子に成年後見人を付けてもらえます。

24 成年後見人には全面的な代理権（859条1項）と取消権（9条㉔本文、120条1項）、追認権（122条）が与えられますが、同意権は与えられていません。たとえば、成年後見人が、成年被後見人に、車を買うことについて事前に同意を与えたとしても、成年被後見人があまりに高額な車を買ってしまうこともありえます。このように、成年被後見人は事理弁識能力を欠く常
25 況にあるので、事前に同意を与えて単独で行為させることは、成年被後見人の保護の観点から、望ましくないため、成年後見人には、同意権が与えられていないのです。

本人（成年被後見人）の自己決定権の尊重という観点から、**日常生活に必要な範囲の行為**については、本人の自己決定に委ね、取消しの対象からは除外されます（9条ただし書）。たとえば、**Case 2**-②で、良子がコンビニでトイレットペーパーを購入した場合、これは日常生活に必要な範囲の行為ですので、良子の成年後見人は、これを取り消すことができません。

（2）保佐ってどういうもの？

被保佐人とは、精神上の障害により事理を弁識する能力が著しく不十分な者で、家庭裁判所から保佐開始の審判を受けた者（11条）をいい、その者には保佐人が付くことになります（12条）。

被保佐人は成年被後見人とは異なり、基本的には単独で有効な法律行為ができますが、本人を保護するため、13条1項㉕に列挙されている行為や2項により同意を要するとされた行為については、保佐人の同意を必要とします。

第9条　成年被後見人の法律行為
成年被後見人の法律行為は、取り消すことができる。ただし、日用品の購入その他日常生活に関する行為については、この限りでない。

第13条　保佐人の同意を要する行為等
1　被保佐人が次に掲げる行為をするには、その保佐人の同意を得なければならない。ただし、第9条ただし書に規定する行為については、この限りでない。
①　元本を領収し、又は利用すること。
②　借財又は保証をすること。
③　不動産その他重要な財産に関する権利の得喪を目的とする行為をすること。
④　訴訟行為をすること。
⑤　贈与、和解又は仲裁合意（略）をすること。
⑥　相続の承認若しくは放棄又は遺産の分割をすること。
⑦　贈与の申込みを拒絶し、遺贈を放棄し、負担付贈与の申込みを承諾し、又は負担付遺贈を承認すること。

保佐人には、同意権のほかに、追認権（122条）、取消権（13条4項、120条1項）、家庭裁判所の審判があった場合は代理権（876条の4第1項）が与えられます。

（3）補助ってどういうもの？

被補助人とは、精神上の障害により事理を弁識する能力が不十分な者で、家庭裁判所から補助開始の審判を受けた者（15条）をいい、その者には補助人が付くことになります（16条）。

どのような法律行為を対象とするか、補助人に与えられる権限を①同意権および取消権にとどめるのか、②代理権まで含ませるのか、③代理権のみとするのかについては、申立権者の申立てに基づいて家庭裁判所が定めます（15条3項、17条、876条の9）。また、本人の自己決定権を尊重するため、**本人以外の者の請求により補助開始の審判をするには、本人の同意**がなければならないとされています（15条2項）。

	未成年者	成年被後見人	被保佐人	被補助人
要　件	20歳未満 （753条の成年擬制あり）[26]	事理弁識能力がない常況	事理弁識能力が著しく不十分	事理弁識能力が不十分
		家庭裁判所の審判		
取消し	原則：取消し可 例外：取消し不可 ①単に権利を得る、または義務を免れる行為 ②処分を許された財産の処分 ③法定代理人によって許された一定の営業に関する行為	原則：取消し可	原則：取消し不可 例外：取消し可 13条1項各号に該当する行為	原則：取消し不可 例外：取消し可 13条1項各号に該当する行為で裁判所に補助人の同意を要すると審判された行為
		日常生活に必要な範囲の行為は取り消すことができない		
保護者	親権者　または未成年後見人	成年後見人	保佐人	補助人
保護者の権利	①取消権 ②同意権 ③追認権 ④代理権	①取消権 ②追認権 ③代理権 （同意権なし）	<取り消しうる行為について> ①取消権 ②同意権 ③追認権 <特定の法律行為について> ④裁判所の審判により代理権が付与される場合がある。	

⑧　新築、改築、増築又は大修繕をすること。
⑨　第602条に定める期間を超える賃貸借をすること。
（略）
2　家庭裁判所は、第11条本文に規定する者又は保佐人若しくは保佐監督人の請求により、被保佐人が前項各号に掲げる行為以外の行為をする場合であってもその保佐人の同意を得なければならない旨の審判をすることができる。ただし、第9条ただし書に規定する行為については、この限りでない。
3　（略）
4　保佐人の同意を得なければならない行為であって、その同意又はこれに代わる許可を得ないでしたものは、取り消すことができる。

26　2022年4月1日からは、18歳未満となります。また、753条は削除されます。

(4) 制限行為能力者の行為が取り消されるとどうなるの？

取り消された行為は、はじめにさかのぼって無効となります（121条）。制限行為能力者保護の観点から、制限行為能力者は、現に利益を受けている限度で譲り受けた物などを相手方
27 に返還すれば足ります（121条の2第1項、第3項後段）。

第121条の2　原状回復の義務
1　無効な行為に基づく債務の履行として給付を受けた者は、相手方を原状に復させる義務を負う。
3　第1項の規定にかかわらず、行為の時に意思能力を有しなかった者は、その行為によって現に利益を受けている限度において、返還の義務を負う。行為の時に制限行為能力者であった者についても、同様とする。

プラスα文献

試験対策講座・スタートアップ民法・民法総則 2章1節
ステップアップ No. 2

第2章 Exercise

1	生死が7年間わからなかった者が失踪宣告によって死亡したとみなされるのは、当該宣告がなされた時である。（特別区 H22年）	× 2【3】
2	失踪宣告は、失踪者が失踪宣告によって死亡したとみなされた時と異なった時に死亡したことの証明があった場合には、家庭裁判所の取消しがなくても当然にその効力を失う。（特別区 H18年）	× 2【3】
3	失踪の宣告を受けた者は、死亡したものとみなされ、権利能力を喪失するため、生存することの証明がなされ失踪の宣告が取り消された場合でも、失踪の宣告後その取消前になされた行為はすべて効力を生じない。（行書 H24-27）	× 2【3】
4	未成年者が他人から生活費の足しにと10万円の贈与を受けた。法定代理人である親権者は、この贈与契約を取り消すことができる。（裁事 H18年）	× 4【2】
5	親権者は、代理人として、未成年者に代わって契約を締結することができる。（裁事 H20年）	○ 4【2】
6	後見開始の審判を受けた者に付される成年後見人は法定代理人として代理権を有するが、保佐開始の審判を受けた者に付される保佐人は当然には代理権を有しない。（国税 H22年）	○ 4【3】(1)、(2)
7	被保佐人Aは、A所有の建物を借用したい旨のCの依頼を受け、保佐人Bの同意を得ないまま、Cとの間で当該建物を5年間貸与する旨の賃貸借契約を締結した。この場合、Bは、AC間の賃貸借契約を取り消すことができない。（国Ⅱ H19年）	× 4【3】(2)
8	精神上の障害により事理を弁識する能力が不十分である者について、本人以外の者の請求により、家庭裁判所が補助開始の審判をする場合、本人の同意は必要とされない。（都庁 H19年）	× 4【3】(3)

第3章

権利の主体（法人）と客体
——意味深な「権利能力なき社団」ってどんな団体？

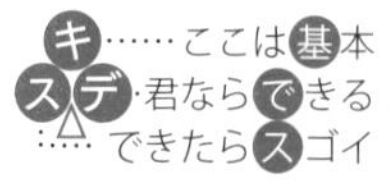

1 法人も人なんだ!?

(1) 法人ってなんだろう？

第2章1で学習したとおり、法人も、自然人（人間）と同じく権利能力の主体となります。

ここで、**法人**とは、会社が一番イメージしやすいですが、自然人以外のもので、法律上、権利義務の主体となることができるものをさします。

1 民法は個人主義①をベースとしているので、自然人は、当然に権利義務の主体となります。しかし、実際の社会生活においては、さまざまな会社であるとか、学校法人、宗教法人、医療法人などの団体が活躍しています。これらの団体は、それぞれ土地をもったり、銀行預金をしたりして経済活動を行っているので、これらの団体にも権利義務の主体となる地位を与えてやらなければ、現実の社会はまわっていきません。そこで、法律によって法人というものをつくり、法人として認められた団体が権利義務の主体となることができるようにしているのです。

> 個人主義とは、人間社会における価値の根源が個人にあるとし、個々の個人を尊重しようという思想をいいます。憲法13条は、わが国における個人主義の原理を表明したものとされています。

法人には、人の集団（＝団体）に法人格（権利能力）が与えられる**社団法人**と、一定の目的に提供される財産に法人格（権

利能力）が与えられる**財団法人**があります。財団法人の例としては、だれかが遺産として財産を残したとして、その財産の集合体に権利能力を与えるような場合があげられます。

(2) 決められた団体だけが法人になれる ―法人法定主義―

法人は法的な技術として認められるのですが、どのような団体でも法人として権利能力の主体になることができるのではありません。たとえば、ある個人が財産隠しのために勝手に法人をつくって、個人財産をその法人の名義にしてしまうなどということが横行してしまうと、強制執行逃れや脱税などさまざまな不都合が生じてしまいます。

そこで、法人の設立は、法律の規定によってのみ認められるということになっています。これを、**法人法定主義**（33条1項）②といいます。

2 **第33条 法人の成立等**
1 法人は、この法律その他の法律の規定によらなければ、成立しない。

(3) 一般社団法人及び一般財団法人に関する法律ってなんだろう？

社団法人には、一般社団法人、公益法人、営利社団が含まれますが、学習してほしいのは一般社団法人についてです。

（1）どんな法律なの？

「一般社団法人及び一般財団法人に関する法律」（「一般法人法」といいます）は、営利（剰余金の配当）を目的としない社団と財団とについて、それらの行う事業が公益を目的とする事業であるかどうかにかかわらず、登記③のみによって簡便に法人格を取得することができる法人制度を創立した法律です。

このように、一般法人法によって設立された一般社団法人と一般財団法人は、営利を目的としない非営利法人なのですが、これは売上を上げたことによる剰余金を構成員に配当しないという意味にすぎず、法人が収益がある事業をすることは特に問題がありません。

3 登記とは、一定の事柄を公示するため、法に定められた事柄を帳簿や台帳に記載することをいいます。登記には、第三者に対して一定の事項を主張するための要件（対抗要件）としての効力を有するもの（不動産登記等）と、一定の効力が発生するための要件とされるもの（会社の設立登記等）とがあります。

不動産登記については、第10章 物権変動①以下で詳しく学習します。

（2）どのようにすれば法人をつくれるの？―法人の設立―

法人の設立とは、団体が法人として権利義務の主体となるための手続をいいます。団体が権利義務の主体となることができることを法人格があるといいます。たとえば、太郎が通っている真大学を経営している学校法人にも法人格があります。

法人設立の方法は、法人の目的や性質に応じて、さまざまなものが定められています。一般社団・財団法人は、法律の定める要件をみたしたうえで法人登記をすれば設立が認められます。このような設立方法を**準則主義**といいます。そのほか、日本銀行のように特別法によって設立が認められる**特許主義**、2006年の民法改正前の公益法人のように主務官庁の裁量による許可によって設立が認められる**許可主義**、学校法人のように法律の定める要件をみたせば主務官庁により設立が認められる**認可主義**、宗教法人のように法律の定める要件をみたしていることを所轄官庁が確認することにより設立が認められる**認証主義**、相続財産法人（951条）のように法律の規定により当然に法人とされる**当然設立主義**があります。

お堅い用語が並んだので次ページの表にしましたが、試験にでるような知識ではないので、さらりと見ておきましょう。

⑷　権利能力なき社団ってなんだろう？

（1）権利能力なき社団を理解しよう

権利能力なき社団とは、実質的には法人格のある団体（人の集まり）と同じような活動をしていますが、法人になっていない団体をいいます。具体的には、テニスサークル、同窓会、町内会などの団体をイメージするとわかりやすいでしょう。

ここで1つ注意してほしいのですが、世の中の団体や社団が、すべて権利能力のある法人かというと、実はそうではありません。人の集まりである社団が、すべて権利能力のある一般社団法人や会社になるわけではないのです。

法人設立の諸主義

諸主義	具体例	法人を認める基準
特許主義	日本銀行	特別の法律の制定
許可主義	2006年民法改正前の公益法人	主務官庁の自由裁量に委ねる④
認可主義	学校法人 社会福祉法人	法律の定める要件を具備し主務官庁の認可を受けること →要件を具備していれば必ず認可しなければならない
認証主義	宗教法人 特定非営利法人	法律の定める要件を具備し、所轄庁の認証（確認行為）を受けること
準則主義	一般社団・財団法人 会社法上の会社	法律の定める一定の組織を具備した場合に当然に法人となる*
当然設立主義	相続財産法人 地方公共団体	法律の規定によって当然に法人となる*
自由設立主義	スイスの非営利社団	法人の設立になんら形式的要件を設けない
強制主義	弁護士会 司法書士会	国家が法人の設立（または法人への加入）を強制

*通常、準則主義では、設立登記をすることが法人設立の要件。設立登記の際に、登記官による要件具備についての審査がある。

（2）権利能力なき社団と認められるためにはどうすればいいの？

それでは、どのような団体が権利能力なき社団と認められるのでしょうか。

権利能力なき社団は、社団としての実体があるにもかかわらず権利能力を与えられていない団体をいうのですから、**社団としての実体を備え⑤ていることが必要**です。

判例⑥は、「社団としての実体」を備えているといえるためには、①**団体としての組織を備えていること**、②**多数決の原則が行われていること**、③**構成員が変更したにもかかわらず団体そのものが存続すること**、④代表の方法、総会の運営、財

4 主務官庁とは、ある行政事務の遂行について主管権限をもつ行政官庁のことです。たとえば、学校法人の設立についての主務官庁は文部科学省です。

5 法律の世界では、よく「備える」という言葉を使います。準備するという意味で使うよりも、必要なものをすでにもっている（具備する）という意味で使うことが多いので、慣れておきましょう。

6 試験対策講座・スタートアップ民法・民法総則156頁

7 産管理、その他団体としての主要な点が確立されていること
が必要であるとしています。
　この要件をみたせば、権利能力なき社団として、独立の取
引主体となることが認められています。また、権利能力なき
社団は、訴訟の当事者となる能力（当事者能力）⑦も認められて
います（民事訴訟法 29 条）。

（3）権利能力なき社団の財産関係はどうなっているの？

（a）権利関係はどうなるの？

8 　所有権を例にとって権利関係を考えてみましょう。権利能
力なき社団であるテニスサークルが共同して購入したテニス
ボールの所有権はだれにあるのでしょうか。
　まず、権利能力なき社団であるサークル自体の所有とする
9 ことはできません。なぜなら、権利能力なき社団には権利能
力がなく、権利義務の主体とならないからです。
　このテニスボールは、構成員全員の共同所有になると考え
られています。そうすると、構成員全員の共同所有といった
場合、どのような形態の共同所有なのかということが更に問
題になります。
　判例⑧によれば、権利能力なき社団の共同所有形態は、民法
上予定されている 3 種類の共同所有形態⑨のうち、総有⑩である
とされています。この場合、各共同所有者は、共同所有財産
を使用したり収益したりすることができるにすぎなく、団体
への加入・離脱をすることによって共同所有者としての地位
を取得・喪失します。管理処分の権能は団体に属するので、
共有持分にあたるものはなく、持分を自由に処分することも
分割することもできません。このような内容のことを、所有
権が構成員に総有的に帰属する、と表現します。
　このテニスサークルの例では、サークルのメンバーで買っ
10 たテニスボールは、メンバーで使うことはできるけれども、
1 個だけ私によこせということはできませんし、また、その
サークルを脱退するときに払戻しを認めろということもでき

訴訟の当事者とは、訴訟において訴える者と訴えられる者のことをさします。民事訴訟では、原告（訴える者）と被告（訴えられる者）が当事者にあたります。そして、民事訴訟の当事者となることができる地位を当事者能力といいます。

権利能力なき社団の債務と構成員の個人責任
試験対策講座・スタートアップ民法・民法総則 157 頁

民法上予定されている 3 種類の共同所有形態とは、共有、合有、総有です。
共有とは、具体的な持分が認められるものであり、民法上の原則的な共同所有の形態です。
合有とは、潜在的な持分というものはあるけれども、具体的な持分が認められないような共同所有の形態をいいます。合有の場合には、総有の場合と異なり、脱退して団体をでていくときに、持分の払戻しが認められますが、総有の場合と同様に、持分を自由に処分あるいは分割することはできません。

共有については、第 12 章物権変動③で詳しく学習します。

総有とは、潜在的な持分もなく、各共同所有者は共同所有財産を使用したり収益したりす

ないということになります。

(b) 登記はどのようにするの？

このように、所有権は権利能力なき社団の構成員に総有的に帰属しますが、所有権の目的物が不動産の場合、登記はどのように行うのかが問題となります。

不動産の登記については、権利能力なき社団の代表者の名前を書いた団体名義ですることは認められていません。あくまでも、代表者の個人の名義で登記するか、または構成員全員の共有名義で登記するしかないと考えられています。

ることができるにすぎない共同所有の形態をいいます。

不動産の意義については、2(2)(1)で詳しく学習します。

2 権利の対象となるのが物(ぶつ)なんだ!?—権利の客体—

(1) 物ってなんだろう？

所有権等の権利の対象(客体)となるものを、物(ぶつといいます)といいます。民法上、物とは有体物のことです(85条)。有体物とは、空間の一部を占めるもの、つまり、気体、液体、固体のいずれかに属するものです。民法は、物について、①不動産・動産(86条)、②主物・従物(87条)という分類方法で規定しています。次から順にみていきましょう。

11 **第85条 定義**
この法律において「物」とは、有体物をいう。

(2) 物にはどんな種類があるの？

(1) 不動産と動産を区別しよう

物は、不動産と動産に大きく分けられます。不動産とは、土地およびその定着物をいいます(86条1項)。定着物とは、継続的に土地に密着したまま使用される性質の物であって、具体的には、建物、樹木、橋、石垣などが含まれます。石灯ろうや自動車のように、単に地上に置かれている物は、定着物には含まれないので覚えておきましょう。

12 **第86条 不動産及び動産**
1 土地及びその定着物は、不動産とする。
2 不動産以外の物は、すべて動産とする。

建物は、常に土地とは別個独立の不動産とされます。また、建築中の建物(建前)は、屋根を付け、周壁ができた段階で独立の建物になると考えられています。

樹木は、通常土地とは独立しない定着物ですが、立木の登記簿に保存登記がされている立木は、土地とは別個の不動産として、立木所有者は立木を譲渡することができます（立木に関する法律1条、2条）。また、立木法（りゅうぼくほう）によらない（登記されていない）
13 ない）樹木であっても、慣習法⑬によって認められている明認方法（所有者の氏名を樹木に書くなどの方法）を備えれば、土地とは別個の不動産として扱われます。

慣習法とは、慣習に基づいて成立する法をいいます。ここでいう慣習とは、日常用語としての慣習とほぼ同義です。社会生活のなかで反復して行われ、ある程度まで人の行動を拘束するようになった一種の社会規範のことをいいます。

そして、不動産以外の物が**動産**です（86条2項）。動産には、たとえば、宝石や自動車などが含まれます。

（2）主従関係にある物ってなんだろう？―主物と従物―

物については、主物と従物という概念があります。

従物とは、物の所有者が、その物の使用または収益に継続的に役立てるため、その物に附属させた物をいいます（87条1項）。これに対して、**主物**とは、従物を附属させるその本体となる物をいいます。

たとえば、母屋（主物）と納屋（従物）、刀（主物）と鞘（さや）（従物）などがあります。

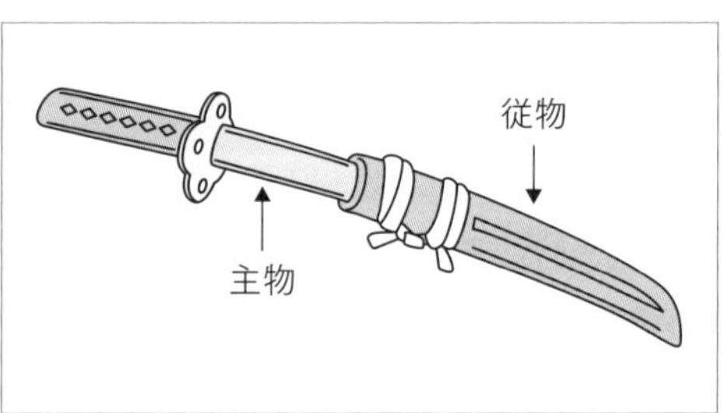

プラスα文献

試験対策講座・スタートアップ民法・民法総則 2章2節、3章
判例シリーズ 3事件
条文シリーズ 1編3章1節、33条、85条〜87条
ステップアップ №3

第3章 Exercise

	問題	解答
1	権利の主体となることができるのは自然人にかぎられず、法人もまた権利の主体となりえる。法人の設立に関しては、民法は、法人たる実体を備えていれば法律によらず当然法人格が認められる自由設立主義を採っている。（国税 H22 年）	× 1【1】、【3】(2)
2	権利能力なき社団が成立するためには、団体としての組織を備え、多数決の原則が行われ、構成員の変更にもかかわらず団体が存続し、その組織において代表の方法、総会の運営、財産の管理等、団体としての主要な点が確定していることを要する。（裁事 H19 年改題）	○ 1【4】(2)
3	権利能力なき社団の代表者が社団の名において第三者との間で金銭を借り入れる旨の金銭消費貸借契約を締結した場合、その契約上の権利義務は当該社団の構成員全員に総有的に帰属するとともに、個々の構成員にも帰属するから、債権者たる第三者は、個々の構成員に対し、その構成員の人数で割った金額の限度で貸金返還請求をすることができる。（裁事 H19 年改題）	× 1【4】(3) (a)
4	権利能力なき社団がその所有する不動産を登記するには、権利能力なき社団の代表者の個人名義によるほかないから、第三者の登記名義になっている不動産について、権利能力なき社団に所有権があるとして当該登記名義人に対して所有権移転登記手続請求の訴えを提起する場合、権利能力なき社団自体が訴訟当事者となることはできない。（裁事 H19 年改題）	× 1【4】(3) (b)
5	建物は完成によってはじめて土地から独立した不動産となるのであり、工事中の建物が独立の不動産となることはない。（地方上級 H 7 年）	× 2【2】(1)
6	土地に生立する樹木は、立木法による登記による以外には独立して取引の客体となることができない。（地方上級 H 7 年）	× 2【2】(1)

第4章

契約の有効要件（意思表示等）①
――その気もないのに「売る」と言った契約は有効？

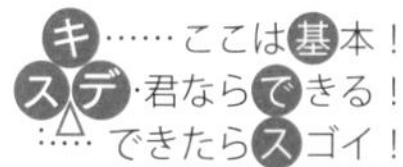

1 法律行為ってなんだろう？

人と人との間で結ぶ契約のことを学習する前に前提となる
1 法律行為についておさえておきましょう。少し難しいかもしれませんが重要な法律用語ばかりですから、ゆっくり読み進めましょう。

(1) 法律行為は法律要件のなかでもっとも重要

民法は、一定の法律要件をみたせば、一定の法律効果が生じる、というかたちで規定されていると学習しましたが、この法律要件には、**法律行為**、**準法律行為**①、**事件**②というものがあります。そして、3つのなかでもっとも重要なのが法律行為です。

法律行為とは、**意思表示を要素とする法律要件**のことをいいます。法律行為は、契約、単独行為、合同行為の3つに分類することができます。

(2) 3つの法律行為を知ろう

(1) 契約ってなんだろう？

契約とは、原則として**申込み**と**承諾**という意思表示の合致によって成立する法律行為をいいます。売買契約などがその典型例です。

(2) 単独行為ってなんだろう？

2 **単独行為**とは、1つの意思表示によって成立する法律行為をいいます。解除や取消し、遺言などがその典型例です。

> 1 準法律行為とは、意思表示によらずに法律効果を発生させる行為をいいます。これには、意思の通知と観念の通知があります。
> 意思の通知とは、法律効果の発生を内容としない意思を通知することをいいます。たとえば、解除の前提としての催告（541条）などがあります。債権者が債務者に債務を履行（債務の内容を実行）しなさいと通知した場合、債務者が債務を履行しないと解除権が発生します。
> 意思の通知では、意思に対応した法律効果が発生するわけではなく、法律の規定によって法律効果が発生するにすぎません。
> 観念の通知とは、一定の事実を通知することをいいます。たとえば、債権譲渡の通知（467条）などがあります。

> 2 事件とは、時の経過や人の死亡のような出来事をいいます。

（3）合同行為ってなんだろう？

合同行為とは、同一目的に向けられた２つ以上の意思表示の合致によって成立する法律行為をいいます。法人の設立行為がその典型例です。

4-1

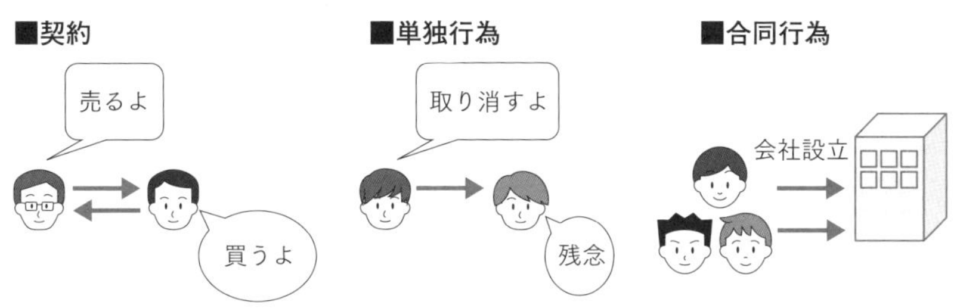

2 意思表示ってなんだろう？

(1) 意思表示について理解しよう

１にあるように、法律行為には、意思表示が欠けてはならないことがわかりました。そのため、意思表示とは何かについて理解することが重要です。

意思表示とは、一定の法律効果を発生させるという意思を表示する行為をいいます。

意思表示は、一般に、**効果意思**、**表示意思**、**表示行為**の３つの部分から成り立っていると考えられています。そして、効果意思の前段階に、なぜそのような意思表示をしようと思ったのかという**動機**が存在します。

4-2

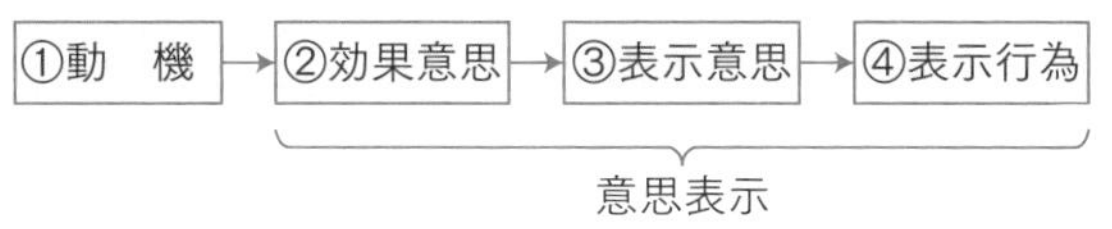

具体的に、土地を買う場合の意思表示の成立過程を例に考えてみましょう。

①動機は、この土地は立地がよいからほしいと考えることです。②効果意思は、一定の法律効果を欲する内心の意思をいい、この土地を買おうと決心することです。③表示意思は、内心の効果意思を外部に表示しようとする意思をいい、この土地を買うと言うことを決心することです。④表示行為は、この土地を買うと伝えることです。

(2) 何かしら問題のある意思表示

民法は、表示行為に対応する効果意思がない場合を**意思の**
3 **不存在**[3]、表示行為に対応する効果意思はあるものの効果意思の形成過程（動機）に瑕疵（キズという意味）がある場合を**瑕疵ある意思表示**と考え、各別に法律効果を規定しています。意思の不存在には、**心裡留保**（93条）、**虚偽表示**（94条）、**表示の錯誤**（95条1項1号）、瑕疵ある意思表示には、**動機の錯誤**（95条1項2号）、**詐欺・強迫**（96条）があります。

> 法律の世界では、よく「不存在」という言葉を使います。本書でも「債務の不存在」とか「代理権の不存在」という表現が出てきます。そのなかでも「意思の不存在」は多くでてきますので、慣れておきましょう。
> 不存在とは、文字どおり「存在しない」、「ない」という意味です。

3 心裡留保ってなんだろう？

Case 1 **コンビニ店長は、同せい相手の幸子が妊娠したため、幸子に別れたいと伝えたところ、幸子は手切れ金として300万円をもらえるならば別れてもいいと言いました。店長は、手切れ金を支払うつもりはなかったものの、別れるためには要求に応じるふりをするしかないと考え、幸子に手切れ金として300万円を支払うと伝えました。さて、幸子は店長に300万円を払わせることができるでしょうか。**

Answer 1 **店長は、原則として、幸子に300万円を支払わなければなりません。**

(1) 心裡留保について理解しよう

店長は、幸子に対して、手切れ金として 300 万円を支払うという贈与の意思表示をしていますが、実際には支払うつもりはなかったのですから、表示行為に対応する真意(効果意思)がありません。このように、意思表示の表意者が、表示行為に対応する真意のないことを知りながらする単独の意思表示のことを、心裡留保といいます。④

贈与契約については、第21 章 売買型契約で詳しく学習します。

4

第 93 条　心裡留保
1　意思表示は、表意者がその真意ではないことを知ってしたときであっても、そのためにその効力を妨げられない。ただし、相手方がその意思表示が表意者の真意ではないことを知り、又は知ることができたときは、その意思表示は、無効とする。

(2) 心裡留保の効果はどのようなもの？

(1) 原則は有効

心裡留保の場合、表意者は内心と表示の不一致を知っているため、表意者を保護する必要はあまりなく、むしろその表示を信頼した相手方を保護する必要があります。そのため、意思表示は、**原則**として**有効**となります (93 条 1 項本文)。

Case 1 では、店長の贈与の意思表示は原則として有効です。そのため、店長は、原則として、幸子に 300 万円を支払わなければなりません。

(2) 例外的に無効

ただし、相手方がその意思表示が表意者の**真意ではないことを知っているか**、または**知ることができた**場合には、相手方を保護する必要はないため、意思表示は**無効**となります (93 条 1 項ただし書)。

Case 1 では、たとえば、幸子が、当時の店長の収入からしてとうてい 300 万円を支払うことができないだろうと考えていたとしたら、幸子は、店長の真意が実は払うつもりがないということを知っているか、少なくとも知ることができたといえます。そのため、店長の 300 万円を支払うという贈与の意思表示は無効となります。ですから、このような場合には、店長は幸子に 300 万円を支払う必要がありません。

4 虚偽表示ってなんだろう？

Case 2 ある日、太郎はパチンコで大当たりをしたので、55インチの大型テレビを買いました。その日の夜、母良子から明日様子を見に行くという電話を受けた太郎は、このままでは大学の授業をさぼってパチンコばかりしていることがばれてしまうと思い、どうにかテレビを隠せないかと店長に相談しました。すると、店長は待ってましたというばかりに、太郎がテレビを店長に売ったように装って預ければ、母親をやりすごすことができると提案しました。単に預けるだけで足りるのではと疑問に思いつつも、太郎は、店長にテレビを売ったかたちにしました。

案の定、店長は太郎に無断で、事情を知らない客Aにテレビを売り飛ばしてしまいました。

さて、太郎は客Aからテレビを取り返せるのでしょうか？

Answer 2 太郎は、形式上テレビを売ったにすぎないとしても、テレビの所有権を失い、客Aに対して、テレビの所有権を主張することができません。

(1) 虚偽表示の意味を理解しよう

（1）虚偽表示ってどんな意思表示なの？

太郎は店長にテレビを売るという意思表示をしていますが、この売買は太郎と店長が話し合って仮装したものであり、太郎には意思表示に対応する効果意思がありません。このように、相手方と通じて行う真意でない意思表示を虚偽表示[⑤]といいます。要するに、相手方と相談して嘘の契約をすることです。

> **第94条　虚偽表示**
> 1　相手方と通じてした虚偽の意思表示は、無効とする。
> 2　前項の規定による意思表示の無効は、善意の第三者に対抗することができない。

（2）虚偽表示の効果はどのようなもの？

（a）94条の意味を理解しよう

虚偽表示の場合、意思表示は無効となります（94条1項）。

その理由は、当事者双方で相談したうえでの契約なので、少なくとも当事者間では意思表示を有効とする必要がないからです。

しかし、虚偽表示の無効は**善意の第三者に対抗することができない**とされています（94条2項）。これは、虚偽表示であることを知らない第三者との関係では、第三者の信頼を保護するために、意思表示の効力を認めたものです。

ここで、虚偽表示の無効を「善意の第三者に対抗することができない」というのは、虚偽表示の無効を善意の第三者に主張することができないことを意味します。そのため、逆に、**善意の第三者の側から無効を主張することはできる**のです。

（b）**Case 2をもとに具体的に考えてみよう**

太郎と店長との間のテレビの売買契約は、虚偽表示によるものですから、無効になります（94条1項）。ですから、太郎にテレビの所有権があるので、太郎は、客Aに対して、テレビの所有権を主張することができるようにも思えます。

しかし、客Aが「善意の第三者」にあたれば、太郎は虚偽表示の無効として客Aに対抗することができません（94条2項）。その結果、客Aがテレビの所有権を取得し、太郎は、客Aに対して、自分にテレビの所有権があることを主張することができなくなります。

そこで次に、「善意の第三者」（94条2項）とはどのような人を意味するのか考えてみましょう。

(2) 「善意の第三者」ってどんな人？

（1）「第三者」にあたるのはどのような人？

94条2項にいう「**第三者**」とは、虚偽表示の当事者およびその包括承継人⑥以外の者であって、虚偽表示に基づいてつくりだされた仮装の法律関係について、**新たに独立の法律上の利害関係**をもつにいたった者をいうと考えられています（判例⑦）。難しい言い方なので、次の具体例をみてください。

6 **包括承継人**とは、すべての権利義務をひっくるめて受け継いだ者をいいます。相続人がその典型例です。

7 試験対策講座・スタートアップ民法・民法総則203頁

（a）**「第三者」にあたる者の具体例をみよう**

目的物の仮装譲受人から更に譲り受けた者や、**仮装譲渡さ**
8 **れた不動産について抵当権の設定を受けた者**[8]などが、94 条 2 項の「第三者」にあたる典型例です。

たとえば、N が O から 3000 万円を借りた場合、N は、この 3000 万円を返還する債務を担保するために、自分の所有する土地に**抵当権**を設定することができます。このように抵当権を設定した場合、N が O に 3000 万円を返還することができないときには、O は、抵当権が設定された N の土地から優先的に 3000 万円の債務の弁済を受けることができます。

抵当権については、第 13 章 物的担保① 3 で詳しく学習します。

Case 2 の客 A は、テレビの仮装譲受人である店長からそのテレビを買ったのですから、**目的物の仮装譲受人から更に譲り受けた者**であり、94 条 2 項の「第三者」にあたります。

4-3

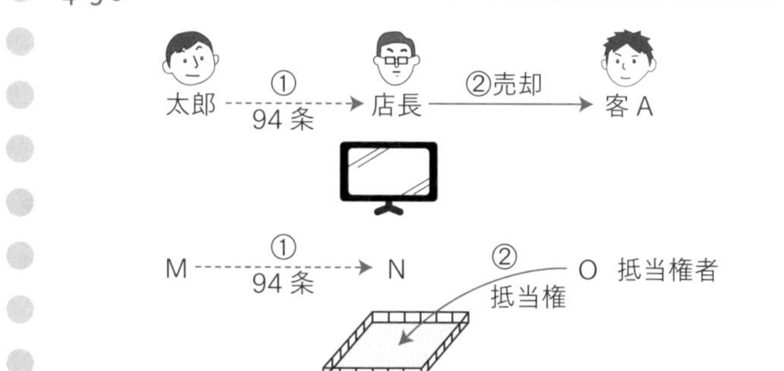

（b）**仮装譲受人の債権者が「第三者」にあたるの？**

仮装譲受人の一般債権者は、仮装譲渡に基づいてつくりだされた仮装の法律関係について、**新たに**利害関係をもつにいたったわけではないため、94 条 2 項の**「第三者」にあたりません**。たとえば、太郎から店長へテレビの仮装譲渡がなされた場合に、店長に 10 万円を貸していた一般債権者である知人 M は、94 条 2 項の「第三者」にあたりません。

これに対して、**仮装譲受人の債権者が虚偽表示の目的物について差押えをした場合**には、仮装譲渡に基づいてつくりだされた仮装の法律関係について差押えにより新たに独立の法律上の利害関係をもつにいたったといえるため、94 条 2 項の**「第三者」にあたります**。たとえば、太郎から店長に仮装譲渡されたテレビを、店長の知人 M が差し押さえた場合、M は 94 条 2 項の「第三者」にあたります。

4-4

■仮装譲渡と債権者

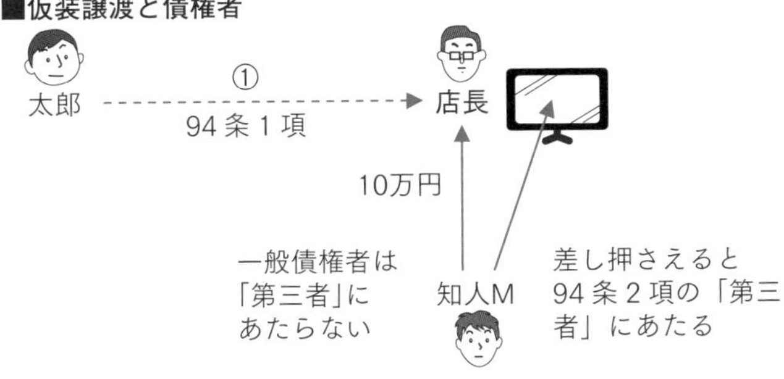

(2)「善意」の意味を理解しよう

(a) 94条2項の「善意」とはどのような意味？

94条2項の第三者として保護されるためには、第三者が「善意」であることが必要です。この「善意」は、当該意思表示が虚偽表示であることを**知らない**ことを意味します。

94条2項の「善意」と認められるためには、**無過失であることを必要としない**と考えられています（判例）[9]。たとえば、少し調べれば虚偽表示であることを知ることができた（過失があった）場合であっても、「善意」であると認められるのです。

(b) Case 2の客Aについて考えてみよう

客Aは、太郎と店長の間の虚偽表示について、事情を知らなかったのですから、94条2項の「善意」であると認められます。かりに客Aに過失があっても「善意」であると認められるのですから、客Aに過失があったとしてもここでは問題にはならず、太郎は所有権を主張できません。

(3) 対抗要件は必要か？

94条2項の第三者として保護されるためには、対抗要件を[10]**みたす**、言い換えると、**177条の登記をしたり178条の引渡しを受ける必要はない**と考えられています（判例）[11]。なぜかというと、虚偽表示の当事者と第三者とは、いわば前主・後主の関係にある[12]ので、対抗関係に立たないからです。

9 試験対策講座・スタートアップ民法・民法総則205頁

10 **対抗要件**とは、すでに成立した権利関係、法律関係を他人に対して法律上主張することができるために必要とされる法律要件のことをいいます。不動産物権変動では登記が対抗要件になります（177条）。また、動産物権変動では引渡しが対抗要件になります（178条）。

第11章 物権変動②で詳しく学習します。

11 試験対策講座・スタートアップ民法・民法総則206頁

12 たとえば、AがBに土地を譲渡し、更にBがその土地をCに譲渡した場合に、Cは、当事者たるBの延長線上にある者なのでAとCは**前主・後主の関係**にあるといわれます。

第177条　不動産に関する物権の変動の対抗要件
不動産に関する物権の得喪及び変更は、不動産登記法（平成16年法律第123号）その他の登記に関する法律の定めるところに従いその登記をしなければ、第三者に対抗することができない。

二重譲渡とは、同一の物の所有権を別に2人に譲渡することをいいます。一方の譲受人が他方の譲受人に所有権を主張するためには対抗要件を備える必要があります。

第11章 物権変動②で詳しく学習します。

13 177条は⑬、同じ不動産に関する物権（ここでは所有権と考えておけば足ります）の取得を相争う関係（これを**対抗関係**といいます）にある場合に適用される規定です。その典型例は、同じ不動産が、MからNとOに二重に譲渡⑭された場合です。

これに対して、MがNに不動産を仮装譲渡し、Nがその不動産を更にOに譲渡してしまったという94条2項の場合、虚偽表示の無効を、Mは、善意の第三者であるOに対抗でき
14 ない結果、善意の第三者が物権を取得し、虚偽表示の表意者（M）は物権を失った者として扱われます。

このように、両者は同じ不動産に関する物権の取得を相争う関係に立たない以上、177条は適用されません。つまり、94条2項の第三者として保護されるためには、177条の登記は必要とされないのです。

4-5

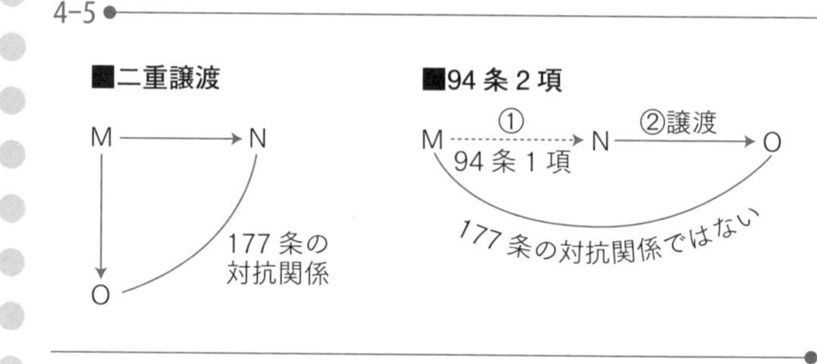

（4）Case 2をまとめてみよう

ここまでを整理すると、客Aは94条2項の「善意」の「第三者」にあたります。さらに、94条2項の第三者として保護
15 されるためには対抗要件を具備する⑮必要はありませんから、客Aは、店長からテレビの引渡し（178条）を受けていなくても、94条2項の「第三者」として保護されることになります。

法律では、「**対抗要件を具備する**」とよく使います。これは、対抗するために必要な要件をみたすという意味です。

そのため、太郎は虚偽表示の無効を客Aに対抗することができません（94条2項）。その結果、客Aがテレビの所有権を取得することになり、太郎は、客Aに対して、テレビの所有権をもっていることを主張することができないのです。

(3) 虚偽表示に似た場面での流用—94条2項の類推適用—

(1) 94条2項の類推適用はどのような場合に必要？

たとえば、Mが、自己所有の土地がN名義で登記されていることを知りながら、その登記を存続させることをNに明示的に承認していた場合に、Nが事情を知らないOにこの土地を勝手に売ったとき、MとNの間には虚偽表示が存在しないため、94条2項は直接には適用されません。しかし、N名義の登記という虚偽の外観を信頼した[16]Oを保護すべきことは、94条2項の場面と同様です。そこで、このように94条2項が直接適用されない場合であっても、94条2項の類推適用[17]によって、善意の第三者を保護することができないかどうかが問題となります。

16 法律では、「虚偽の外観を信頼する」とよく使います。これは、一見すると虚偽の表示だとわからないため、その表示が正しいと信じることです。

17 **類推適用**とは、ある事実関係に直接適用される条文がない場合に、その事実関係にもっとも類似した事実関係に適用される条文を適用することをいいます。

4-6

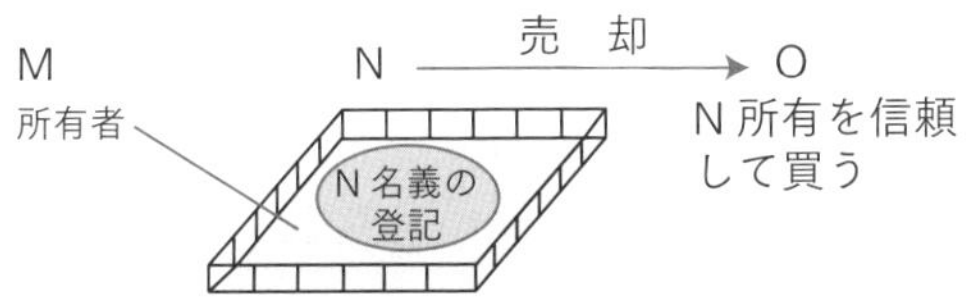

M
所有者
N
売　却
O
N所有を信頼して買う
N名義の登記

(2) 94条2項の趣旨と類推適用の可否を理解しよう

94条2項の趣旨は、虚偽の外観をつくりだしたことについて責任のある権利者の犠牲のもとに、虚偽の外観を信頼して取引に入った第三者を保護し、そして、これをもって取引の安全を保護することにあります（このような考え方を**権利外観法理**といいます）。

このような94条2項の趣旨にかんがみ、❶虚偽の外観が存在し、❷その外観をつくりだしたことについて権利者に責任（帰責性[18]）がある場合であって、❸第三者が虚偽の外観を信頼して取引に入ったときは、94条2項を類推適用することができると考えられています。

18 **帰責性**とは、責任を問われても仕方がないといえる事情のことをいいます。

（3）具体例で考えてみよう

それでは、（1）の具体例で、94条2項を類推適用することができるかどうかを考えてみましょう。

まず、Mの所有する土地についてN名義の登記が存在するので、虚偽の外観は存在しています（❶）。次に、土地の所有者であるMが、この虚偽の登記を存続させることについて、Nに明示的に承認しているのですから、虚偽の登記が存在することについての責任はMにもあるといえます（❷）。さらに、第三者であるOはこれらの事情を知らなかったのですから、N名義の登記という虚偽の外観が真実であると信頼していたといえます（❸）。そのため、94条2項の類推適用が認められ、Oは土地の所有権を取得できることになります。

プラスα文献

試験対策講座・スタートアップ民法・民法総則 4章2節[1]〜[4]
条文シリーズ 1編5章■2節、93条、94条
ステップアップ No.4概説、論点1

1	表意者が真意でないことを知りながら意思表示をした場合、表意者を保護する必要がないことから、相手方が表意者の真意を知っていたとしても、意思表示は無効とはならない。（特別区 H17 年）	× 3【2】(2)
2	A と B が合意のうえで行った虚偽の意思表示は、A と B の間では無効であるが、その意思表示の無効は、善意の第三者 C に対しては対抗することができない。（国Ⅱ H21 年）	○ 4【1】
3	A が自己の所有する甲土地を B と通謀して B に売却（仮装売買）した場合において、B が甲土地を A に無断で C に転売した場合に、善意の C は、A・B 間の売買の無効を主張して、B・C 間の売買を解消することができる。（行書 H20-27）	○ 4【1】
4	A が自己の所有する甲土地を B と通謀して B に売却（仮装売買）した場合において、B が甲土地につき A に無断で E のために抵当権を設定した場合に、A は、善意の E に対して、A・B 間の売買の無効を対抗することができない。（行書 H20-27）	○ 4【2】(1)（a）
5	A は B と通謀して A 所有の甲土地を B に仮装譲渡し、所有権移転登記を了した。判例によれば、この事情を知らない B の一般債権者である C は、甲土地について差押えをしていなくても法律上利害関係を有する者といえるから、A は、C に対して A・B 間の売買契約の無効を主張することができない。（裁事 H21 年）	× 4【2】(1)（b）
6	A が B に対して A 所有の動産を譲渡する旨の意思表示をした場合において、A が、差押えを免れるために B と謀って動産を B に譲渡したことにしていたところ、B が事情を知らない C に売却した場合、C に過失があるときには、A は、C に対して A・B 間の譲渡契約の無効を主張できる。（行書 H22-27）	× 4【2】(2)
7	B が、建物の所有者 A に無断で、A の実印等を利用して当該建物を B 名義で登記した。その直後、A はその事実を知ったが、長期にわたり B 名義の登記を放置し黙認していたところ、B は当該建物を C に譲渡した。判例によれば、B が無権利者であることにつき C が善意であるときでも、C は当該建物の所有権取得が認められない。（国Ⅱ H22 年）	× 4【3】

第5章

契約の有効要件（意思表示等）②
——だまされて買っても、必ず取り消せるとはかぎらない!?

1　錯誤ってなんだろう？

Case 1　太郎は、コンビニでタバコを１箱買おうと思い、出掛けましたが、途中で花子に会い、話し込んでしまいました。ふと気づくとコンビニの閉店時間が近づいていたので、慌てて店に入り、レジにいた店長に「１箱ください」と言おうとして、うっかり「１カートンください」と言ってしまいました。店長は、「はい。どうぞ」と言ってタバ
1 コ１カートン①を差し出し、太郎に4200円を請求しました。さて、太郎は、店長からの請求を拒むことができるでしょうか。

1カートンには10箱入っています。

Answer 1　太郎は、錯誤による意思表示であったので、取り消すから無効であると主張して、原則として、店長からの請求を拒むことができます。

2 ### (1)　錯誤について理解しよう

一般的な勘違いのことを、法的には錯誤といいます。正確にいうと、錯誤②とは、表示行為に対応する効果意思が存在せず、しかも効果意思の不存在について表意者自身（**Case 1** では太郎）の認識が欠けていることをいいます。たとえば、**Case 1** のようにタバコを「１箱ください」と言おうとして、うっかり「１カートンください」と言ってしまった場合（表示上の錯誤）や、１箱と１カートンを同量だと考えて、１箱のつもり（効果意思）で１カートンと言ってしまった（表示行為）場合（内容の錯誤）がこれにあたります。

第95条　錯誤
1　意思表示は、次に掲げる錯誤に基づくものであって、その錯誤が法律行為の目的及び取引上の社会通念に照らして重要なものであるときは、取り消すことができる。
①　意思表示に対応する意思を欠く錯誤

《復習 Word》
効果意思とは、法律上の効果を発生させようという意思のことです。たとえば、タバコを１箱買おうと思うことです。

(2) 表示の錯誤といえるために何が必要なの？

(1) 表示の錯誤といえるのに必要な要件は4つ

(a) 意思表示に対応する意思がない錯誤

①動機 → ②効果意思 → ③表示意思 → ④表示行為

まず、意思表示に対応する**意思を欠く錯誤**といえることが必要です。表示に対応する意思がない錯誤とは、②の効果意思がないのに、間違って④の表示行為をしてしまった場合です。

Case 1では、②（1カートンを買おうと思うこと）がないのに④「1カートンください」と言っています。そのため、表示行為に対応する（効果）意思を欠く錯誤といえます。

(b) 錯誤と意思表示との間に関係があること

次に、②効果意思の錯誤（a）に基づいて、④の表示行為をしたという関係が必要です。言い換えれば、表示者が錯誤に陥らなければ、その意思表示をしなかったという関係（主観的因果関係といいます）が必要だということです。

Case 1では、太郎が錯誤に陥らなければ、つまり1箱買おうと思っていれば、「1カートンください」とは言わなかったので、④の意思表示が錯誤に基づいて行われたといえます。

(c) 錯誤が重要なものであること

さらに、その錯誤が法律行為の目的と取引上の社会通念からして重要なものである必要があります。つまり、**錯誤が客観的に重要なもの**でなければなりません。社会通念からして重要なものといえるには、一般の人なら、その点に勘違いがなければ意思表示をしなかったといえるかどうかが、判断基準になります。

Case 1では、たばこの売買をするときに、たばこの数量は契約の重要な部分です。数量について錯誤がなければ、一般の人もそのような意思表示をしなかったといえます。そのため、錯誤の重要性の要件をみたします。

（d）原則として重過失がないこと

そして、錯誤が表意者の**重大な過失**（重過失）によるものであった場合には、原則として、表意者は意思表示を取り消す
3 ことはできません（95条3項柱書）③。**重過失**とは、悪意に準じるものでその表意者の職業・経験、取引の種類や目的などを考慮したうえで、表意者が著しく注意を欠いていたことをいいます。太郎は、2浪したとはいえ真大学に入った学生です。そのため、**Case 1**の「1箱」と言おうと思ったのに、間違って「1カートン」と言ってしまったことに重過失があったならば、店長に対してその意思表示を取り消すことができません。

> **第95条　錯誤**
> 3　錯誤が表意者の重大な過失によるものであった場合には、次に掲げる場合を除き、第1項の規定による意思表示の取消しをすることができない。
> ①　相手方が表意者に錯誤があることを知り、又は重大な過失によって知らなかったとき。
> ②　相手方が表意者と同一の錯誤に陥っていたとき。

ですが、店長が太郎の錯誤について悪意または善意重過失の場合（95条3項1号）や、店長が太郎と同一の錯誤（共通錯誤）に陥っていた場合（95条3項2号）には、太郎は、例外的にその意思表示を取り消すことができます。

（2）錯誤の効果はどんなもの？

錯誤による意思表示は取り消すことができます（95条1項
4 本文）。法律行為を取り消すと、その法律行為は最初から無効④（契約がなかった）であったとみなされます（121条）。

> **無効**とは、法律行為の目的とする本来の効果が生じないことをいい、だれでも、いつでも無効を主張できるのが原則です。これに対して、**取消し**とは、いったん有効な法律行為として効力が発生したものを、その後から、一定の者（取消権者）が一定の期間内に取消しの意思表示をすることによって、はじめから無効であったものにしようという制度をいいます。

第6章 契約の有効要件（意思表示等）③で詳しく学習します。

太郎は、たばこの売買契約を取り消すと、この売買契約は最初から無効であったとみなされますから、原則として、店長からの請求を拒むことができるのです。

(3) 動機の錯誤（事実錯誤）は表示の錯誤とどこが違うの？

動機の錯誤とは、意思どおりの表示をしているけれども、そのような意思表示をしようと考える意思の形成過程に勘違いがある場合をいいます。たとえば、太郎は、インターネットサイトで高く転売できるといううわさを聞いて、店長からあるゲームソフトを買ったけれども、実は高く転売できるというのは嘘の情報だったという場面を考えてください。太郎

は、ゲームソフトを買うという意思をもち、その意思を表示してゲームソフトを買いましたが、そのゲームソフトを買うという意思は、インターネットサイトで高く転売できると勘違いをしたことで成り立っています。

動機の錯誤は、意思どおりの表示をしている点で表示の錯誤（95条1項1号）と異なりますが、次の2つの要件をみたす場合において、表示の錯誤として必要な要件をみたせば、表示の錯誤と同じとされ、取り消すことができます。

1つは、表意者がその法律行為をする前提とした事情についての認識が真実ではなかった錯誤でなければなりません（95条1項2号）。

もう1つは、その前提とした事情が法律行為の基礎とされていることが表示されていた（95条2項）⑤ことが必要です。たとえば、太郎が「インターネットサイトで高く転売できると聞いたので、その商品をください」と店長に言っていた場合に、動機が売買契約の基礎とされていることが表示されたといえることになります。

5 **第95条　錯誤**
2　前項第2号の規定による意思表示の取消しは、その事情が法律行為の基礎とされていることが表示されていたときに限り、することができる。

2 詐欺ってなんだろう？

Case 2　太郎は、店長から、「ここだけの話、このフィギュアは定価が300円だったのだけれど、実は数量限定なのでプレミアがつくんだ。だから今のうちに買っておいたほうがいいよ」などと嘘の事実を告げられ、ついついそのフィギュアを1万円で買ってしまいました。さて、店長が嘘をついたと気づいた太郎は、この契約を取り消すことができるでしょうか。

Answer 2　太郎は、売買の意思表示を取り消すことができます。これによって、契約は最初からなかったことになります。

(1) 詐欺について理解しよう

6 詐欺⑥とは、なんらかの方法によって表意者を錯誤に陥れ、**それによって意思表示をさせること**をいいます。ですから、**Case 2** の店長は詐欺をはたらいたといえます。

詐欺や 3 で学習する強迫は、表示行為に対応する効果意思はあるものの、**効果意思の形成過程**（**動機**）**に瑕疵⑦がある場合**です（**瑕疵ある意思表示**といいます）。そのため、その効果は無効という強い効果ではなく、表意者が取り消すまでは有効として扱われる、**取消し**というものになります（96 条 1 項）。

121 条⑧によって、**取り消された行為は、はじめから無効であったものとみなされます**（**取消しの遡及効**といいます）。この点については、第 6 章 契約の有効要件（意思表示等）③で詳しく学習しますが、96 条 3 項の「第三者」の理解にも関わるため、ここで覚えておきましょう。

7 **Case 2** では、太郎がフィギュアを買うという意思表示を取
り消さないかぎり契約は有効のままですが、太郎が取消しの
意思表示をすれば、契約は最初から無効であったものとみな
8 されることになります。

> **第 96 条　詐欺又は強迫**
> 1　詐欺又は強迫による意思表示は、取り消すことができる。
> 2　相手方に対する意思表示について第三者が詐欺を行った場合においては、相手方がその事実を知り、又は知ることができたときに限り、その意思表示を取り消すことができる。
> 3　前 2 項の規定による詐欺による意思表示の取消しは、善意でかつ過失がない第三者に対抗することができない。

> 瑕疵とは、法律上、なんらかの欠陥があることをいいます。

> **第 121 条　取消しの効果**
> 取り消された行為は、初めから無効であったものとみなす。

(2) 無関係の人にだまされても取り消すことができるの？

96 条 2 項は、契約の当事者以外の第三者が詐欺をはたらき、表意者が意思表示をした場合には、契約の**相手方当事者がその詐欺の事実を知っていたか、知ることができたときに**かぎって、表意者による意思表示の取消しを認めています。これは、契約の相手方が不測の損害を被ることを防止するためです。たとえば、太郎が店長にだまされて花子との間で売買契約をした場合、太郎は、花子が詐欺の事実を知っていたか、知ることができたときにかぎって、意思表示を取り消すことができるのです。

5-1

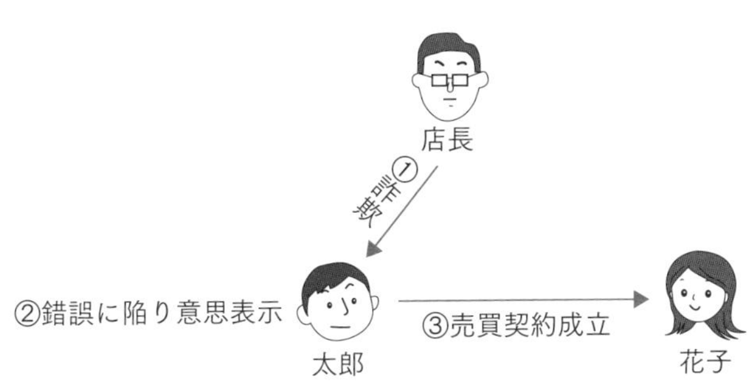

(3) 96条3項の「第三者」について理解しよう

96条3項は、**詐欺による意思表示の取消しは、善意の無過失の第三者に対抗することができない**としています。そして、この「第三者」とは、虚偽表示の94条2項の「第三者」と同じように考えられています。つまり、**当事者と当事者の相続人などの包括承継人以外の者で、詐欺による意思表示を前提として新たに独立の法律上の利害関係をもった者**と考えられています。

第4章 契約の有効要件（意思表示等）① 4(2)を見よう！

また、96条3項の「第三者」として保護されるためには、その第三者が対抗要件を備える[⑨]必要があるかどうかが問題となりますが、第三者との関係では、詐欺による意思表示も完全に有効なものとして扱われ、真の権利者と第三者とは、いわば前主・後主の関係に立ち対抗関係には立たないため、**対抗要件は不要**であると考えられています。

9 **対抗要件を備える**というのは、たとえば、不動産の売買では、登記所で登記等を記載することによって、動産の売買の場合ならば引渡しによって、「対抗要件を備える」ことになります。このように、登記や引渡しなどを行うことをいいます。

それでは、この第三者はいつまでに利害関係に入る必要があるのでしょうか。この点について、96条3項は、取消しの遡及効（121条）から第三者を保護する趣旨の規定であると考えて、「第三者」とは、そのような取消しによる遡及効によって損害を受ける第三者、つまり詐欺**取消前の第三者**のことをいうと考えられています。たとえば、太郎が店長にバイクを売り、そのバイクを更に店長が幸子に売ったとします。その後に太郎が店長の詐欺を理由に売買契約の取消しをした場合、幸子は「第三者」にあたることになります。

5-2

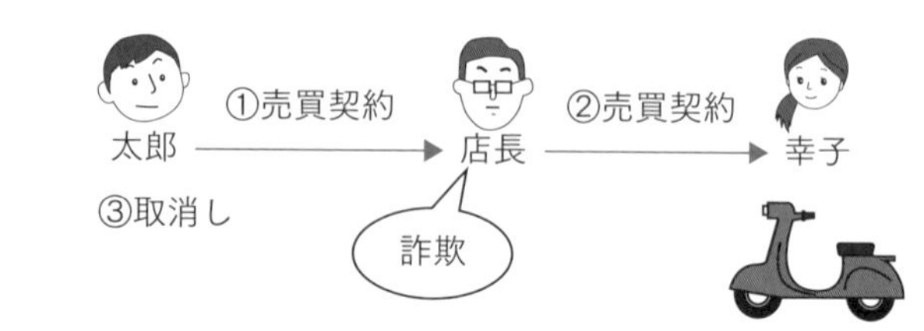

それでは、太郎の詐欺取消しの主張の後に店長が幸子に対してバイクを売ってしまった場合はどうでしょうか。先ほどの例とは、店長・幸子間の売買契約と取消しの順番が変わっている点に注意してください。

5-3

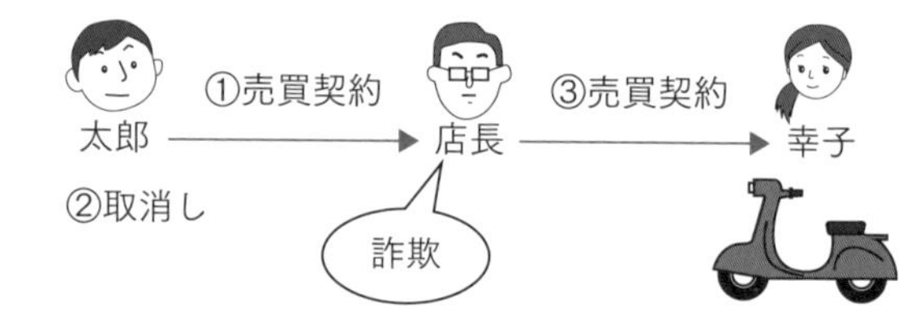

これについては、一般的には、店長から太郎・幸子に対してバイクを二重譲渡（二重に売却）した場合と同じように考えて、太郎・幸子はそれぞれバイクを店長から引き渡してもらわないと、お互いにバイクが自分の物であると主張することができないと考えられています（判例）⑩。

なお、バイクは動産なので、第11章 物権変動②で学習する即時取得が成立するかもしれないことに注意しておきましょう。

10 試験対策講座・スタートアップ民法・民法総則 227 頁

3 強迫ってなんだろう？

Case 3 ある日突然、店長が太郎の家に押し入り、太郎に対し、「その腕時計を売れ！　さもなければ、お前を痛い目に遭わせるぞ」とすごんでみせました。太郎は、恐ろしくなって、しぶしぶ腕時計を売りましたが、この腕時計を売るという契約を取り消したいと考えています。
さて、太郎は、この契約を取り消すことができるでしょうか。

Answer 3 太郎は、店長の強迫によって売る意思表示をしたとして、意思表示を取り消すことができます。

(1) 強迫について理解しよう

強迫とは、相手方におそれをいだかせ（畏怖といいます）、それによって意思表示をさせることをいいます。**Case 3** では、店長の言動は太郎を畏怖させたといえますから、太郎の意思表示は強迫による意思表示といえます。

強迫による意思表示は、詐欺の場合と同様に、**取り消すことができます**（96条1項）。また、強迫の程度がきわめて強く意思決定の自由を奪われた場合には、意思が欠ける（意思の不存在）ことになりますから当然に無効となり、意思不存在の無効と強迫による取消しのどちらでも主張することができます。

(2) 詐欺との違いはなんだろう？

条文から明らかなように、96条2項および3項の規定は、詐欺の場合のみに適用され、強迫の場合には適用がありません。そのため、**Case 3** で強迫をしたのが店長ではなく第三者の花子であった場合でも太郎は**無制限に意思表示を取り消す**

ことができますし、取消しを善意無過失の第三者にも対抗することができます。強迫は詐欺に比べてより悪質な行為とみることもできるので、民法は、強迫された者を厚く保護しようとしているのです。

ただし、取消後に第三者が現れたならば、詐欺の場合と同様に、表意者と第三者は対抗関係に立つと考えられています。

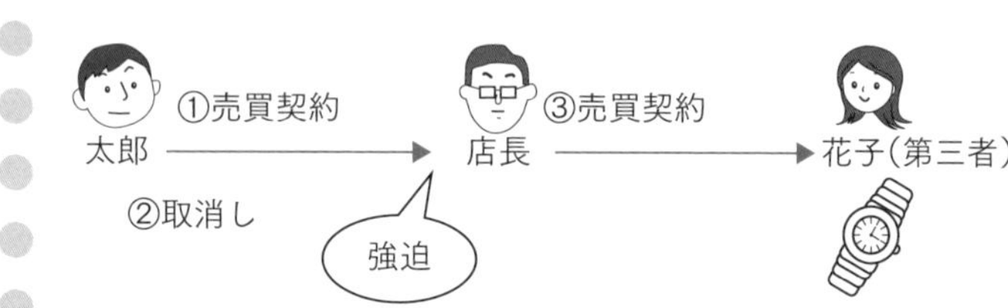

意思の不存在、瑕疵ある意思表示のまとめ

	原則	例外
心裡留保	有効（**93 条 1 項本文**）	無効（93 条 1 項ただし書）
虚偽表示	無効（94 条 1 項）	有効（**94 条 2 項**）
錯　誤	取り消しうる（95 条 1 項、2 項）	有効（**95 条 3 項**）
詐　欺	取り消しうる（96 条 1 項）	有効（**96 条 3 項**）
強　迫	取り消しうる（96 条 1 項）	なし

プラスα文献

試験対策講座・スタートアップ民法・民法総則 4 章 2 節5～7
判例シリーズ 4 事件、6 事件
条文シリーズ 1 編 5 章■ 2 節、95 条、96 条
ステップアップ No. 4 論点 2、論点 3

第5章 Exercise

1	表意者は、相手方の詐欺による意思表示を取り消すことができるが、第三者が詐欺を行った場合には、相手方がその事実を知っていたときにかぎり、意思表示を取り消すことができる。 （特別区 H17 年）	× 2【2】
2	A が B に対して A 所有の骨董品を譲渡する旨の意思表示をした場合において、A が、鑑定人の故意に行った虚偽の鑑定結果にだまされた結果、B に対して時価よりも相当程度安価で当該動産を譲渡するという意思表示をしていた場合、B がこの事情を知っているか否かにかかわらず、A は当該意思表示を取り消すことができない。 （行書 H22-27）	× 2【2】
3	A が相手方 B の詐欺により行った意思表示は、取り消すことができ、その意思表示の取消しは、取消前に利害関係を有するにいたった善意・無過失の第三者 C に対しても対抗することができる。 （国Ⅱ H21 年）	× 2【3】
4	A は B の欺もう行為により甲土地を B に売却し、所有権移転登記を了した。A はすぐに B に対して売買契約を取り消したが、登記はいまだ B 名義であった。その後、B は C に甲土地を売却したが、所有権移転登記はなされていない。この場合、A は、C に対して所有権を主張することができる。 （裁事 H21 年）	× 2【3】
5	B が C に甲土地を転売した後、A の B に対する甲土地売却の意思表示が B から強迫を受けた結果なされたものであることを理由に、A は B に対する甲土地売却の意思表示を取り消した。この場合、C は、AB 間の事情を知らなかったときにかぎり、甲土地の所有権を取得することができる。 （裁事 H17 年）	× 3【2】

第6章

契約の有効要件（意思表示等）③
――未来の結果に関する契約も有効

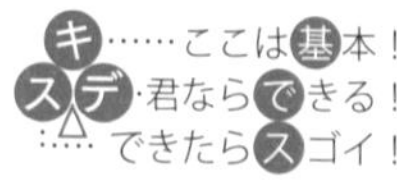

1 無効と取消しってどう違うんだろう？ 

これまでにもでてきましたが、契約に関する行為で重要な無効と取消しについて、しっかり理解しておきましょう。

(1) 無効ってどんな意味

第４章 契約の有効要件（意思表示等）①を見よう！

法律行為が無効となる例として、ここまでに学習した心裡留保（93条１項ただし書）や虚偽表示（94条１項）などの場合があげられます。また、法律行為が公序良俗に反する場合にも無効になります（90条）。

追認とは、一般的には、過去にさかのぼって認めることをいいます。

1 法律行為が無効になると、その法律行為によって生じるはずの法律効果が最初から生じないことになります。

無効な法律行為は、追認①によっても有効とはなりません
2 （119条本文）②。ただし、当事者がその行為が無効であることを知って追認をしたときは、新たな法律行為をしたものとみなされます（119条ただし書）。

第119条 無効な行為の追認
無効な行為は、追認によっても、その効力を生じない。ただし、当事者がその行為の無効であることを知って追認をしたときは、新たな行為をしたものとみなす。

(2) 取消しってどんな意味

第２章 権利の主体（自然人）、第５章 契約の有効要件（意思表示等）②を見よう！

取り消すことのできる法律行為の例として、ここまでに学習した制限行為能力者によるもの（５条１項本文、９条本文など）、錯誤（95条１項、２項）や詐欺、強迫によるもの（96条１項）などがあげられます。

第121条 取消しの効果
取り消された行為は、初めから無効であったものとみなす。

3 法律行為を取り消すと、その法律行為は最初から無効であったものとみなされます（121条）③。つまり、取り消すことのできる法律行為は、取り消すまでは有効であり、取り消すことによって、さかのぼって無効となることになります。

取消しは、相手方が確定している場合には、その相手方に対する意思表示によって行います（123条）。④

4 **第123条　取消し及び追認の方法**
取り消すことができる行為の相手方が確定している場合には、その取消し又は追認は、相手方に対する意思表示によってする。

2 契約の効力発生時期っていつ？

(1) 効力の発生を決めるもの —条件と期限—

契約などの法律行為の効力が発生するのには、**条件と期限**がつく場合があります。更に、条件は停止条件と解除条件とに、期限は確定期限と不確定期限とに分類されます。

6-1

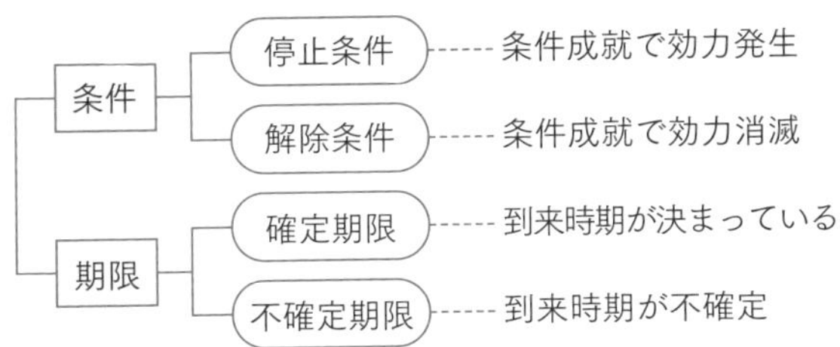

それぞれについて具体的にみていきましょう。

(2) 契約の条件ってなんだろう？

Case

コンビニ店長は、太郎に対して、「試験に合格したら、このワインをあげよう」と言い、太郎も了承しました。次の場合に、太郎は店長に対し、それぞれの時点で、ワインを引き渡してもらうことを求められるでしょうか。
①太郎がまだ受験前で、試験に合格するかわからない場合
②太郎がすでに試験に合格していた場合

Answer

①太郎は、まだワインの引渡しを求めることはできません。
②太郎は、契約の時点でワインの引渡しを求めることができます。

（1）契約の条件を理解しよう

契約の**条件**とは、法律行為の効力が発生したり消滅したりする結果を、不確実な事実に関連づけることをいいます。**停**
5 **止条件**とは、法律行為の効力の発生に関する条件をいい、**解除条件**とは、法律行為の効力の消滅に関する条件をいいます。

> 法律で使われる解除とは、契約当事者の一方の意思表示によって、成立している契約を初めからなかったものとすることをいいます。

Case では、店長はワインをあげるという贈与契約の効力の発生を、太郎の試験合格という、将来起こるかどうかわからない事実に関連づけているため、「太郎が試験に合格したら」というのは停止条件です。そのため、**Case** の場合、太郎が試験に合格しなければ贈与契約は効力を生じず、太郎は贈与契約に基づくワインの引渡しを請求することができません。

贈与契約については、第21章 売買型契約で詳しく学習します。

（2）すでに達成している条件―既成条件―

（a）停止条件の場合

停止条件が法律行為の時にすでに成就（達成する、到来する、と同じです）していた場合には、その法律行為は無条件となり
6 ます（131条1項）。**Case** の②では、「太郎が試験に合格したら」という停止条件は、合格しているので、すでに成就しています。そのため、贈与契約は無条件となり、ただちに効力を生じ、太郎は契約の時点でワインの引渡しを請求することができます。

第131条　既成条件
1　条件が法律行為の時に既に成就していた場合において、その条件が停止条件であるときはその法律行為は無条件とし、その条件が解除条件であるときはその法律行為は無効とする。
2　条件が成就しないことが法律行為の時に既に確定していた場合において、その条件が停止条件であるときはその法律行為は無効とし、その条件が解除条件であるときはその法律行為は無条件とする。

これに対して、停止条件が法律行為の時にすでに成就しないことが確定している場合には、その法律行為は無効となります（131条2項）。たとえば、もう不合格であることが決まってしまっている場合に、太郎が合格したらワインをあげるという契約をしても、その契約は無効となります。

（b）解除条件の場合

解除条件が法律行為の時にすでに成就していた場合には、その法律行為は無効となります（131条1項）。たとえば、太郎が大学を卒業したら、母良子は仕送りをやめようという場合、仕送りをやめることを、太郎の卒業という将来起こるかわからない事実に関連づけているため、「太郎が大学を卒業した

ら」というのは解除条件といえます。そのため、すでに太郎が大学を卒業していた場合には、解除条件がすでに成就しているのですから、仕送りをするという贈与契約は無効となり、太郎は仕送りをもらうことができません。

反対に、解除条件が法律行為の時にすでに成就しないことが確定している場合には、その法律行為は無条件となります(131条2項)。たとえば、太郎が単位不足で大学を卒業できないことがすでに決まっている場合には、太郎は無条件で仕送りをもらうことができます。

(3) 条件が債務者の気分次第では…… ―随意条件―

停止条件付きの法律行為は、その条件が単に債務者の意思のみにかかるときは無効となります(134条)⑦。たとえば、店長が太郎に「俺の気が向いたら100万円やるよ」と言った場合、そのような店長の気分に任せた合意を契約として保護する必要はありません。したがって、134条により無効とされるのです。

なお、このような規定は解除条件にはありません。

(4) 条件成就を妨害された場合はどのようになるの?

条件が成就することによって不利益を受ける当事者が故意にその条件の成就を妨げたときは、相手方は、その条件が成就したものとみなすことができます(130条1項)⑧。たとえば、店長がある建物の売却のあっせんを太郎に依頼し、一定の条件に基づいて太郎に報酬を支払う停止条件を付けた契約が締結されたとします。しかし、店長は、太郎を介さずに、自分で買ってくれる人を見つけ、その建物を売却してしまいました。この場合、店長は、太郎があっせんをしてその建物を売却し、報酬を得るための条件を成就させることを妨害したことになります。そのため、太郎は、店長に対し、条件が成就したとして報酬の請求ができます。

反対に、条件の成就によって利益を受ける者が不正に条件を成就させた場合には、条件が成就しなかったものとみなす

7 **第134条 随意条件**
停止条件付法律行為は、その条件が単に債務者の意思のみに係るときは、無効とする。

8 **第130条 条件の成就の妨害等**
1 条件が成就することによって不利益を受ける当事者が故意にその条件の成就を妨げたときは、相手方は、その条件が成就したものとみなすことができる。
2 条件が成就することによって利益を受ける当事者が不正にその条件を成就させたときは、相手方は、その条件が成就しなかったものとみなすことができる。

ことができます（130条2項）。たとえば、太郎が試験に落ちたら、店長に100万円支払うと約束したとします。この場合に、条件の成就によって100万円をもらうことができるという利益を受ける店長が、試験当日に太郎が試験会場へ行くのを邪魔したため太郎が試験を受けられず、落ちてしまった場合は、太郎は条件が成就しなかったものとみなすことができるのです。

(3) 契約の期限の種類を知ろう

　契約の**期限**とは、法律行為の効力の発生や消滅を、期限の到来という確実な事実に関連づけることをいいます。**確定期限**とは、到来することが確実で、その時期が確定しているものをいい、**不確定期限**とは、到来することは確実であるが、いつ到来するかはわからないものをいいます。たとえば、『2024年9月1日になったら』というのは確定期限であり、『次に東京が晴れたら』というのは不確定期限にあたります。

　債務の履行に期限がある場合、債務者は期限が到来するまで債務の履行を猶予されます。このような利益を期限の利益といいます。

プラスα文献

試験対策講座・スタートアップ民法・民法総則 5章1節、7章
条文シリーズ 1編5章■序、119条、121条、123条、130条、131条、134条

第6章 Exercise

1	無効な法律行為は、追認によってもその効力を生じることはないが、当事者がその法律行為が無効であることを知って追認をしたときは、新たな法律行為をしたものとみなされる。（特別区 H18 年）	○ 1【1】
2	法律行為の取消しの効果は、将来に向かってのみ生ずるものであるから、取り消された法律行為がはじめから無効であったとみなすことはできない。（特別区 H18 年）	× 1【2】
3	取り消すことができる法律行為について、相手方が確定している場合には、その法律行為の取消しは、相手方に対する書面による通知によって行わなければならない。（特別区 H18 年）	× 1【2】
4	条件が法律行為の時にすでに成就していた場合において、その条件が停止条件であるときはその法律行為は無効とし、その条件が解除条件であるときはその法律行為は取り消すことができる。（特別区 H21 年）	× 2【2】(2)
5	停止条件付法律行為は、その条件が単に債務者の意思のみにかかるときであっても、有効である。（特別区 H21 年）	× 2【2】(3)
6	条件の成就によって利益を受ける当事者が故意に条件を成就させた場合、民法第 130 条 2 項により、相手方は条件が成就しなかったものとみなすことができる。（国Ⅱ H20 年改題）	○ 2【2】(4)

Topics

世知辛い出世払いの考え方

将来出世したらお金を返すという約束で、お金を借りる場面を、一度は見たり聞いたりしたことがあると思います。このようにしてお金を借りた人は、『近ごろ業績もよくないし、このまま出世できなかったら……借りたお金を返さなくてもいいかも ?!』と考える人もいるかもしれません。このように考えるのはお金を借りた人には都合がいいですが、はたして出世をしなければ本当にお金を返さなくてもよいのでしょうか。

出世することを条件と考えると、出世しないかぎりお金を貸したほうの債権者は債権を行使することができなくなります。したがって、もし出世しなかった場合には、債務者は借りたお金を返さなくてすみます。他方で、出世することを不確定期限と考えると、出世してもしなくても、確定した時点で、返却期限がきたと考えられるので、債権者は債権を行使することができることになります。そのため、債務者は結果として出世しなかった場合にも、借りたお金を返さなければならなくなるのです。

この出世払いをどのように考えるかは当事者間で決めることができますが、一般の人は条件や期限という概念自体知らないことが多いですし、当事者間であらかじめ決めておくことは期待できないといえます。そこで、出世払いの解釈を当事者間で定めていなかった場合に、どのように解釈するべきかが問題となります。判例は、この場合には不確定期限と考えるのが適切であると判断しています。この理由として判例は、当事者が通常どのような意思を抱いて契約をするかを推測した場合（「合理的意思解釈」といいます)、『出世したら返してほしいが、出世しなかったら返さなくていい』などという契約はしないだろうという点をあげています。たしかに、お金を貸した以上返してほしいというのが人の心理ですから、出世払いとは、出世をしてお金に余裕ができたら返してくれという意味にすぎないと考えるのが合理的といえるでしょう。

お金の貸し借りは人間関係にひびを入れかねません。お互いに誤解がないように、出世払いを理由に、特に高額のお金の貸し借りをする際には、その解釈をあらかじめ書面で定めておきましょう。

契約の効果帰属要件（代理）①
——代理人を立てると便利。でも、ちょっと待って！

1 代理ってなんだろう？

Case 1 太郎は、コンビニ店長に、自分がもっているパソコンを代わりに売ってもらうことにしました。店長は、パソコンを幸子に譲り渡そうと考え、太郎の代理人として幸子にパソコンを売ると伝え、幸子との間でパソコンの売買の契約を結びました。このような場合に、太郎は、幸子に対して、パソコンの代金を請求することができるでしょうか。

Answer 1 太郎は、幸子に対して、パソコンの売買代金を請求することができます。

(1) 代理ってどんな意味があるの？

代理とは、本人と一定の関係にある他人（代理人）が、本人のために意思表示をし、または意思表示を受けることによって、法律行為の効果が本人に生じることを認める制度です。

つまり、**Case 1**で、パソコンを売却するという申込みを代理人である店長が太郎の代わりに幸子に対して行い、また、その承諾も店長が幸子から受けることになりますが、その効果はすべて太郎に生じ、売買契約は、店長と幸子との間ではなく太郎と幸子の間に成立します。これが代理という制度です。

1 **第99条　代理行為の要件及び効果**
1　代理人がその権限内において本人のためにすることを示してした意思表示は、本人に対して直接にその効力を生ずる。
2　前項の規定は、第三者が代理人に対してした意思表示について準用する。

(2) なぜ代理が認められているの？

このような代理制度が認められる理由として、2つの方面から理解することができます。第1は、**私的自治の拡張**です。

7-1

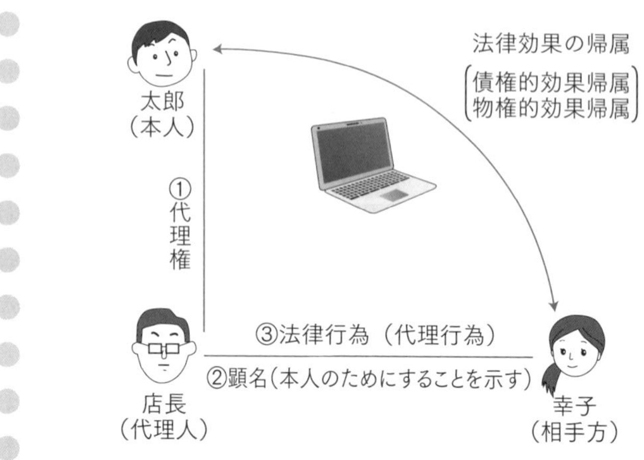

たとえば、東京でパソコンの売買契約をすると同時に、大阪でも良い値で売れるから契約したいと考えた場合、大阪に代理人を派遣することによって契約をする範囲が広がることになります。第２は、**私的自治の補充**です。たとえば、未成年者は自分１人で単独で有効な法律行為をすることができません。そこで、法定代理人である親権者に代わりに契約をしてもらうことにより、自分の法律関係は自分で自由に決めることができるという私的自治の原則を全うすることができるわけです。

第１章 ようこそ民法の世界へ！2 を見よう！

2 代理の要件はどんなこと？

(1) 代理の要件は３つ

ある法律行為が、有効な代理行為として本人に対して直接の効果を生じるための要件は、

①代理人が法律行為をしたこと（**法律行為**）

②その法律行為の際、代理人が本人のためにすることを示したこと（**顕名**）

③その法律行為の際、代理人がその法律行為をする代理権

をもっていること（代理権の授与）

です。では、順に検討していきましょう。

(2) 代理人が法律行為をしたこと―法律行為―

（1）代理人に行為能力は必要？

代理人には行為能力は不要であり、制限行為能力者であってもかまいません（102条本文）②。本人が制限行為能力者と知りながらその代理人を選んだのですから、特に本人の利益を損なうことがないといえるためです。ただし、代理人は、意思表示を行う以上、意思能力は必要です（3条の2）。もっとも、制限行為能力者が法定代理人としてした行為については、本人の利益を保護するため取消しが認められます。

Case 1 では、太郎の代理人である店長に意思能力さえあれば、たとえ行為能力がなかったとしても、甲の売買契約は有効に成立することになります。

（2）代理行為に問題がある場合にはどうなるの？

代理人が相手方にした意思表示の効力（有効でも無効でも）が、意思の不存在、錯誤、詐欺、強迫によって影響がある場合には、その事実の有無は**代理人を基準**に判断されます。

また、代理人が相手方にした意思表示の効力が、ある事情を知っていたり、過失によって知らなかったりしたことによって影響がある場合には、その事実は代理人を基準に判断されるのが原則です（101条1項）③。

例外として、特定の法律行為をすることを委託された代理人がその代理行為を行った場合は、本人は、相手方に対して、本人が知っていたり過失によって知らなかった事情について、代理人は知らなかった（だから代理人を基準に判断するべきだ）と主張することができません（101条3項）。

また、代理人が相手方にした意思表示ではなく、相手方が代理人にした意思表示である場合にも、ある事情を知っていたり、過失によって知らなかったりしたことにより、意思表

行為能力については、第2章 権利の主体（自然人）4(1)を見よう！

2 **第102条　代理人の行為能力**
制限行為能力者が代理人としてした行為は、行為能力の制限によっては取り消すことができない。ただし、制限行為能力者が他の制限行為能力者の法定代理人としてした行為については、この限りでない。
意思能力については、第2章3を見よう！

3 **第101条　代理行為の瑕疵**
1　代理人が相手方に対してした意思表示の効力が意思の不存在、錯誤、詐欺、強迫又はある事情を知っていたこと若しくは知らなかったことにつき過失があったことによって影響を受けるべき場合には、その事実の有無は、代理人について決するものとする。
2　相手方が代理人に対してした意思表示の効力が意思表示を受けた者がある事情を知っていたこと又は知らなかったことにつき過失があったことによって影響を受けるべき場合には、その事実の有無は、代理人について決するものとする。
3　特定の法律行為をすることを委託された代理人がその行為をしたときは、本人は、自ら知っていた事情について代理人が知らなかったことを主張することができない。本人が過失によって知らなかった事情についても、同様とする。

示の効力に影響があるときには、その事実の有無は代理人を基準に判断されます（101条2項、3項）。

たとえば、図7-1を使って説明すると、幸子（相手方）が本当はパソコンを買うつもりがないのに「買います」と意思表示した（心裡留保）場合には、店長（代理人）が、幸子が実は買うつもりがないという真意を知り、または知ることができたかどうかによって意思表示の有効・無効が決まります。つまり、店長が幸子の真意を過失もなく知らなければ、幸子の意思表示は有効となります。ただし、店長が太郎（本人）から委託されてパソコンの売買契約を結んだ場合で、太郎が、実は幸子は買うつもりがないという真意を知っていれば、幸子の意思表示は無効となります。

(3) 代理人が本人のためにすることを示したこと ―顕名―

（1）顕名ってなんだろう？

顕名とは、本人のためにすることを代理人が相手方に示すことをいいます。民法は、このように顕名があってはじめて本人に効果が帰属する立場（**顕名主義**）を採用しています。

Case 1では、店長は、太郎の代理人として幸子に対しパソコンの売買契約をもちかけているため、太郎（本人）のために
4 パソコンの売買契約をすることを示したといえ、顕名の要件をみたしているといえます。

5 なお、顕名は、代理人が「太郎代理人店長」などのように表示する場合が一般的ですが、判例④によれば、代理人が直接本人（**Case 1**では太郎）の名だけを示してもよいとされています（これを**署名代理**といいます）。

（2）顕名がない場合にはどうなるの？

代理人が本人のためにすると示さないで行う意思表示は、原則として、本人に対しては何らの効果も生じません。代理人と相手方との間でのみ効果が生ずるにすぎません（100条本⑤

試験対策講座・スタートアップ民法・民法総則294頁

第100条　本人のためにすることを示さない意思表示
代理人が本人のためにすることを示さないでした意思表示は、自己のためにしたものとみなす。ただし、相手方が、代理人が本人のためにすることを知り、又は知ることができたときは、前条第1項の規定を準用する。

文)。

ただし、この規定は相手方の信頼を保護するための規定ですから、代理人が本人のためにすることを相手方が知っていたり、知ることができたりする場合には、その効果は代理人ではなく、本人に帰属するとされています(100条ただし書)。

(4) 法律行為の際、代理人が代理権をもっていること —代理権の授与—

(1) 代理権はどのように発生するの?

代理は、法定代理と任意代理とに分かれます。

(a) 法定代理

法定代理⑥の場合には、法律の規定によって代理権が発生し、法定代理権の範囲も法律の規定によることになります。

たとえば、子の親権者⑦である父母は、子の財産に関する法律行為について子を代理する権限をもっていますが、この代理権は824条により発生するものなので、この場合は、法定代理に属します。

(b) 任意代理

任意代理⑧の場合には、代理人となる者に代理権を授与すること(「代理権授与行為」=「授権行為」といいます)によって代理権が発生します。

Case 1 では、太郎は店長にパソコンを売却する代理権を与えているため、代理権授与行為があったといえ、任意代理として代理権が発生しています。

代理権授与行為は、本人と代理人との間の内部関係としての委任契約などと同時にされることが多いです。たとえば、店長が太郎に対して花子がもっている建物を花子から買い受けてもらうように頼み、成功したら報酬を支払うというような委任契約⑨(内部関係)を結ぶと同時に、太郎が店長の代理人として売買契約を締結する代理権を与えること(代理権授与行為)が行われます。

6 **法定代理**とは、本人の意思に基づかずに発生する代理の関係をいいます。法定代理は、みずから有効な意思表示をすることができない本人のための代理ですから、私的自治の補充を目的とする代理であるといえます。
本人を法定代理する人を「法定代理人」といいます。

7 **親権**とは、父母の養育者としての地位・職分から導きだされる権利義務を総称したものをいいます。
第27章 親族で詳しく学習します。

8 **任意代理**とは、種々の理由から本人の意思で別の人にやってもらうという代理をいいます。任意代理は、私的自治の範囲の拡張を目的とする代理といえます。
本人を任意代理する人を「任意代理人」といいます。

9 **委任契約**とは、当事者の一方(委任者)が法律行為をすることを相手方に委託し、相手方(受任者)がこれを承諾することを内容とする契約をいいます。たとえば、不動産業者への不動産の売却という法律行為を依頼する契約などがあげられます。
第24章 役務型契約等で詳しく学習します。

任意代理権の範囲は、代理権授与行為の解釈によりますが、
10 代理権の範囲が明らかでない場合には、代理人は管理行為⑩のみをすることができるとされています（103条）。

> **管理行為**とは、財産を現状において維持し、また、財産の性質を変更しない範囲で利用・改良をする行為をさします。管理行為には、保存行為（財産の滅失・損壊を防ぎ、その現状を維持する行為）、利用行為（財産をその性質に従って有利に利用する行為）、および改良行為（財産の性質を変えない範囲内でその価値を増加する行為）が含まれます。

（2）代理権はどのような場合に消滅するの？

法定代理・任意代理を問わず、①本人の死亡、②代理人の死亡または代理人が破産手続開始の決定もしくは後見開始の審判を受けたことによって代理権は消滅します（111条1項）。

任意代理の場合には、このほか内部関係（委任契約、雇用契約など）の終了によって、代理権授与行為も効力を失うことになるので、これによっても代理権が消滅します（111条2項）。また、代理権授与行為そのものも、本人の破産（653条2号）と委任契約の解除（651条1項）によって効力を失い、代理権が消滅します。

3 自己契約と双方代理ってなんだろう？

（1） 自己契約・双方代理ってどんな意味？

自己契約とは、太郎の代理人である店長が、一面、太郎の代理人という資格で、他面、店長自身として、太郎・店長間
11 に効力の及ぶ契約をすることをいいます。

> **第108条　自己契約及び双方代理等**
> 1　同一の法律行為について、相手方の代理人として、又は当事者双方の代理人としてした行為は、代理権を有しない者がした行為とみなす。ただし、債務の履行及び本人があらかじめ許諾した行為については、この限りでない。

双方代理とは、太郎の代理人である店長が、幸子の代理人も兼ね、店長1人で、太郎と幸子の間に効力の及ぶ法律行為をすることをいいます。

自己契約や双方代理の場合には、店長の意のままに契約の内容が定められることになるので、本人たち（太郎、幸子）の利益が損なわれるおそれがあるとして、108条1項本文⑪は、代理権のない者がした行為とみなしています。

12 このように、108条1項本文は本人の利益を保護するためのものです。そのため、

> **履行**とは、債務の内容を実際に行うことをいいます。

①債務の履行⑫（その他に新たな利益の交換のない行為。たとえば、

7-2

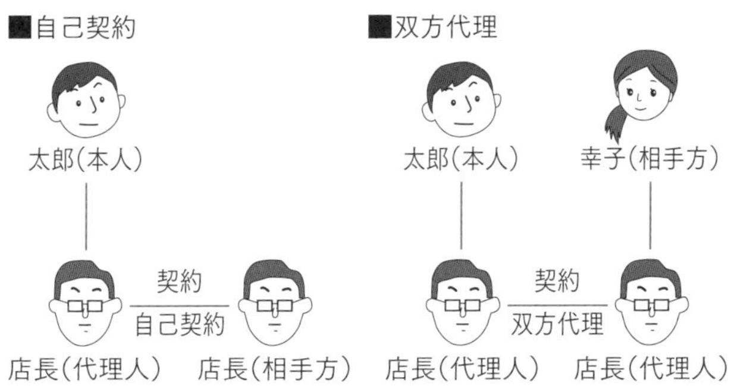

売買契約の履行としての不動産の移転登記手続）

②本人があらかじめ（自己契約や双方代理をすることを）許諾した行為

については、その適用はありません（108条1項ただし書）。

(2) 自己契約・双方代理をしたらどうなるの？

108条1項本文に違反した行為は、まったくの無効ではなく、無権代理行為として取り扱われるにすぎません。そのため、本人の追認によって有効な代理行為となり、本人にその効果が帰属します（113条）。

自己契約や双方代理にあたらない場合であっても、代理人と本人との利益が相反する行為（**利益相反行為**といいます）は、原則として、代理権がない者がした行為、つまり無権代理行為とみなされます（108条2項本文）。これは、本人の利益が害される可能性があるからです。ただし、本人があらかじめ許諾した行為は、例外的に許されます（108条2項ただし書）。

4 復代理ってなんだろう？

(1) 代理人の代わりが必要になったらどうするの？

代理人が自分の権限内の行為をさせるため、自己の名で更

13 **無権代理**とは、代理行為をした者が、その法律行為について代理権を有していないか、または代理権を有しているが授権された範囲を超えて代理行為をした場合のことをいいます。

第8章 契約の効果帰属要件（代理）②で詳しく学習します。

《復習 Word》
追認とは、一般的には、過去にさかのぼって認めることをいいます。本文で述べられているような無権代理行為の追認は、本人について無効だった行為を有効なものとすることを意味します。

に代理人を選任して、本人を代理させることを復代理といいます。また、代理人によって選任された代理人を復代理人といいます。たとえば、太郎から代理権を授与された店長が、更にバイトＡを代理人に選任した場合には、バイトＡは復代理人となります。

7-3

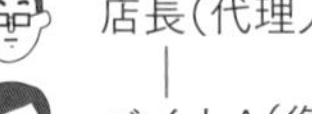

太郎(本人)
店長(代理人)
バイトA(復代理人)――相手方

2 復任権って何？　その範囲はどこまで？

復任権とは、代理人が復代理人を選任する権限をいいます。復任権の範囲は、任意代理と法定代理とで違ってきます。

（1）任意代理の場合、範囲はどこまで？

任意代理の場合には、①本人の許諾を得たとき、②やむをえない事由があるときでなければ、復代理人を選任することができません（104条）。任意代理人は、本人に信頼され代理を任せられるものであり、いつでも辞任することができる反面、復代理権は制限されています。

復代理人が選任された場合に、復代理人が不適当な代理行
14 為を行ったときは、任意代理人は、債務不履行⑭の一般原則に従って損害賠償責任を負う可能性があります。この場合、任意代理人に債務不履行があったかどうかや帰責事由⑮があったかどうかを判断することになります。ちなみに、任意代理人に債務不履行責任があってもなくても、復代理人は、本人に対して責任を負わなければなりません（106条2項）。

債務不履行とは、債務者が、正当な理由がないのに債務の本旨（約束）に従った債務の履行をしないことをいいます。

第15章 債権の効力で詳しく学習します。

帰責事由とは、責任を問われても仕方がないといえる事由のことをいいます。

15 （2）法定代理の場合、範囲はどこまで？

法定代理の場合、法定代理人は、いつでも自由に復代理人を選任することができます（105条前段）。これは、法定代理人

の権限が広範囲にわたり、辞任が簡単ではなく、また、本人に信頼され代理を任せられるわけではないからです。

その反面、法定代理人は、復代理人の過失について、全責任を負います（105条前段）。ただし、やむをえない事由で復代理人を選任したときは、その責任は軽減され、選任と監督についてのみ責任を負います（105条後段）。

(3) 復代理人がいる場合の法律関係はどうなるの？

（1）復代理人はあくまで本人の代理人

復代理人は、本人の代理人であって、代理人の代理人となるのではありません（106条1項）⑯。そのため、復代理人が本人のためにすることを示してその権限内の行為をしたときは、本人に対して直接にその効果が帰属します。

（2）復代理人は代理人の権利義務を肩代わり

復代理人は、本人と相手方との関係では、権限の範囲内で、本人の代理人と同一の権利義務をもつとされています（106条2項）。

16 **第106条　復代理人の権限等**
1　復代理人は、その権限内の行為について、本人を代表する。
2　復代理人は、本人及び第三者に対して、その権限の範囲内において、代理人と同一の権利を有し、義務を負う。

(4) 復代理権はどのような場合に消滅するの？

復代理権は、①代理権の一般的消滅事由の発生のほか、②代理人・復代理人の授権行為の消滅、③代理人の代理権の消滅によって消滅します。

5 代理権を濫用したらどうなるの？

Case 2　太郎は店長に、自分がもっているパソコンを売ってもらうことにしました。しかし、店長はその売却した代金を太郎に渡さずに、そのままパチンコに使ってしまおうと考え、太郎の代理人と称したうえ、パソコンを売却する代理権を悪用して、幸子との間でパソコンを売却する契約を結んでしまいました。なお、幸子は、店

長の本当の目的を知っていました。
まんまと代金を着服した後、店長が行方不明になったような場合、幸子は太郎に対して、パソコンの引渡しを請求することはできるのでしょうか。

Answer 2 幸子は、太郎に対し、パソコンの引渡しを請求できません。

7-4

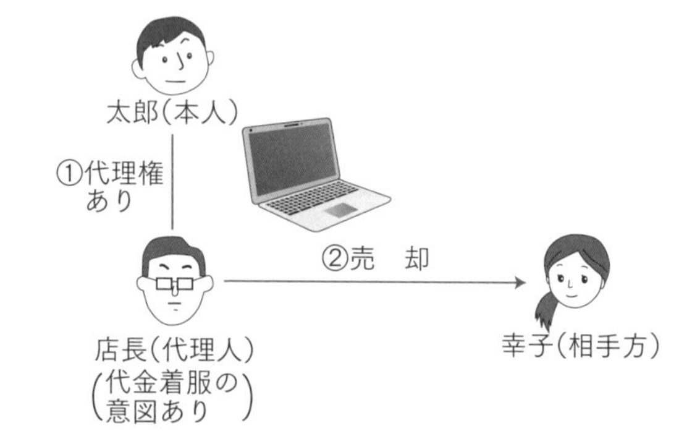

(1) 代理権の濫用ってなんだろう？―外形的には完全な代理―

Case 2 の店長の行為は、1 で学習した有効な代理行為として必要な要件、つまり法律行為、顕名、代理権の授与の 3 要件を備えています。しかし、店長は、パソコンの売却代金をパチンコ代にしようとしています。つまり、売却による経済的利益を、本人（太郎）ではなく、代理人である店長自身のものにしようとしています。このように、代理権の範囲内で、しかも 108 条にも抵触せずに代理人が代理行為を行ったが、実は自己または第三者の私服を肥やすための行為で、本人がそれによって損害を受けるという場合を、**代理権の濫用**といいます。

(2) 無権代理行為ってなんだろう？

代理権が濫用されて使われた場合でも、代理権の範囲内でされた行為のときは、その行為の効果（有効・無効）は、原則として本人に帰属します。

しかし、この場合に、相手方が代理人の信頼を裏切るようなもくろみ（**背信的意図**といいます）に気づいていたり、気づくことができたりしたときにまで、相手方の代理行為への信頼を保護する必要はありません。

そこで、相手方が代理人の目的を知り、または知ることができたときは、その行為は、代理権がない者がした行為（**無権代理行為**といいます）とみなされます（107条）[17]。

Case 2 では、相手方である幸子が、代理人である店長のパチンコ代にしようという背信的な意図を知ったり、知ることができたりしたときは、その行為は無権代理行為とみなされるので、本人（太郎）は、原則として代理行為に基づく責任を負わないことになります。

しかし、自己契約・双方代理のところでお話ししたように、この場合には無権代理行為と扱われるにすぎないため、本人（太郎）の追認によって有効な代理行為になります。

17 **第107条　代理権の濫用**
代理人が自己又は第三者の利益を図る目的で代理権の範囲内の行為をした場合において、相手方がその目的を知り、又は知ることができたときは、その行為は、代理権を有しない者がした行為とみなす。

3(2)を見よう！

プラスα文献

試験対策講座・スタートアップ民法・民法総則 6章1節～3節
条文シリーズ 99条～108条、111条
ステップアップ No. 5 概説、論点2

第7章 Exercise

1	代理人は、本人に代わってみずから法律行為を行うので、意思能力者であるだけでなく行為能力者であることが必要である。（都庁 H16 年）	× 2【2】(1)
2	代理人の意思表示は本人に対して直接その効力を生じるから、代理行為についての錯誤が問題となる場合、本人の指図を受けたかどうかにかかわらず、錯誤の有無は本人について判断される。（裁事 H21 年）	× 2【2】(2)
3	代理人が本人のためにする意思をもって、直接本人の名で契約を締結した場合でも、相手方は契約の相手について正しく情報を得ているから、有効な代理行為となりうる。（裁事 H21 年）	○ 2【3】(1)
4	代理権の範囲が明らかでない場合、代理人は、財産によって収益を図る利用行為や財産の経済的価値を増加させる改良行為をすることはできず、財産の現状を維持する保存行為のみをすることができる。（都庁 H16 年）	× 2【4】(1)(b)
5	民法上、本人の利益を保護するために、双方代理は原則として禁じられているが、任意代理の場合に本人があらかじめ許諾した行為については、双方代理が許される。（裁事 H21 年）	○ 3【1】
6	A 所有の建物を売却する代理権を A から与えられた B が、みずからその買主となった場合に、そのまま B が移転登記を済ませてしまったときには、AB 間の売買契約について、A に効果が帰属する。（行書 H21-27）	× 3【2】
7	委任による代理人は、自己の責任でいつでも復代理人を選任することができ、復代理人は、その権限内の行為について、本人を代表する。（裁事 H21 年）	× 4【2】(1)
8	法定代理人は、自己の権限内の行為を行わせるため、本人の許諾を得たとき又はやむをえない事由があるときにかぎり、復代理人を選任することができる。（特別区 H17 年）	× 4【2】(2)

契約の効果帰属要件（代理）②
――無権代理と表見代理とはどう違う？

1 無権代理ってなんだろう？

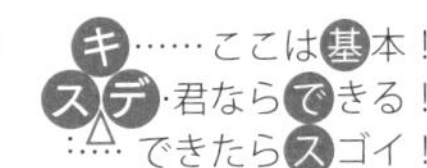

Case 1 ある日、太郎は、近頃音楽に目覚めたのでギターを買おうかと思っていることをコンビニ店長に相談したところ、店長はどうせ自分がお金を払うわけではないし、「やるなら最高級の楽器を使いなさい」と言って、なんと無断で太郎の代理人として楽器店Aから100万円もするギターを買ってきました。楽器店Aは店長に代理権がないことは知りませんでしたが、店長が太郎にひどいことをしていることは度々耳にしていたので、店長が本当に代理権をもっているかどうか怪しいとは思いつつも、特に確かめることはしませんでした。
数日後、楽器店Aが太郎にギターの代金100万円を請求したところ、太郎は、店長に代理権を与えていないとして代金の支払を拒絶しました。
そこで、楽器店Aは、店長に対し、ギターの代金100万円の損害賠償を請求しました。
さて、楽器店Aの請求は認められるのでしょうか。

Answer 1 楽器店Aの請求は認められます。

(1) 無権代理に関する仕組みを把握しよう

（1）無権代理の意味とその効果はなんだろう？

無権代理とは、代理行為をした者が、まったく代理権をもっていないか、または、なんらかの代理権をもっているけれども代理した行為についての代理権はなかった場合のことをいいます。

1 **（2）本人は後から有効にすることができる！**

無権代理の場合であっても、本人がそれでもいいと考えることはあります。そこで、本人の便宜を考慮し、本人が**追認**（113条1項）①をすると、無権代理行為の効果が**最初にさかのぼって本人に帰属**します（116条本文）②。このような追認の意思表示は、本人から相手方だけでなく、無権代理人に対してすることもできると考えられていますが、無権代理人に対してされた場合には、**相手方がその事実を知った後**でなければ、本人から相手方に対して、追認の効果を対抗（主張）することができません（113条2項）。

2 また、本人が追認を拒絶するという意思表示をすると、**無権代理行為の効果**が確定的に**本人に帰属しない**ことになります。

Case 1 では、店長は太郎から代理権を与えられていないので、無権代理行為となります。そのため、太郎が「店長が勝手にやったけれど、いいよ」というような追認をしないと、太郎の代わりに店長が楽器店Aと締結した売買契約の効力
3 は太郎に帰属せず、楽器店Aは、太郎に対し代金の請求をすることができないことになります。

このように、無権代理行為は、その本人の意思（追認または追認拒絶）が確定するまで、本人に効果が帰属するかどうか不明なので、相手方は、契約が成立するのかしないのかわからないという不安定な状態にいます。そこで民法は、相手方に**催告権**（114条）と**取消権**（115条）を認めることによって、相手方の保護を図ろうとしています。

4 **（3）どちらかはっきりさせる—相手方の催告権（114条）③—**

無権代理行為の相手方は、本人に対し、相当の期間を定めて、その期間内に追認するかどうかをはっきりするよう催告④をすることができます。この場合、本人がその期間内にはっきりとした返事をしないと、**追認を拒絶したものとみなされ**

第113条　無権代理
1　代理権を有しない者が他人の代理人としてした契約は、本人がその追認をしなければ、本人に対してその効力を生じない。
2　追認又はその拒絶は、相手方に対してしなければ、その相手方に対抗することができない。ただし、相手方がその事実を知ったときは、この限りでない。

第116条　無権代理行為の追認
追認は、別段の意思表示がないときは、契約の時にさかのぼってその効力を生ずる。ただし、第三者の権利を害することはできない。

第114条　無権代理の相手方の催告権
前条の場合において、相手方は、本人に対し、相当の期間を定めて、その期間内に追認をするかどうかを確答すべき旨の催告をすることができる。この場合において、本人がその期間内に確答をしないときは、追認を拒絶したものとみなす。

催告とは、相手方に対して、一定の行為をするように要求することをいいます。催告は口頭ですることもできますし、書面ですることもできます。

ます。その理由は、相手方は、無権代理行為が追認によって有効となるかどうか知ることができずに不安定な立場におかれるため、無権代理行為の効力を確定させる催告権を相手方に与えることで、相手方の地位を保護しているのです。

（4）やっぱりやめることも可能―相手方の取消権（115条）⑤―

代理権をもたない者のした契約は、**本人が追認しない間**は、相手方が取り消すことができます。これは、相手方が不安定な地位におかれるので、代理権のないことを知らなかった相手方を保護するための制度です。そのため、契約のときに、代理権がないことを**相手方が知っていた**ときは、相手方は契約を取り消すことができません（115条ただし書）。

相手方の取消権は、本人によって追認がされると、行使することができなくなります。なぜなら、追認により、契約の効力が確定されるからです。ただし、本人が追認しても、その事実を**相手方が知らない**場合、相手方は契約を取り消すことができます。

⑵　無権代理人に責任はないの？

（1）117条について理解しよう

無権代理人の責任を追及する規定は117条⑥にあります。これは、無権代理人が**行為能力**があり、相手方が代理権の不存在について**善意無過失**であった場合に、無権代理人に**履行または損害賠償の請求**をすることができるという制度です（相手方が**善意有過失**であっても無権代理人が代理権の不存在を知っていた場合には同様の請求ができます）。

Case 1では、相手方である楽器店Aは、代理権をもっているのかいないのか怪しんでいるにもかかわらず、確認していません。つまり、楽器店Aは善意有過失といえます。もっとも、店長自身は代理権がないことを知っているため、楽器店Aは、店長に対して117条の責任追及をすることができます。

5 **第115条　無権代理の相手方の取消権**
代理権を有しない者がした契約は、本人が追認をしない間は、相手方が取り消すことができる。ただし、契約の時において代理権を有しないことを相手方が知っていたときは、この限りでない。

6 **第117条　無権代理人の責任**
1　他人の代理人として契約をした者は、自己の代理権を証明したとき、又は本人の追認を得たときを除き、相手方の選択に従い、相手方に対して履行又は損害賠償の責任を負う。
2　前項の規定は、次に掲げる場合には、適用しない。
①　他人の代理人として契約をした者が代理権を有しないことを相手方が知っていたとき。
②　他人の代理人として契約をした者が代理権を有しないことを相手方が過失によって知らなかったとき。ただし、他人の代理人として契約をした者が自己に代理権がないことを知っていたときは、この限りでない。
③　他人の代理人として契約をした者が行為能力の制限を受けていたとき。

《復習Word》
善意無過失とは、過失（不注意）もなく知らないことをいいます。
善意有過失とは、知らな

いのは同じですが、知らないうえに不注意（過失）があることをいいます。

表見代理については、2で詳しく学習します。2を学習してから、ここに戻りましょう！

7 過失ある相手方と無権代理人の責任
試験対策講座・スタートアップ民法・民法総則312頁

（2）表見代理で有効になるなら無権代理人は無責任？

相手方が無権代理人に対して、無権代理人としての責任追及をした場合、無権代理人が、表見代理が成立することを主張して、無権代理人としての責任を免れることができるかどうかという問題があります。

7 判例は、無権代理人としての責任は表見代理が成立しない場合のための**補充的な責任ではない**と判断しています。その理由として、117条と表見代理とは独立の制度であることをあげています。そのため、相手方は、表見代理の主張と無権代理人の責任追及のいずれかを選択することができます。また、無権代理人は、表見代理が成立することを主張して、責任を免れることはできません。

8-1

■ 無権代理の効果

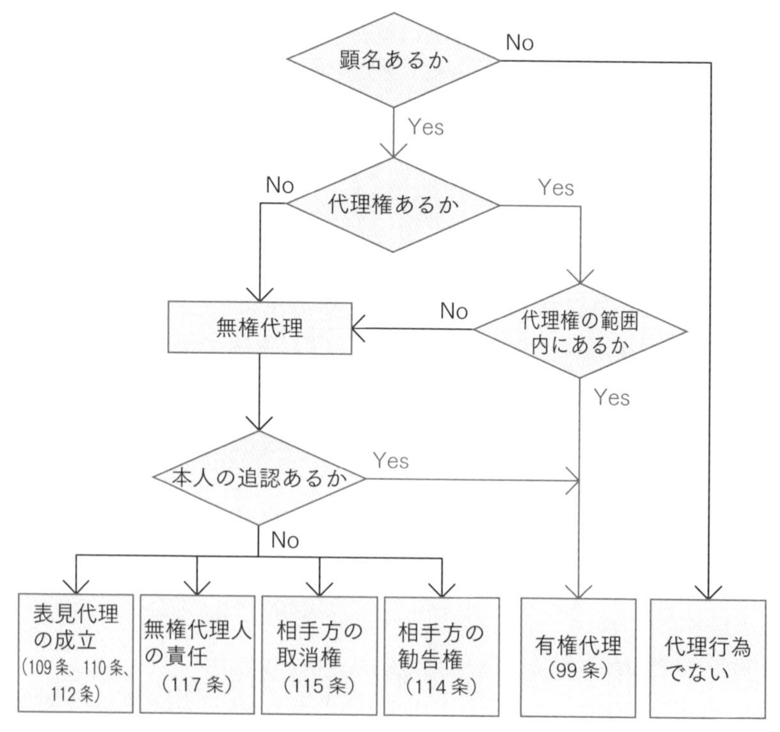

(3) 無権代理と相続にはどんな問題があるの？

(2)のほかに無権代理でよく問題になるのは、無権代理人と本人との間で相続が生じた場合です。

(1) 無権代理人が本人を相続した場合はどうなるの？

まず、本人が死亡し、**無権代理人が本人を相続**した場合に、無権代理行為が有効となるのでしょうか。判例⑧は、無権代理人の地位と本人の地位が同一人に帰属した場合には、本人みずから法律行為をしたのと同様な法律上の地位が生じると判断しています。つまり、相続により**当然に**その**無権代理行為が有効**になってしまうと判断しています。

8 試験対策講座・スタートアップ民法・民法総則 314 頁

次に、本人が死亡し、**無権代理人のほかにも相続人がいる場合**は、どのような法律関係となるのでしょうか。

8-2

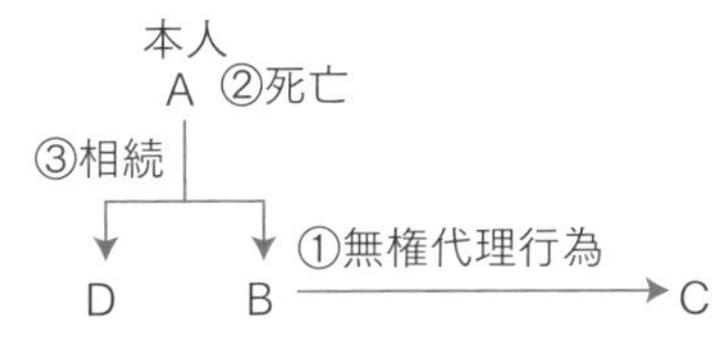

無権代理人自身は、相続した自分の持分について追認を拒絶することができません。しかし、他の共同相続人⑨は無権代理行為をしていないならば、自由に追認し、または追認を拒絶することができます。そしてこの場合、本人から相続した追認権は、共同相続人全員に**不可分的に帰属**すると考えられています（判例⑩、264条本文）。この不可分的に帰属するというのは、**全員一緒でなければ、追認をすることができない**ということを意味します（251条）。そのため、たとえば、**Case 1**で太郎と店長が親子であるとして、太郎が死亡し、父である店長と母良子が太郎を共同相続したとします。この場合、共同相続人の1人である良子が無権代理行為の追認をしたら、無権代理人であり、もう1人の共同相続人である店長は追認を拒絶することができません。しかし、良子が追認しなければ、

9 相続人が複数いる場合の相続のことを共同相続といい、それを構成する人たちのことを共同相続人といいます。

10 無権代理人が本人を共同相続した場合における無権代理行為の効力
試験対策講座・スタートアップ民法・民法総則 315 頁

店長の相続分に相当する部分についても、無権代理行為は有効とはならないということになります。

（2）本人が無権代理人を相続した場合はどうなるの？

無権代理人が死亡して、**本人が無権代理人を相続した場合**には、どのような法律関係になるのでしょうか。

11 判例⑪は、相続人である本人が被相続人の無権代理行為の追
認を拒絶したとしても、信義則⑫に背くことにはならないとし
12 て、本人は追認を拒絶することができると判断しています。

⑪ 試験対策講座・スタートアップ民法・民法総則315頁

⑫ 信義則とは、権利を行使するときや義務を実行するときは、相手の信頼（信義）を裏切らないように誠実にしなければならないという考え方です。

（3）無権代理人と本人の両方を相続した場合はどうなるの？

無権代理人と本人の両方を相続してしまった場合にどのような法律関係になるのでしょうか。

たとえば、**Case 1** の場面で、前と同じく店長と太郎が親子であるとして、しかも、太郎にC男という兄弟がいて、母良子はすでに亡くなっているとします。そして、はじめに店長が死亡し、C男と本人である太郎が無権代理人の地位を相続し、その後、本人である太郎が死亡し、その段階でC男が更に本人の地位を相続したという場合、C男は追認を拒絶することができるのでしょうか。

13 判例⑬は、C男は最初に無権代理人である店長の地位を相続
したので、無権代理人が本人を相続した場合と同様、C男は追認を拒絶することはできないとしています。

⑬ 試験対策講座・スタートアップ民法・民法総則317頁

8-3

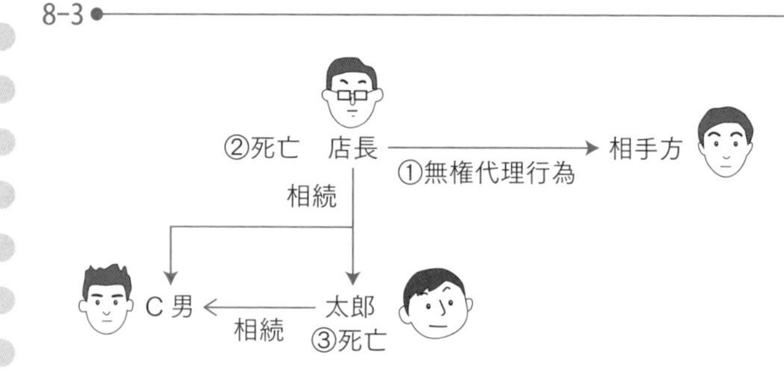

2 表見代理ってなんだろう？

Case 2 太郎は店長に、「私が保管するほうが安全だ」などと言葉巧みに説得され、自分の印鑑や印鑑証明書などを渡しました。店長は、預かった太郎の印鑑などを用いて、恋人である幸子が消費者金融から借りている借金について、勝手に太郎を代理して、太郎を保証人⑭にしてしまいました。消費者金融は、店長に保証契約を結ぶ代理権があると信じていました。
さて、消費者金融は、太郎に対して借金返済を請求することができるでしょうか。

Answer 2 消費者金融は店長が代理人であると信じてはいるものの、表見代理は成立しないため、消費者金融の請求は認められません。

14 保証とは、主債務者が債務を履行しない場合に、その債務を主債務者に代わって履行する義務を負うことをいいます（446条）。

第19章 人的担保で詳しく学習します。

(1) 表見代理には3種類ある！

表見代理とは、本人と無権代理人との間に、周囲から見て代理権があると信じさせるだけの特別の事情がある場合には、有効な代理と同じ効果を認めるという制度をいいます。

この制度は、相手方が、周囲からみて代理権がある代理人であると誤って信じてしまうのがもっともだという特別の事情がある場合で、かつ、代理権があるかのようにみえることについて、本人になんらかの責任がある場合に、相手方を保護し、取引の安全（動的安全）を図ろうとするものです。このような表見代理には、①代理権授与の表示による表見代理（109条）、②権限外の行為の表見代理（110条）、③代理権消滅後の表見代理（112条）の3種類があります。

15 **第109条 代理権授与の表示による表見代理等**
1 第三者に対して他人に代理権を与えた旨を表示した者は、その代理権の範囲内においてその他人が第三者との間でした行為について、その責任を負う。ただし、第三者が、その他人が代理権を与えられていないことを知り、又は過失によって知らなかったときは、この限りでない。

(2) 代理権授与の表示による表見代理って何？

109条⑮の表見代理は、あたかも代理権を与えたかのごとく表示した場合に、その表示から代理権の存在を信じた相手方を保護するものです。たとえば、太郎が、店長に何ら代理権を与えていないにもかかわらず、第三者Ｄに対し「店長に代理権を与えた」旨を告げた場合などです。そして、次のような要件を備えると109条１項の表見代理にあたります。

①本人が、第三者（相手方）**に対して、ある者に代理権を与えた旨を表示したこと**（代理権授与表示）

②無権代理人が、本人のためにすることを示して、表示を受けた第三者（相手方）**と表示された代理権の範囲内で法律行為をしたこと**

③相手方が、法律行為をした際、無権代理人に代理権があると信じ、かつ、信じることに過失がなかったこと（109条１項ただし書。善意・無過失）

範囲外の代理行為も、上の３つの要件をみたしている場合で、相手方が、代理権があると信じるような正当な理由があるときは、表見代理が成立します（109条２項）。

〔3〕 権限外の行為の表見代理って何？

16 **（１）110条⑯はどのような規定？**

第110条　権限外の行為の表見代理
前条第１項本文の規定は、代理人がその権限外の行為をした場合において、第三者が代理人の権限があると信ずべき正当な理由があるときについて準用する。

110条は、すでにある代理権（**基本代理権**）が与えられている場合に、その代理人がした代理人としての権限外の行為について代理権があると信頼した相手方を保護しようとするものです。そして、次のような要件を備えると110条の表見代理にあたります。

①本人が、代理人に代理権を与えていること（基本代理権）

②代理人が、本人のためにすることを示して、代理権の範囲外の法律行為をしたこと

③相手方が、法律行為をした際、代理人にその法律行為の
17 **代理権があると信じる正当な理由⑰があること**

条文上は「正当な理由」とされていますが、善意無過失と同じ意味と捉えてください。

（２）基本代理権の存在が必要

（a）事実行為の代行権限は基本代理権になるの？

代理という制度は私的自治の補充と拡張を目的としている

ので、基本代理権は、原則として**私法上の代理権**であることが必要であると考えられています。

そして、事実行為[18]の代行権限は私法上の代理権ではないため、原則として基本代理権にはなりません。ただ、**他人と契約することを予定しながら一定の事実行為を代わりに行うよう依頼したような場合**には、法律行為にきわめて近いような権限を与えているといえます。そのような場合には、これを基本代理権とすることも認められると考えられています。たとえば、家政婦に食事の用意や掃除などの事実行為を委託した場合、家政婦は食事の用意や掃除をするためにそれに用いる材料や清掃道具を購入したり、借りたりする必要があります。このような場合には他人との契約が必要となっていることから、他人と契約することを予定しながら一定の事実行為を代わりに行うよう依頼した場合にあたりうるといえます。

18 **事実行為**とは、契約とは異なり、意思表示を必要としない行為をいいます。

Case 2 の場合、印鑑や印鑑証明書などを管理することは事実行為です。しかも、太郎は、安全だと信じて店長に印鑑などを渡しているにすぎず、店長が太郎の印鑑などを使って他人と契約をすることを予定して印鑑などの管理を依頼したのではありません。そのため、店長が太郎の印鑑などを管理する権限は基本代理権にはあたらないため、110条の表見代理は成立しません。

(b) 公法上の行為についての基本代理権は認められるの？[19]

公法上の行為の代理権は、私法上の代理権ではないため、原則として基本代理権にはなりません。なぜなら、公法上の行為は取引行為ではないため、そもそも取引の安全を保護するための制度である表見代理の適用場面ではないからです。そうすると、たとえ公法上の行為であっても、**それが特定の取引行為の一環として行われるものであるとき**は、取引の安全を図る必要があるといえるので、その公法上の行為を行う権限を基本代理権として110条を適用して表見代理の成立を認めることができると考えられています（判例）[20]。

19 公法上の効果の発生を目的とする行為を**公法上の行為**といいます。たとえば、印鑑証明書の交付を申請する代理権や、不動産の移転登記手続の代理権などがあります。行為の相手方が国や地方公共団体となることが多いです。

20 試験対策講座・スタートアップ民法・民法総則331頁

たとえば、不動産の移転登記手続は、不動産取引によって取得する所有権を対抗（主張）するために必要な手続です（177条参照）。そのため、不動産移転登記手続の代理権は、特定の取引行為の一環として行われるものといえ、110条の基本代理権と認められます。

(4) 代理権消滅後の表見代理って何？

> **第112条　代理権消滅後の表見代理等**
> 1　他人に代理権を与えた者は、代理権の消滅後にその代理権の範囲内においてその他人が第三者との間でした行為について、代理権の消滅の事実を知らなかった第三者に対してその責任を負う。ただし、第三者が過失によってその事実を知らなかったときは、この限りでない。

21 112条の表見代理は、代理人の代理権が消滅したにもかかわらず依然として代理人として行動していた場合に、その代理人に依然として権限があると信頼した相手方を保護しようとするものです。たとえば、太郎が店長に土地売却の代理権を以前に与えたが、その代理権が消滅したにもかかわらず、店長が客Eに対して土地を売却した場合などがこれにあたります。そして、次のような要件を備えると112条1項の表見代理にあたります。

①本人が代理人に与えていた代理権が消滅したこと（代理権の消滅）

②代理人が、本人のためにすることを示して、消滅した代理権の範囲内の行為をしたこと

③相手方が、法律行為をした際、代理権が消滅したことを知らず、かつ、知らなかったことについて過失がなかったこと

範囲外の代理行為も、上の3つの要件をみたしている場合で、相手方が、代理権があると信じるような正当な理由があるときは、表見代理が成立します（112条2項）。

プラスα文献

試験対策講座・スタートアップ民法・民法総則 6章4節、5節
判例シリーズ 11事件、12事件
条文シリーズ 109条、110条、112条〜117条
ステップアップ No. 6概説、No. 7

第8章 Exercise

	問題	解答
1	Aが代理権がないにもかかわらずB所有の不動産をBの代理人と称してCに売却したところ、CはAに対し、相当の期間を定めてBの同意を得て追認するかどうか確答するよう催告した。Aがその期間内に確答しなかった場合には、Aは、追認を拒絶したものとみなされる。（裁事H16年）	× 1【1】(3)
2	無権代理人の責任について定める民法第117条は、本人側になんらかの帰責の要素を必要とする表見代理によっては保護を受けることのできない場合の相手方を保護し、もって取引の安全を保護しようとするものであるから、無権代理人の責任の要件と表見代理の要件をともにみたす場合には、相手方は表見代理の成立を主張しないでただちに無権代理人に対して責任を問うことはできない。（国ⅡH22年）	× 1【2】(2)
3	無権代理人が死亡し本人が無権代理人を相続しても、無権代理行為は当然に有効となるものではないが、本人が死亡し無権代理人が単独で本人の地位を相続したときは、本人みずから法律行為をしたのと同一の地位を生じ、当該無権代理行為は有効となる。（国ⅡH20年）	○ 1【3】(1)、(2)
4	Bは、無権限で、父親Aの代理人としてC銀行との間で金銭を借り入れる旨の金銭消費貸借契約を締結した。Aが死亡し、Bが弟のDとともに共同相続した場合において、C銀行が、Bに対し、金銭消費貸借契約に基づく貸金返還を求めた場合、Dが追認したか否かにかかわらず、Bの相続分の限度で認められる。（裁事H19年）	× 1【3】(1)
5	民法第110条（権限外の行為の表見代理）の規定による表見代理の成立の要件となる基本代理権に関しては、単なる公法上の行為についての代理権は基本代理権には該当しないが、公法上の行為であっても、特定の私法上の取引行為の一環として行われる登記申請行為に関する代理権については、基本代理権として認めることができる。（国ⅡH20年）	○ 2【3】(2)

第9章

時効——時間がたてば自分の物

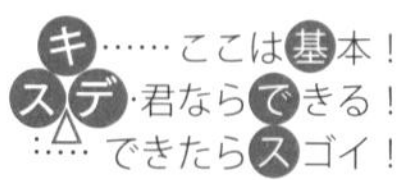

1 消滅時効ってなんだろう？

Case 1 ある日、コンビニ店長は、「1か月後に必ず返す！」と言ってお金を貸してくれるよう太郎に頼みました。何か裏があるとは思いつつも太郎はお金を貸してしまいました。1か月が経ち、お金を返してもらう日になりましたが、店長は姿をくらましてしまいました。しかし、太郎はそのうち返しに来るだろうと考え、特に店長を探したり、返してもらうための行動を起こしたりしませんでした。
かりにこのまま5年が過ぎた場合、太郎は、店長からお金を返してもらうことができるでしょうか。

Answer 1 太郎は店長からお金を返してもらえません。

(1) 時効について理解しよう

時効とは、一定の時の経過によって権利を取得させ、また権利を消滅させる制度をいいます。

時効には**消滅時効**と**取得時効**の2種類があります。どちらの制度も時効が成立するには、一定期間の経過が必要となります。

ある権利をもつ者は、本来法律でその権利が保護されます。しかし、たとえ権利者であっても、長い間もっている権利の行使を怠っている場合には、ほかの人を犠牲にして、その権利者を保護することは適切でないといえます。民法が時効制度を設けた理由にはこのような考え方があります。

(2) 消滅時効って何？

消滅時効（166条）①とは、一定期間権利が行使されなかったことによってその権利が消滅するという制度をいいます。**Case 1** の場合、太郎はお金を貸し付けた日から1か月が経った時点で、店長からお金を返してもらうという権利を行使できます。そして、この権利を行使しないまま、お金を返してもらうことができることを知った日から5年が過ぎてしまった場合、太郎の店長に対する権利が消滅すると考えられます（主観的起算点、166条1項1号）。ただし、4 で学習するように、援用（145条）②があるまで時効は成立しないと考えられています。そのため、店長が援用しなければ、太郎はお金を返してもらえる可能性があります。

(3) 消滅時効はいつからはじまるの？

消滅時効の客観的な起算点は、権利を行使するにあたり、**法律上の障害がなくなった時**から進行し始めます（166条1項2号）。

Case 1 の場合のように、契約に基づく債権の場合には、貸主である太郎は、契約日の時点で客観的起算日が到来する時（お金を返してもらえる日＝1か月後）をしっかりと認識していますから、客観的起算日の到来と同時に、「権利を行使する時」を知ったものとして主観的な起算日も到来します。ですから、消滅時効の起算点は、お金を返してもらえる日からになります。

具体的な起算点の開始時期は、権利の性質によって異なり、次ページの表のようになっています。

(4) どのくらいの期間放置すると消滅するの？

債権については、主観的起算点から5年、客観的起算点から10年（166条1項）、債権または所有権以外の財産権については、客観的起算点から20年、人の生命または身体の侵害に

1 **第166条　債権等の消滅時効**
1　債権は、次に掲げる場合には、時効によって消滅する。
①　債権者が権利を行使することができることを知った時から5年間行使しないとき。
②　権利を行使することができる時から10年間行使しないとき。
2　債権又は所有権以外の財産権は、権利を行使することができる時から20年間行使しないときは、時効によって消滅する。
3　前2項の規定は、始期付権利又は停止条件付権利の目的物を占有する第三者のために、その占有の開始の時から取得時効が進行することを妨げない。ただし、権利者は、その時効を更新するため、いつでも占有者の承認を求めることができる。

2 **援用**とは、簡単にいうと、自分の利益を得るために主張することをいいます。

詳しくは、4 で学習します。

消滅時効の起算点

	客観的起算点	主観的起算点
確定期限の定めのある債権	期限到来時	左欄（客観的起算点）の事実を知った時
不確定期限の定めのある債権	期限到来時	
期限の定めのない債権	債権成立時	
停止条件付き債権	条件成就時	
債務不履行による損害賠償請求権	本来の債務の履行を請求できる時（判例）	
契約解除による原状回復請求権	契約解除時（判例）	
不作為債権	違反行為時（有力説）	
返還時期の定めのない消費貸借	債権の成立時から相当期間が経過した時	
不法行為に基づく損害賠償請求権	不法行為時（724条2号）	被害者またはその法定代理人が損害および加害者を知った時（724条1号）

よる損害賠償請求権については、主観的起算点から5年、客観的起算点から20年（167条・166条1項）の経過により、消滅時効にかかります。主な時効期間（あるいは除斥期間や出訴期間）は次のとおりです。

取消権（126条）	追認できる時から5年、行為の時から20年
詐害行為取消権（426条）	債務者が債権者を害することを知って行為をしたことを債権者が知った時から2年、行為時から10年
相続回復請求権（884条）	相続権を侵害された事実を知った時から5年、相続開始の時から20年
相続承認・放棄の取消権（919条3項）	追認をすることができる時から6か月、相続の承認または放棄の時から10年
遺留分侵害額請求権（1048条）	相続の開始、遺留分を侵害する贈与または遺贈を知った時から1年、相続開始の時から10年

(5) 除斥期間ってなんだろう？

　時効と似ていますが、除斥期間という制度があります。除斥期間とは、一定期間の経過により、権利自体が消滅する制度をいいます。消滅時効との違いは、援用が不要、遡及効③がない、起算点が権利の発生時、完成猶予や更新の規定の適用がありえないという点です。

3 時効の遡及効とは、時効の効力が起算日にさかのぼって生じることをいいます。

2 取得時効ってなんだろう？

Case 2 ある雨の日、太郎はコンビニへ行きました。お菓子やジュースを大量に買い込み、帰路につこうとした時、すでに雨が止んでいたこともあって、太郎は持ってきた傘をコンビニに忘れていってしまいました。
その傘は、店長が所有している物と同じデザインであったため、自分の物であると勘違いした店長はその傘を持って帰ってしまいました。
その後 10 年が過ぎ、ある日ふと店長がその傘の取っ手部分を見ると、小さく「太郎」と書いてあるのを発見しました。ここではじめて店長は、その傘が自分のものではないと気づいたのです。しかし、店長は、「10 年以上使っているんだから、もう俺の物だろう」と言い放ち、傘はそのまま返しませんでした。
さて、店長は 10 年前に太郎が置き忘れていった傘が自分の物であることを主張できるでしょうか。

Answer 2 店長は、傘が自己の物であると主張できます。

取得時効（162 条）④とは、一定期間の経過によって権利が取得される制度をいいます。取得時効が成立するためには、所有している意思があり、暴行や脅迫などをすることなく平穏に、かつ隠したりすることなく公然と他人の物を占有⑤することが必要となります（162 条 1 項）。また、自分の所有物であると信じ、そう信じたことに過失がない場合には 10 年間（162 条 2 項）、そうでない場合には 20 年間（162 条 1 項）、占有を続ける必要があります。また、占有の継続については、占有の

4 第 162 条　所有権の取得時効
1　20 年間、所有の意思をもって、平穏に、かつ、公然と他人の物を占有した者は、その所有権を取得する。
2　10 年間、所有の意思をもって、平穏に、かつ、公然と他人の物を占有した者は、その占有の開始の時に、善意であり、かつ、過失がなかったときは、その所有権を取得する。

5 占有とは、自分が利益を得るために、物を所有しているかどうかを問わず、単に所持することによって、現実にその物を支配している状態をいいます。

開始時点と時効完成時の２つの時点に占有した事実を証明することで、占有は、その間継続していたものと推定されます（186 条２項）。

Case 2 の場合、店長は、太郎の傘を自分の所有物として占有しているので、所有の意思があるといえます。そのうえで、店長は 10 年以上その傘を占有し続けています。この 10 年という期間の経過により、店長は太郎の傘の所有権を取得できることになります。ただし、1 の消滅時効と同様、時効の援用がなければ、時効は成立しないと考えられているので、この場合には、太郎は傘の所有権を主張できる可能性があります。そのため、**Case 2** で、店長が取得時効を援用した場合には、太郎は店長に対して、その傘が自分の物であることを主張することができなくなります。

3 時効障害ってなんだろう？

(1) 時効の完成猶予と更新について理解しよう

決められた一定の期間が過ぎたことを**時効の完成**といいます。時効が完成する前に、時効を更新するための手続がとられたり、時効完成時にあたり権利者によって時効を更新するための措置を不可能または著しく困難にする事情があったりしたら、一定の期間、時効の完成が猶予されます。これを時効の**完成猶予**といいます。また、時効がいったん進行を始めた後に、時効に関わる根本の事実関係と反する事実があるために進行がストップし、それまでに経過した期間がまったく無意味になることがあります。これが**時効の更新**です。

簡単にいうと、時効の完成猶予は一時的な猶予で、更新は時効期間がリセットされて新たに時効の進行が始まることです。CD を操作して、一時停止やリセットをするようなイメージです。この時効の完成を妨げる事由[6]を総称して**時効障害**といいます。

6 事由とは、理由または原因となる事実のことをいいます。

時効の完成猶予と更新は、一方だけが認められるものではなく、両方とも認められることがあります。

時効障害事由	完成猶予	更新
裁判上の請求等	○（147条1項）	○（147条2項）
強制執行等	○（148条1項）	○（148条2項本文）
仮差押え、仮処分	○（149条）	×
催告	○（150条）	×
協議を行う旨の合意	○（151条）	×
承認	×	○（152条）
時効期間満了前6か月以内に未成年者、成年被後見人に法定代理人がいない	○（158条1項）	×
未成年者、成年被後見人がその財産を管理する父母または後見人に対して権利を有する	○（158条2項）	×
夫婦の一方が他方に対して有する権利	○（159条）	×
相続財産に関する権利	○（160条）	×
天災その他避けることのできない事変があった	○（161条）	×

(2) 時効が完成猶予や更新するのはどんなとき？

ここでは、代表的な裁判上の請求（147条1項⑦）と承認（152条）についてお話しします。

（1）裁判上の請求ってなんだろう？

裁判上の請求とは、権利者が裁判において権利があると主張することをいいます。債権者が原告となって債務者を被告として訴えを提起⑧する場面を想像してみてください。この場面では、権利行使⑨がされたといえるため、時効が完成猶予されたり、更新されたりすることもあるのです。

たとえば、**Case 1**で、お金を貸した日から4年が過ぎた時に、太郎が店長に対して裁判上の請求をした場合、権利の行使がされたため、時効は完成しないので完成猶予となります。

7 **第147条　裁判上の請求等による時効の完成猶予及び更新**

1　次に掲げる事由がある場合には、その事由が終了する（確定判決又は確定判決と同一の効力を有するものによって権利が確定することなくその事由が終了した場合にあっては、その終了の時から6箇月を経過する）までの間は、時効は、完成しない。
①　裁判上の請求
②　支払督促
③　民事訴訟法第275条第1項の和解又は民事調停法（昭和26年法律第222号）若しくは家事事件手続法（平成23年法律第52号）による調停
④　破産手続参加、再生手続参加又は更生手続参加
2　前項の場合において、確定判決又は確定判決と同一の効力を有するものによって権利が確定したときは、時効は、同項各号に掲げる事由が終了した時から新たにその進行を始める。

8 **提起**とは、訴訟などを起こすことをいいます。

9 **権利行使**とは、権利を実際に用いることをいいます。

そして、裁判上の請求によって権利が確定したら、時効はその時から新たに進行が始まるので、更新となります。

ちなみに、店長（債務者）に対して履行を請求する太郎（債権
10 者）の意思の通知を**催告**（150条）[10]といい、これは裁判外の請求です。催告があったときは、その時から6か月を経過するまでの間は、時効の完成が猶予されますが（152条1項）[11]、6か月以内に裁判上の請求等をしなければ、一時的に時効完成を阻止するにすぎません。

第150条　催告による時効の完成猶予
1　催告があったときは、その時から6箇月を経過するまでの間は、時効は、完成しない。
2　催告によって時効の完成が猶予されている間にされた再度の催告は、前項の規定による時効の完成猶予の効力を有しない。

(2) 承認ってなんだろう？

承認とは、時効によって利益を受ける者の側が、時効によって権利を失う者に対して、権利が存在することを認識してい
11 ると表示することをいいます。

第152条　承認による時効の更新
1　時効は、権利の承認があったときは、その時から新たにその進行を始める。
2　前項の承認をするには、相手方の権利についての処分につき行為能力の制限を受けていないこと又は権限があることを要しない。

Case 1で、お金を返した日から4年が過ぎた時点で、太郎が店長に口頭で、お金を返せと請求し、店長が「必ず支払うからもう少し待ってくれ」と言ったとします。この場合には、店長が太郎の権利を承認したことになり、時効が更新し、承認の時から新たにその進行が開始します。この場合には、完成猶予とはならないのです。

4 時効の援用と利益の放棄ってなんだろう？

Case 3　**Case 1**において、時効期間の経過後に、太郎がしつこくお金を返すよう要求したために、店長は、時効が成立していることを知りつつ「お金は必ず返すよ。俺とお前の仲じゃないか」と言ったとします。この場合、それでも太郎の店長に対する債権は消滅時効により消滅するのでしょうか？

Answer 3　5年という消滅時効の期間を経過していますが、太郎の店長に対する債権は消滅しません。

(1) 時効の援用を把握しよう

時効の援用（145条）とは、時効により直接に利益を受ける者（当事者）による時効の利益を受けようとする意思表示をいいます。

Case 3では、「時効の利益を受ける者」（援用権者）は、消滅時効が成立することにより、10万円のお金を返すという義務を免れる店長です。そのため、時効の利益を受けようとする意思表示を**Case 3**にあてはめると、店長が「時効が成立したのだから、お金を返すわけがないだろう！」と太郎に対して主張することです。

時効の効果を発生させるためには、一定の期間が経過することに加えて、時効の利益を受ける旨の意思表示をすることが必要になります。その理由は、この制度が、時効により利益を受ける者の意思を尊重するという考えに基づいているからです。

12 **第145条　時効の援用**
時効は、当事者（消滅時効にあっては、保証人、物上保証人、第三取得者その他権利の消滅について正当な利益を有する者を含む。）が援用しなければ、裁判所がこれによって裁判をすることができない。

(2) 援用の効果と援用権者を把握しよう

（1）時効援用の効果はどのようなもの？

時効の効力は、起算日にさかのぼります（遡及効、144条）。つまり、たとえば取得時効が完成すると、法的には時効の起算日から自分の物であったといえるということです。そのため、時効期間中の遅延損害金は払う必要がなくなるし、取得時効の場合には時効期間中の占有は不法占拠ではなく、所有権という正当な権利に基づく占有となります。

（2）時効の援用ができる「当事者」とはだれか？

時効の援用はだれがすることができるかという、「当事者」（145条）の意義についてはさまざまな考え方がありますが、判例は、時効により直接に利益を有する者をいうとして、「当事者」の範囲を広く解釈しています。そして、条文上も、消滅時効との関係では、「権利の消滅について正当な利益を有する者」という基準を示しているだけで、「当事者」の具体例

13 起算日とは、時効期間の算定が始まる時点をいいます。

14 **第144条　時効の効力**
時効の効力は、その起算日にさかのぼる。

15 遅延損害金とは、履行期に債務が履行されなかったことによって生じた損害に相当する金銭のことをいいます。

16 不法占拠とは、法的な権利や根拠なく、土地を占拠することをいいます。

17 試験対策講座・スタートアップ民法・民法総則406頁

として、保証人、物上保証人、第三取得者をあげています(145条括弧書)。

(3) 時効の利益の放棄について把握しよう

Case 3 で、店長は、太郎に対して「お金は必ず返すよ」と言い、自分の債務を認めています。このような場合にも太郎の債権は消滅しないのでしょうか。

(1) 時効の利益の放棄ってなんだろう?

時効の利益の放棄とは、時効の成立後にその利益を放棄することをいいます。つまり、**時効の成立を知って債務者が債務を承認すること**を意味します。判例・通説は、時効期間の経過だけでは権利の取得や消滅という効果が生じず、時効の成立と同時に時効の援用も必要であるとの立場(不確定効果説)を採用し、この立場からは、裁判以外でも時効の利益を放棄することができると考えられています。

Case 3 では、店長が時効が完成していることを知りながら自分の債務を承認しているので、店長は、時効の利益を放棄したといえます。

そのため、太郎の店長に対する債権は消滅しません。

(2) 時効の完成を知らずに承認したらどうなるの?

時効の完成を知らずに債務者が債務を承認した場合には、時効の利益の放棄とは認められません。また、時効の事実を知って承認したものと推定することも許されません。

18 しかし、債務者が時効の成立後に債務を承認した場合には、相手方である債権者は債務者が弁済をすることを期待するため、その後に債務者が時効の援用をすることは妥当ではありません。そこで判例⑱は、時効成立後に債務を承認した場合には時効の利益の放棄とすることはできないが、**信義則上、時効の援用をすることはできない**としています。

18 時効完成後の債務承認と時効利益の放棄
試験対策講座・スタートアップ民法・民法総則411頁

《復習 Word》
信義則とは、権利を行使するときや義務を実行するときは、相手の信頼(信義)を裏切らないように誠実にしなければならないという考え方です。

(3) 時効完成前に放棄することはできる?

民法は、時効の完成前には時効の利益を放棄することができないと定めています（146条）。⑲これは、当事者の意思で任意に変更することはできないという強行規定です。その趣旨は、高利貸しなどの債権者が、債務者の弱みにつけこんで、債務者にあらかじめ時効の利益を放棄させることを禁止し、それによって債務者の権利を保護する点にあります。

そして、時効の成立期間を当事者の間で延長することは、不当に長期の時効期間を設定することが可能になるため、これによって実質的に時効の完成前に時効の利益を放棄させることにもなり、この146条の趣旨に背くおそれがあります。そのため、当事者の合意で任意に時効の期間を延長することはできません。

19 **第146条　時効の利益の放棄**
時効の利益は、あらかじめ放棄することができない。

《復習 Word》
強行規定とは、当事者の意思によって排除できない公の秩序に関する規定をいいます。

プラスα文献

試験対策講座・スタートアップ民法・民法総則 8章
判例シリーズ 14事件、15事件
条文シリーズ 1編7章■序、144条～149条、162条、163条、166条
ステップアップ No. 8

第9章 Exercise

No.	問題	解答
1	債務の履行期後に当該債務が債務者の責めに帰すべき事由により履行不能となった場合、履行不能による損害賠償請求権の消滅時効の客観的起算点は、債務の履行期ではなく、履行不能となったときであるとするのが判例である。 (国税 H22 年改題)	× 1【3】
2	契約解除に基づく原状回復義務の履行不能による損害賠償債務の消滅時効の客観的起算点は、原状回復義務の債務の履行を請求しうる時である。 (裁事 H16 年改題)	○ 1【3】
3	時効と類似する制度として除斥期間をあげることができ、除斥期間についても、時効と同様に時効障害が生じるものと一般に解されている。 (国税 H22 年改題)	× 1【5】
4	裁判上の請求が行われた場合、訴えを提起した時点で時効の完成猶予の効力が生じるから、当該訴えが裁判所によって却下されても時効の完成猶予の効力は残り続ける。 (国税 H22 年改題)	× 3【2】(1)
5	時効が完成し援用されると、取得時効の場合は新たな権利が取得されるが、その権利の取得日は、時効の期間が満了し、時効を援用した日である。 (特別区 H19 年)	× 4【2】(1)
6	後順位抵当権者は、先順位抵当権者の被担保債権が消滅することにより後順位抵当権者の順位が上昇して利益を受けるが、そのことは反射的利益にすぎないので、先順位抵当権者の被担保債権の消滅時効を援用できない。 (国Ⅱ H16 年改題)	○ 4【2】(2)
7	時効の利益は、時効完成前に放棄することができるが、長期にわたる事実状態を尊重し、過去の権利関係の証明の困難を救済して法律関係の安定を図る時効制度の趣旨から、時効完成後は放棄することはできない。 (都庁 H18 年)	× 4【3】

第10章 物権変動①——俺の物は俺の物

1 物権の基本的な性質を理解しよう

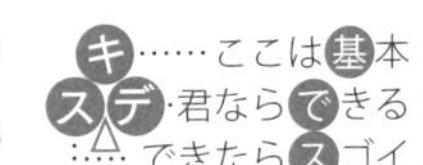

(1) 物権ってなんだろう？

物権とは、特定の物を直接支配してその利益を享受する排他的な権利のことですから、物に対する直接的・排他的支配①権といえます。たとえば、太郎は自分の自転車を、自分のために、使ったり、売ったり、捨てたりしてもいいという物に対してもっている権利のことを物権といいます。

1 直接的・排他的というのは、他人の手を借りるまでもなく、他人を排除してでも、というようなイメージです。

このように説明しても、物権がどのような性質がある権利なのかは、わかりにくいと思います。そこで、債権と対比することによって、物権の性質を説明します。

(1) 物に対する直接支配性ってどんなこと？

物権の性質として、第1に、物の**直接支配性**があげられます。債権が、債務者に対して一定の行為を要求することによって実現できる権利であるのに対し、物権は、物に対して直接に向けられた権利であり、他人の行為を間に入れることなく実現できる権利です。たとえば、太郎は、他人の行為を間に入れることなく、自分の自転車を自由に使ったり、売ったり、捨てたりすることができます。これが直接支配性という意味です。

(2) 物に対する排他性ってどんなこと？

第2に、**排他性**があげられます。債権には排他性がないので、事実上両立できないものであっても、複数に成立しえます。たとえば、太郎が、自分の自転車をAに売り、その後にBに売るということができます。これに対し、同じ物のうえに1個の物権がある場合にはこれと両立しない物権が並存することはありません。たとえば、同じ自転車に太郎の所有権と店長の所有権が並存するということはないのです。これが排他性という意味です。

2 物権の客体（対象）はなんだろう？

（1）どのようなものが物権の客体（対象）になるの？

物権の客体となるためには、原則として、**特定の独立した物**でなければなりません。そこで物権には、**特定性**と**独立性**が要求されます。

物権は、どの物についての物権かということが特定できないと、支配権を認めることが難しいので、物権の対象である物については特定できる必要があります。たとえば、コンビニの店長が倉庫にひとまとまりの状態で所有しているにんじん10キログラムのうち、2キログラムを太郎に売って太郎の所有とした場合、そのままの状態ではひとまとまりになっているにんじんのどの部分からどの部分までが太郎の所有になるのかを特定できていません。それを、2キログラム分のにんじんを分離したり運び出したりすることで、太郎の所有分が特定されます。必ずしも物理的な意味ではありません。

独立性とは、物権の客体になりうるものは、独立した物であって、物の一部や構成部分には物権は成立しないということです。たとえば、1個の茄子のヘタの部分だけを所有権の客体とすることはできません。

（2）一物一権主義ってなんだろう？

物権の性質の1つに一物一権主義という考え方があります。

一物一権主義とは、**1個の物には同一内容の物権は1つしか成立せず**、逆に、**1つの物権の客体は1個の物**である、という原則です。一物一権主義は、物権の排他性から導かれるもので、物の特定性・独立性を確実にし、公示を全うするための原則です。なお、1個の物に、異なる内容の物権を複数成立

公示については3(4)で詳しく学習します。

させることは一物一権主義には背きません。たとえば、コンビニ店長が所有する土地に、銀行のために抵当権という物権を設定した後に、更に太郎のために地上権という物権を設定することはできます。

(3) 物権法定主義ってなんだろう？

排他性をもつ物権は、債権に比べて第三者の利害に重大な影響を及ぼします。そこで民法は、物権は法律で定められたものにかぎられ、当事者が自由に創設できないことを定めています（175条）②。これを**物権法定主義**といいます。

民法は、次の図にある物権を規定しています。

なお、物権法定主義が原則ですが、例外として、**譲渡担保権**などの**慣習法上の物権**が認められています。

2 **第175条　物権の創設**
物権は、この法律その他の法律に定めるもののほか、創設することができない。

10-1

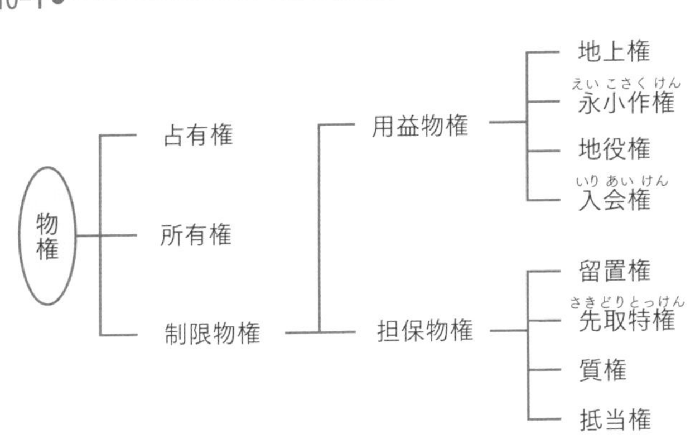

所有権には、使用・収益・処分という支配権能のすべてがあります。たとえば、店長は、その所有する土地を店舗経営に使え（使用）、その土地を太郎に賃貸して賃料を得ることができますし（収益）、その土地を売却することができます（処分）。

制限物権とは、これら3つの支配権能のうち、1つまたは2つの権能しかもたない支配権をいいます。

所有権	○使用、○収益、○処分
用益物権	○使用、○収益、×処分[※1]
担保物権	×使用[※2]、×収益[※2]、△処分[※3]

○：権能あり
×：権能なし
△：完全な権能が認められるわけではない

※1　用益物権は<使用>と<収益>に限定される物権です。
※2　不動産質権は、例外的に使用、収益をすることができます。
※3　担保物権は債権が弁済されない場合に、担保に供された物を処分できる物権です。いつでも処分できるわけではありません。

占有権、所有権、用益物権については第 12 章 物権変動③で、担保物権については第 13 章と第 14 章の物的担保で、それぞれ詳しく学習します。

2 物権の効力ってなんだろう？

物権は、特定の物を直接的・排他的に支配する権利ですから、①優先的効力があり、②物権的請求権の行使が可能です。

(1) 物権の優先的効力を理解しよう

（1）物権と物権ではどちらが勝つの？

物権相互間の優先的効力とは、同じ物のうえに物権と物権とがかち合った場合に、**対抗要件を先にみたしたほうが優先**することをいいます。一物一権主義があるため、1 つの物についての物権相互の効力は、登記や引渡しの前後で決定されます。

対抗要件については、3(3)で学習します。

たとえば、店長が所有する不動産を、太郎と花子の 2 人に売却した場合、つまり二重譲渡した場合には、当該不動産のうえに太郎の所有権と花子の所有権とがかち合っています。したがって、太郎と花子のうち、先に登記をした者が所有者として認められます。

（2）物権と債権ではどちらが勝つの？

（a）原則は物権が勝つ！

物権は、**債権に対して優先的効力**があります。そのため、同一の物について、債権と物権とが並存するときは物権が優先します。

たとえば、土地を所有する店長が、まずはその土地を自転車置き場として使いたいという太郎に賃貸し、その後、その土地を花子に売却したとします。同じ土地に、太郎の賃借権という債権と、花子の所有権という物権の２つがあることになります。物権と債権とでは、物権が優先しますので、花子の所有権が、太郎の賃借権に優先します。つまり、花子が太郎に自転車をどかせと言うと、太郎はいやでも自転車をどかさなければならないのです。

10-2

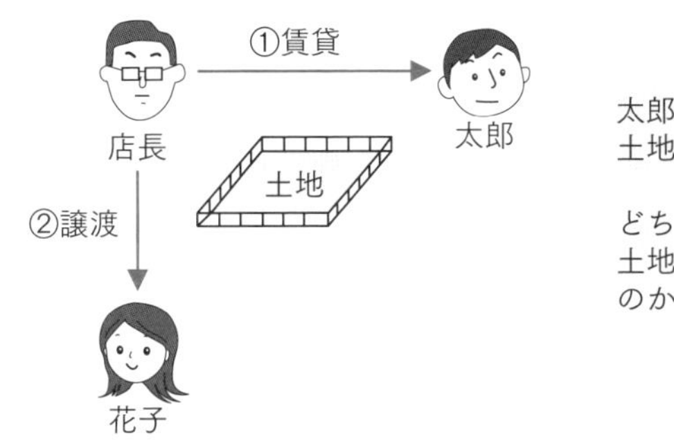

（b）**例外的に債権が勝つ場合もある！**

ただし、債権が対抗要件をみたした場合、その債権は物権に対して優先的効力をもちます。

たとえば、（a）の例で店長が、太郎のために**賃借権の登記**をした場合は、賃借権に対抗要件が備わるので（605条）③、太郎は、花子に対し賃借権を主張することができます。

また、**建物所有を目的とした土地の賃借権**は、借地上に借地権者が**登記された建物を所有**することで対抗要件をみたすことができます（借地借家法10条1項）④。**建物の賃借権**の場合は、**建物の引渡し**があれば対抗要件をみたすことができます（借地借家法31条）⑤。

なお、（a）の例では、太郎は自転車置き場として土地を賃

3 **第605条　不動産賃貸借の対抗力**
不動産の賃貸借は、これを登記したときは、その不動産について物権を取得した者その他の第三者に対抗することができる。

4 **借地借家法第10条　借地権の対抗力**
1　借地権は、その登記がなくても、土地の上に借地権者が登記されている建物を所有するときは、これをもって第三者に対抗することができる。

5 **借地借家法第31条　建物賃貸借の対抗力**
建物の賃貸借は、その登記がなくても、建物の引渡しがあったときは、その後その建物について物権を取得した者に対し、その効力を生ずる。

借していて、建物所有を目的とした土地の賃借ではありません。また、土地を賃借したのであって、建物を賃借したわけではありませんから、借地借家法の適用はありません。

2 物権的請求権ってなんだろう？

（1）物権的請求権って何？

物権的請求権とは、他人の不当な干渉によって所有者の自由な支配が妨害されている場合に、妨害を排除し、所有権の内容を実現するための救済手段をいいます。

民法上には、直接的に、物権的請求権を認めた規定はありません。しかし、物を取り返したり、所有権の侵害を排除したりする権利は、当然にあると考えられています。

（2）物権的請求権にはどのような種類のものがあるの？

物権的請求権には3種類のものが認められています。**物権的返還請求権**、**物権的妨害排除請求権**および**物権的妨害予防請求権**です。

10-3

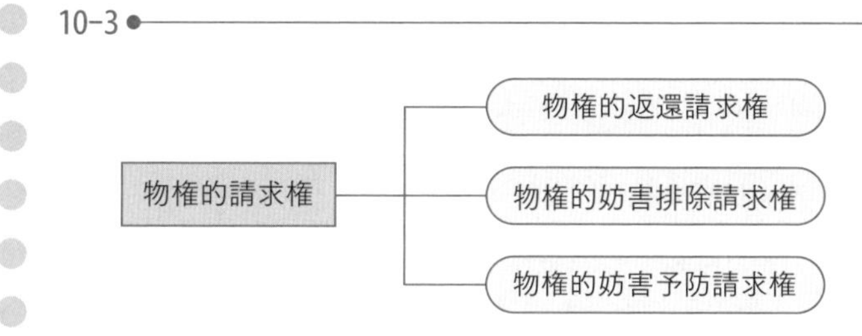

（a）物権的返還請求権って何？

物権的返還請求権とは、物権者が占有を奪われることにより物の占有を全面的に排除された場合に、物の引渡し、明渡しを求める請求権です。たとえば、土地を所有する店長が、土地を不法占有する太郎に対して、土地から出て行けと主張して、土地の明渡しを求める場合です。

（b）物権的妨害排除請求権って何？

物権的妨害排除請求権とは、物の占有を奪うこと以外の方法で物権を侵されている場合に、妨害している物件を取り除く請求ができる権利です。たとえば、店長が所有している土地の一部を太郎が勝手に資材置場として使っているので、店長が太郎に対して、資材をどかせと主張して、資材の除去を請求する場合です。占有が奪われているわけではありませんが、一部が妨げられているので、返還請求ではなく、妨害排除請求になります。

（c）物権的妨害予防請求権って何？

物権的妨害予防請求権とは、将来、物権を侵される可能性が高い場合に、妨害の予防を請求する権利です。たとえば、店長と太郎は隣り合った土地を所有しているとします。あるとき太郎が土地の境界に沿ってわけもなく深く土地を掘り下げたため、店長の土地が崩れるような危険が生じたときに、店長が太郎に対して土地の崩落を防止するための措置を求める場合です。

3 物権変動についての基本的な考え方を理解しよう

〔1〕 物権変動ってなんだろう？

（1）物権変動って何？

物権変動とは、物権の発生・変更・消滅のことをいいます。たとえば、店長が建物を新築したことによって、建物の所有権が発生します。また、その建物が火災等によってなくなることで、建物の所有権が消滅します。

物権の変更とは、物権の内容を変更することをいいます。たとえば、抵当権の順位を第１順位から第２順位に変更することは、物権の変更にあたります。

（2）物権はどんなときになくなるの？

目的物の滅失以外にも、物権の消滅原因にはさまざまなものがあります。そのひとつに、**混同による消滅**（179条）があります。

（a）混同って何？

> **第179条　混同**
> 1　同一物について所有権及び他の物権が同一人に帰属したときは、当該他の物権は、消滅する。ただし、その物又は当該他の物権が第三者の権利の目的であるときは、この限りでない。

6　179条1項本文⑥は、同一物について「所有権」と「他の物権」とが同一人に帰属することになった場合に、「他の物権」が消滅すると規定しています。「他の物権」とは、用益物権や担保物権のような制限物権のことをさします。

たとえば、土地の所有者であるMが、Nのために、その土地に地上権を設定したとします。その後、Nが、Mから、その土地を買った場合を想定してください。Nは、もともと地上権という制限物権をもっていました。そのNが、売買により土地の所有権を取得しました。これによって、土地の「所有権」と地上権という「他の物権」が、Nに帰属したことになります。そのため、「他の物権」である地上権が消滅することになります。これが混同による消滅です。Nは、土地の所有権者であり、土地を自由に使うことができますから、地上権を残しておく意味がないので、地上権は消滅するのです。

10-4

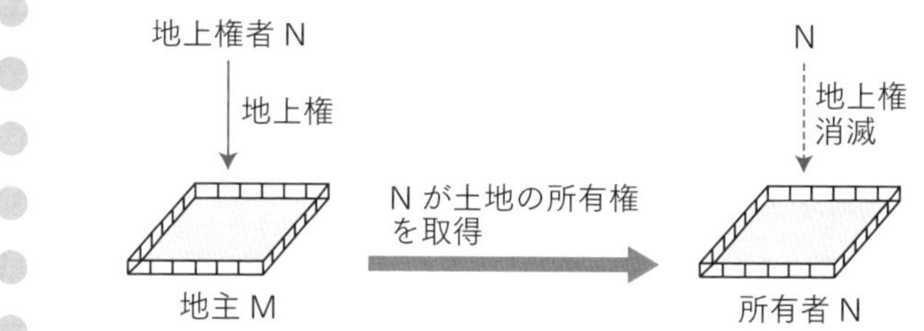

（b）混同が起きないこともあるの？

ただし、「他の物権」が「第三者の権利の目的」となっている場合は、例外的に混同が生じません（179条1項ただし書）。

たとえば、（a）の例で、Nの地上権が、Oの抵当権の目的となっていた場合です。地上権である「他の物権」が、Oの抵当権という「第三者の権利」の「目的」となっています。このとき、Nが、Mから土地の所有権を取得しても、「他の物権」である地上権は消滅しません。混同によって地上権が消滅してしまうと、抵当権の目的がなくなってしまい、「第三者」であるOに抵当権の消滅という不利益を与えてしまうことから、「第三者」の利益を守るために混同による消滅の例外を設けたのです。

10-5

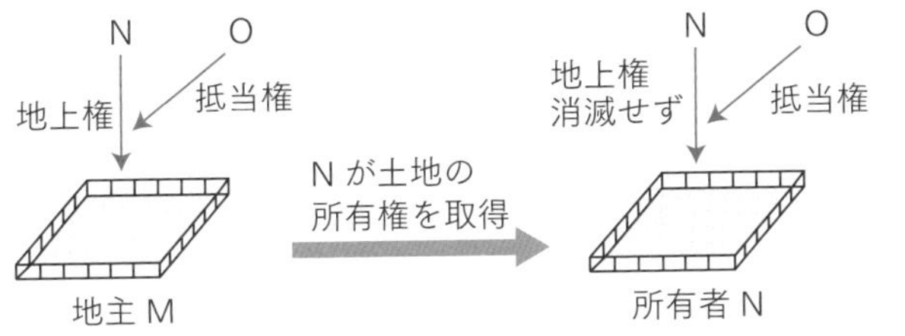

2 物権変動はいつどのようにして生じるの？

（1）意思主義ってなんだろう？

民法は、意思表示のみで物権変動が生じることを規定しています（意思主義、176条⑦）。

物権変動が生じるためには意思表示だけでなく、一定の形式、たとえば登記を備える⑧必要があると考えることもできます。この考え方を、**形式主義**といいます。しかし、前に学習したとおり、民法は、意思主義を採用しているので、意思表示があれば物権変動が生じ、物権変動が生じるためには登記などのどのような形式も必要としないとしているのです。

（2）いつ物権変動が生じるの？

物権変動が意思表示によって生じるとして、それでは、物権変動はいつ生じるのでしょうか。ここについては、売買契約をした時点、目的物を引き渡した時点、代金を支払った時点等いろいろな時期が考えられますが、判例は⑨、特約がないかぎり、原則として**売買契約を締結した時点**で**物権変動が生じる**としています。その理由としては、意思主義の原則を忠

7 **第176条 物権の設定及び移転**
物権の設定及び移転は、当事者の意思表示のみによって、その効力を生ずる。

8 法律の世界では、よく「登記を備える」といいます。これは、登記所において登記等を記載することによって登記されることを表しています。

9 試験対策講座・物権法18頁

特定物とは、実際の取引において、当事者がその物の個性に着目して指定した物をいいます。たとえば、“その土地”や“この中古車”といった場合は、これにあたります。

不特定物とは、当事者がその物の個性を問題とせずに、単に種類に着目して取引をした物をいいます。たとえば、新品のパソコンであればよいという場合は、これにあたります。

試験対策講座・物権法 19 頁

第 177 条　不動産に関する物権の変動の対抗要件
不動産に関する物権の得喪及び変更は、(略)法律の定めるところに従いその登記をしなければ、第三者に対抗することができない。

第 178 条　動産に関する物権の譲渡の対抗要件
動産に関する物権の譲渡は、その動産の引渡しがなければ、第三者に対抗することができない。

公示とは、物権変動を第三者が知ることのできる状態にするものをいいます。

10 実に適用すべきであるということがあげられています。

　このように、売買契約を締結した時点で物権が移転するという判例の立場は、特定物⑩を目的とする売買等を前提とするものです。不特定物の売買⑪の場合には、原則として目的物が特定した時に、所有権は当然に買主に移転すると考えられています（判例）⑫。

11

(3)　目に見えない物権変動にはどう対抗?!

　意思表示のみによって生じた物権変動を第三者に対抗するためには、**不動産**の場合には**登記**（177条）⑬、**動産**の場合には**引渡し**（178条）⑭という対抗要件が必要になります。不動産と動産とでは、必要となる対抗要件が異なるので注意してくださ
12 い。

　ここは、第 11 章 物権変動②で詳しく学習します。

13

(4)　公示の原則と公信の原則ってなんだろう？

　物権は物に対する直接的な排他的支配権であり、強力な権利ですから、第三者に与える影響も大きくなります。そこで、物権の変動を第三者に公示する必要がでてきます。物権変動を第三者に対抗するために、公示⑮をする必要があります。こ
14 のように、物権の変動には常に外部から認識することができるなんらかの表示が必要であるという考え方を**公示の原則**といいます。たとえば、不動産の登記が公示の一例です。

　これに対して、**公信の原則**とは、真の権利状態とは異なる公示が存在する場合、その公示を信頼して取引をした者に、公示どおりの権利状態があったのと同様の保護を与えるとい
15 う考え方です。たとえば、店長がある土地の権利をもっていないにもかかわらず、そこには店長名義の登記があり、つまり、公示がされていたので、その登記を信頼した太郎が店長から土地を購入した場合、太郎との関係では店長が真の権利者であったのと同じように扱い、太郎を保護しようというも

のです。

公示の原則が、物権変動があったことを前提に、それを第三者に対抗するためには公示が必要かという問題であるのに対し、公信の原則は、公示どおりの物権変動がないことを前提に、その公示に対する第三者の信頼を保護すべきであるかという問題です。

177 条の規定は、あくまで公示の原則を定めたものと考えるのが判例・通説の考え方です。前の例では、太郎は、いくら店長名義の登記を信用しても、177 条によって保護されることはありません。

ここまでのような不動産の場合と異なり、動産については、公信の原則が認められています（192 条）⑯。店長が、所有する動産を太郎に預けていたところ、太郎が、勝手にこれを花子に売却した場合には、その動産を占有する太郎に所有権があると信じた花子は、有効に所有権を取得できます。花子が、店長から、動産を返してくれ、と請求されても、花子は動産の所有権者ですので、店長の請求を拒絶することができます。

16 **第 192 条　即時取得**
取引行為によって、平穏に、かつ、公然と動産の占有を始めた者は、善意であり、かつ、過失がないときは、即時にその動産について行使する権利を取得する。

詳しくは、第 11 章 物権変動② 4(2)で学習します。

プラスα文献

試験対策講座・物権法 1 章、2 章 1 節、2 節
条文シリーズ 2 編■序、175 条、176 条、177 条、178 条
ステップアップ No. 9

第10章 Exercise

1	契約自由の原則から、物権は民法その他の法律に定めるもののほか、契約によって自由に創設することができるが、物権法定主義により、物権の内容を民法その他の法律に定められているものとは違ったものとすることはできない。 (特別区 H21 年)	× 1【3】
2	民法上の物権を分類すると、自分の物に対する物権である所有権と他人の物に対する物権である制限物権に分けられるが、制限物権のうち他人の物を利用する用益物権には、占有権、永小作権および地役権が含まれる。 (特別区 H21 年)	× 1【3】
3	物権は絶対的・排他的な支配権であるが、物権と債権が衝突するときに、債権が物権に優先する場合がある。 (特別区 H21 年)	○ 2【1】(2)
4	同一物について所有権と地上権とが同一人に帰属したときでも、当該地上権を目的とする第三者の質権が設定されていた場合には、当該地上権は消滅しない。 (都庁 H19 年)	○ 3【1】(2)

第11章

物権変動②——お金を払っても安心できない

1 不動産登記について理解しよう

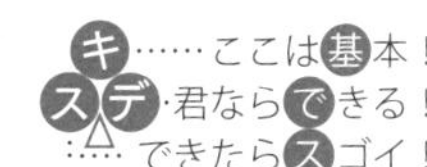

Case 1 不動産屋Aは、所有していた甲土地を仲介業者Bに売却しました。その後Bは、店舗拡大をめざしていたコンビニ店長に甲土地を売却しました。

①甲土地の所有権について仲介業者B名義の登記がある場合、店長はどのような権利に基づき、Bに所有権登記を移すように求めることができるでしょうか？

②甲土地の所有権について不動産屋A名義の登記がある場合、仲介業者Bはいかなる権利に基づき、Aに所有権登記を移すように求めることができるでしょうか？

Answer 1 ①店長は、物権的登記請求権または債権的登記請求権に基づき、仲介業者Bに対して所有権登記を移すように求めることができます。

②仲介業者Bは、甲土地の所有権をもっていないにもかかわらず、物権変動的登記請求権または債権的登記請求権に基づき、不動産屋Aに対して所有権登記を自己に移すように求めることができます。

(1) 登記ってなんだろう？

不動産における物権変動を考える際には、その対抗要件としての登記というものが非常に重要な意味をもちます。不動

《復習 Word》
条文上、第三者に対して物権の変動（所有権の移転など）を主張する（対抗する）ためには、登記が必要だと規定されています。この場合の登記が**対抗要件**となります。

11-1

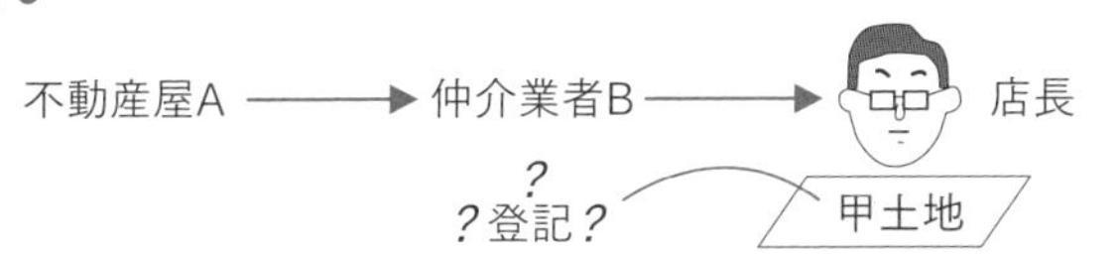

第177条　不動産に関する物権の変動の対抗要件
不動産に関する物権の得喪及び変更は、不動産登記法（平成16年法律第123号）その他の登記に関する法律の定めるところに従いその登記をしなければ、第三者に対抗することができない。

産の物権変動を公示する方法が**登記**です（177条）。

(2) 登記請求権ってなんだろう？

（1）登記をするには通常他人の協力が必要

登記権利者（登記をすることによって利益を受ける者、通常は買主）が、登記に協力しない登記義務者（登記をすることによって不利益を受ける者、通常は売主）に対して、登記申請に協力せよと請求する権利のことを**登記請求権**といいます。

（2）登記請求権にはどんな種類のものがあるの？

登記請求権は、物権的登記請求権、物権変動的登記請求権および債権的登記請求権の3つに分けられます。

物権的登記請求権は、所有権などの物権に基づいて登記をしろという登記請求権です。**Case 1**では、店長には甲土地の所有権があるので、所有権に基づく物権的請求権があります。なお、いまだ不動産屋A名義の登記がある場合、店長が、中間者の仲介業者Bを経由しないで直接店長に登記を移転（中間省略登記）するようAに請求することは、原則として認められません。なぜかというと、中間省略登記は、現実の物権変動の過程と一致せず、物権変動の過程を忠実に記録するという不動産登記法の趣旨に背くからです。

これに対して、**Case 1**の仲介業者Bのように所有権を失ってしまった者には、物権的登記請求権がありませんが、一定の登記請求権がある場合があります。それが、**物権変動的登記請求権**です。AからBに所有権が移転するという物権変動があったにもかかわらず、その所有権移転登記がなされていない場合に、実体と登記をできるだけ一致させるべきだという要請から、この物権変動的登記請求権が認められているのです。

さらに、売買契約などの債権的な契約に基づいて、登記請求権が発生する場合があります。これを、**債権的登記請求権**とよびます。**Case 1**では、AとBの売買契約、Bと店長の売買契約があるので、買主Bは売主Aに、買主店長は売主Bにそれぞれ登記を移すように請求できます。

2 不動産物権変動における対抗要件はなんだろう？

Case 2 不動産屋Aは所有する甲土地を、仲介業者Bに売却しました。その後、Aは、Bに登記を移転しないまま、店長に対しても甲土地を売却して、店長に登記を移転しました。
Bは、先に自分が買い受けたのだから、店長に対して、甲土地の所有権を主張できると考えています。はたしてこの主張は認められるでしょうか？

Answer 2 登記をしていない仲介業者Bは、先に甲土地を購入したにもかかわらず、店長に対して、甲土地の所有権を主張できません。

(1) 登記を対抗要件とする権利には何があるの？

登記を対抗要件とする物権は、所有権、地上権、地役権、先取特権、質権、抵当権です。占有権と留置権は、その性質上登記をする必要がなく、登記することもできません。

なお、物権ではありませんが、不動産賃借権（605条）、買戻権（581条1項）も、登記を対抗要件とする権利です。

(2) 不動産物権変動における対抗にはどんな意味があるの？

対抗要件における対抗とはどういう意味でしょうか。

176条[2]は、物権は当事者の意思表示のみで移転すると定めています（意思主義）。しかし、そのような物権の移転を、**第三者に対して主張していくためには登記が必要**であるとされています（177条）。このように、自分の所有権などの物権を第三

> 2 **第176条 物権の設定及び移転**
> 物権の設定及び移転は、当事者の意思表示のみによって、その効力を生ずる。

者に対して主張することが対抗の意味であり、そのために必要な登記が対抗要件としての登記です。ここでの第三者の意味については、次の(3)で詳しく学習します。

結果として、**Case 2** のような二重譲渡の場合、第１譲受人（**Case 2** では仲介業者B）は、いったん所有権を取得しているにもかかわらず、登記を先に備えた第２譲受人（**Case 2** では店長）に敗れることになります。ここで、注意しておかなければいけないのは、Bが所有権を主張できない理由は、店長に登記があるからではなく、Bに登記がないからです。つまり、たとえ店長に登記がなくても、Bは自分の名義の登記がないかぎり、甲土地の所有権を店長に主張できません。

この二重譲渡に関する考え方として、**不完全物権変動説**という考え方があります。その意味は、登記がなくても当事者間、第三者との関係でも物権変動はいちおう生じるけれども、それは排他性のない不完全な物権が移転するだけと考えるものです。そのため、そのような物権変動があった後でも、譲渡人のもとには、不完全な物権が残っているのですから、その残っている物権に基づいて、更に譲渡することも可能となるわけです。

二重譲渡のような場面においては、下の左側の図のように物権というものを固定したかたちでイメージすると、かえってわかりにくくなってしまいます。右側の図のように、やわらかいゴムの固まりのようなものをイメージするとわかりや

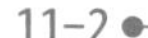

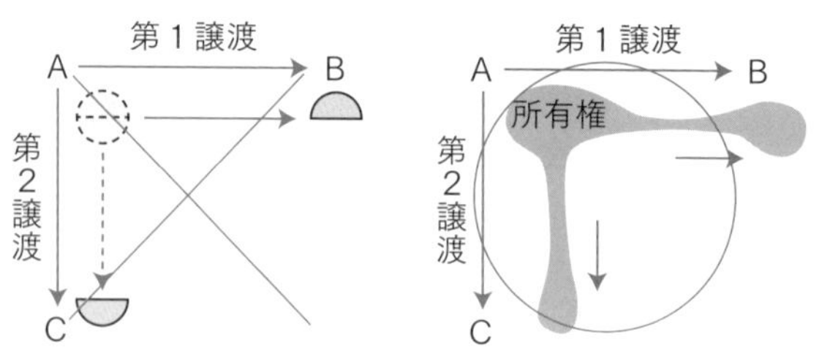

すいでしょう。

(3) 登記をしなければ対抗できない第三者ってだれのこと？

177条の「第三者」の意義について、判例は、**不動産物権変動の当事者かその包括承継人以外の者であって、不動産に関する物権変動についての登記の欠缺**（不存在）**を主張する正当な利益をもつ者**をいうとして、「第三者」の範囲に一定の制限をかけています（制限説）。その根拠は、不法行為者のように保護に値しない者に対しても、登記がなければ対抗することができないとすれば、真の権利者には酷であり、適切ではないことにあります。

制限説による場合、「第三者」にあたらない者の例としては、①無権利の名義人、②不法占拠者・不法行為者、③前主・後主の関係にある者（たとえば、不動産屋→仲介業→店長と所有者が移転したときの不動産屋と店長の関係）、④背信的悪意者があげられます。これらの者は、真の権利者が登記をもっていないことを考慮しても、保護に値するとはいえません。そのため、登記の欠缺（不存在）を主張する正当な利益をもっていないといえるので「第三者」にあたらないとされています。

④に関連して、単なる悪意者は177条の「第三者」にあたることに注意が必要です。

(4) さまざまな物権変動を理解しよう

Case 3 不動産屋Aは、所有する甲土地を仲介業者Bに売却し、登記をBに移転しました。その後、Aは、詐欺を理由にこの売買契約を取り消しました。しかし、Bは店長に対して甲土地を売却して、店長に登記を移転しました。
Aは、店長に対して、甲土地の所有権を主張できるでしょうか？

3 民法177条の「第三者」の意義
試験対策講座・物権法33頁、47頁

4 **包括承継**とは、被相続人にだけに認められる権利を除き、すべての財産法上の法律関係および法的地位を受け継ぐことをいいます。

5 制限説に対して、文言上「第三者」に限定がないことを理由として、「第三者」とは、当事者またはその包括承継人以外の者すべてであるとの考え方（無制限説）もあります。

6 **無権利の名義人**とは、所有権がないのに登記名義だけは有している者のことをいいます。

《復習 Word》
不法占拠とは、法的な権利や根拠なく、土地を占拠することをいいます。
不法行為とは、他人から損害を加えられた場合に、被害者が、その受けた損害の賠償を加害者に対して請求する債権が発生する制度をいいます。

7 **背信的悪意者**については、ここでは悪意者に信義則違反が加わったもの、と考えておけば十分です。
たとえば、土地がほしいのではなく、嫌がらせ目的で土地を買った場合、背信的悪意者にあたります。

Answer 3 不動産屋Aと店長は対抗関係に立つので、登記のないAは店長に対して、甲土地の所有権を主張できません。

（1）取消しによる物権変動

取消後の第三者（**Case 3**では店長）は、もともとの所有者（**Case 3**では不動産屋A）と対抗関係に立ちます。なぜかというと、相手方（**Case 3**では仲介業者B）を中心としてあたかも二重譲渡があったかのように構成することができるからです。

詐欺取消後の第三者であれ、制限行為能力のないこと（欠如）を理由とする取消後の第三者であれ、あるいは強迫取消後の第三者であれ、**取消後の第三者**は、すべて177条が適用されます。

これに対して、**取消前の第三者**は、制限行為能力取消しと強迫取消しについては保護されませんが、詐欺取消しにおいては96条3項で善意なら保護されることになります。

取消しと第三者の保護

	取消前の第三者	取消後の第三者
制限行為能力取消し	保護されず	177条
詐欺取消し	96条3項	177条
強迫取消し	保護されず	177条

解除については、第20章 契約総論で詳しく学習します。

（2）解除による物権変動

解除前の第三者は、545条1項ただし書⑧によって保護され

8 ます。ただし、解除する側には責任（帰責性）がないことが通常であることから、解除する側の保護とのバランスをとる必要があります。判例⑨によると、解除前の第三者は、対抗要件としての登記がないと保護されないと考えられています。

解除後の第三者は、取消後の第三者と同様、元所有者と対抗関係に立つと考えられています。

> **第545条　解除の効果**
> 1　当事者の一方がその解除権を行使したときは、各当事者は、その相手方を原状に復させる義務を負う。ただし、第三者の権利を害することはできない。

9 試験対策講座・物権法34頁

（3）取得時効による物権変動

Case 4 仲介業者B所有の土地を不動産屋Aが善意・無過失で占有し時効期間が満了した場合、時効完成前にBがその土地の登記名義を店長に移転したとき、または時効完成後に客Dに移転したとき、Aが時効取得したことを、B、店長、Dに対して主張するためには登記が必要でしょうか？

Answer 4 ①時効取得した不動産屋Aと時効取得された元所有者仲介業Bは物権変動の当事者と類似の関係になるので、Aは、Bに対して登記がなくても時効取得を主張できます（判例）[10]。

②時効完成前に元所有者Bから不動産を譲り受けた（物権を取得した）店長は時効取得者Aとは当事者と類似の関係（Case 4では、AとBが当事者です。譲渡人Bと時効完成前の譲受人の店長はAから見て同様の立場といえるという意味です）になるので、Aは、店長に対して登記がなくても時効取得を主張できます（判例）[11]。

③時効完成後に元所有者Bから不動産を譲り受けた（物権を取得した）客Dは時効取得者Aとは対抗関係になるので、Aは、Dに対して登記がないと時効取得を主張できません（判例）[12]。

時効による所有権の取得を第三者に対抗するためには、登記が必要かどうかという問題があります。この問題を考える際には、まず **Answer 4** の①②③の判例と、次の④⑤の判例の計5つの考え方をしっかりと頭に入れておく必要があります。

時効の起算点を動かせるとすると、②③による時効完成の前後の区別の意味がなくなってしまいます。そのため、④時効の起算点は動かすことはできません（判例）[13]。

そしてまた、時効完成後の譲受人との関係で、その者が所有権を取得してしまった場合でも、更に時効取得者が占有を

≪復習 Word≫
善意無過失とは、不注意もなく、知らなかったことを意味します。

11-3

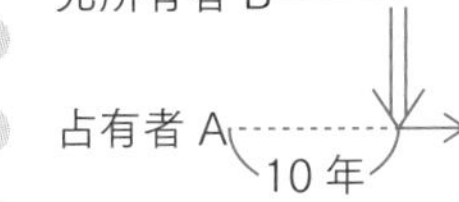

10 試験対策講座・物権法35頁

11-4

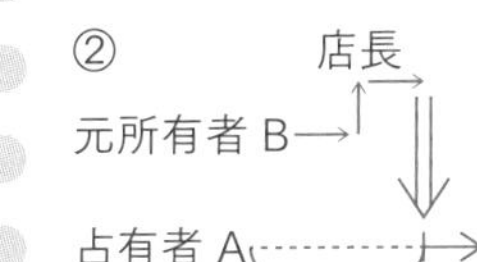

11 試験対策講座・物権法35頁

11-5

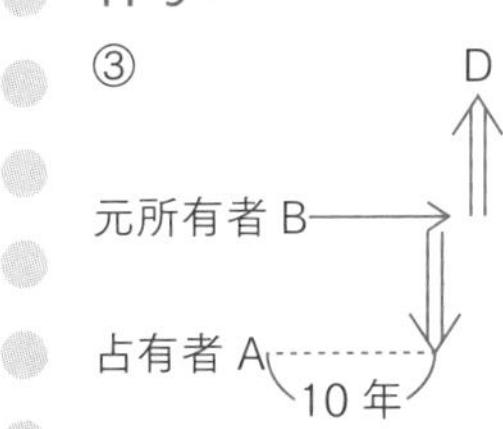

12 試験対策講座・物権法36頁

13 試験対策講座・物権法36頁

続けて時効期間を経過した場合には、今度はその第三者との関係において当事者と類似の関係になります。そのため、⑤不動産屋Aの時効完成後に客Dが登記を備えたため、Aが時効取得を対抗できなくなった後、更にAが時効取得に必要な期間（10年）占有を継続した場合には、新たに時効が完成し、Aは客Dに対して登記がなくても時効取得を対抗できます

試験対策講座・物権法36頁

14 （判例）。⑭

11-6

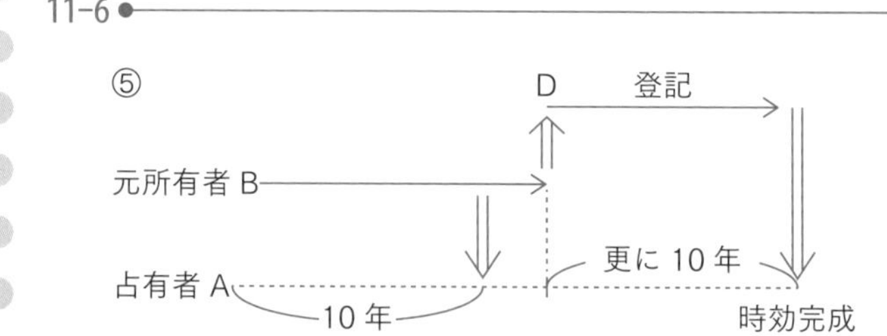

（4）相続による物権変動

（a）売主を相続した者には登記がなくても対抗できる

被相続人からの譲受人は、相続人に対しては登記がなくてもその物権変動を対抗することができます。具体的に言い換えると、被相続人と相続人との間は包括承継であるため同一人とみなし、譲受人との関係は当事者の関係となるから、対抗関係ではないと考えるのです。

（b）ひとりで抜け駆けはできない―共同相続の事例―

相続人が複数いる場合の相続を**共同相続**といいます。共同相続の場面においては、被相続人が死亡した場合、その相続財産は相続人の「**共有**」（898条）になります。共有とは、共同所有のことですが、たとえば父親が死亡して子ども2人だけが相続した場合に、彼らはそれぞれ2分の1の持分をもって父親が所有していた不動産などを共同相続することになります。

共有については、第12章物権変動③で詳しく学習します。

共同相続人の1人が勝手に単独名義の登記をして、第三者

に譲り渡した場合、自分の持分以外の部分の譲渡は、なんの権利もないので無効です。そのため、他の共同相続人は、登記がなくてもその持分を譲受人に対して対抗することができます（判例[15]）。

15 試験対策講座・物権法41頁

（c）相続を放棄したら完全に権利を失う―相続放棄の事例―

共同相続人の1人が相続をしなかった（相続放棄）が、他の相続人が登記をしないでいるうちに、放棄した相続人の債権者がその相続人の相続持分を差し押さえてきた場合でも、他の相続人は相続放棄による持分取得を登記がなくても対抗できます（判例[16]）。なぜかというと、相続放棄の効力（相続放棄をした者ははじめから相続人とならなかったこととなる）は絶対的なものであるからです。

相続の放棄については、第28章 相続①で詳しく学習します。

16 試験対策講座・物権法42頁

（d）遺産分割も物権変動の一種―遺産分割の事例―

Case 5

①不動産屋Aと仲介業者Bが甲土地を共同で相続しました。Bが単独で甲土地を相続するとの遺産分割を行った登記をBに移す前に、Aが自己の法定相続分[17]を店長に売却しました。店長に甲土地の登記がある場合、Bは店長に甲土地全部の所有権を主張できるでしょうか？

②不動産屋Aが自己の法定相続分を店長に売却した後で、仲介業者Bが単独で相続するとの遺産分割があった場合はどうでしょうか？

17 法定相続分とは、法律が決めた方法によって分けられた財産等をいいます。

遺産分割とは、亡くなった人の財産等を分けることですが、第28章 相続①で詳しく学習します。

Answer 5

①仲介業者Bは店長に対して甲土地のうち、店長に売却された部分（不動産屋Aの法定相続分）については、所有権を主張できません。

②仲介業者Bは店長に対して甲土地のうち、店長に売却された部分（不動産屋Aの法定相続分）については、所有権を主張できません。

《復習 Word》
遡及効とは、ある時点にさかのぼって効力が発生することをいいます。

遺産分割には遡及効があるので（909条本文[18]）、不動産屋Aは当初から甲土地全部について無権利者となり、店長への売却は無効となるとも思えます。しかし、909条ただし書は、解除

18 **第909条　遺産の分割の効力**
遺産の分割は、相続開始の時にさかのぼってその効力を生ずる。ただし、第三者の権利を害することはできない。

についての545条1項ただし書同様、遡及効によって損害を受ける第三者を保護しています。そのため、第三者とは**遺産分割前の第三者**（**Case 5** ②の店長）と考えられ、保護されるためには登記が必要と考えられています。**Case 5** では店長は登記をしているので保護されます。結果として、仲介業者Bは店長に所有権を主張できません。

遺産分割後の第三者（**Case 5** ①の店長）と遺産分割による取得者（**Case 5** の仲介業者B）は、二重譲渡の買主同士と同様、**対抗関係**に立ちます（899条の2第1項）。そのため、Bは店長に対して、登記がないと所有権を主張できません。

3 契約による動産物権変動について理解しよう

(1) 対抗要件としての「引渡し」ってなんだろう？

第178条 動産に関する物権の譲渡の対抗要件
動産に関する物権の譲渡は、その動産の引渡しがなければ、第三者に対抗することができない。

19 動産物権変動の対抗要件は「引渡し」です（178条）[19]。

「引渡し」とは、当事者の一方から他の一方に対し物の実力支配を移転させることをいい、その方法・形式は、動産・不動産そのほか各場合によって異なります。たとえば、動産では、物理的に手渡すことなどをいい、不動産では、家の鍵を渡したり、権利証を渡したりするなどによることになります。

動産は、不動産と異なり公示制度をとることが技術的に不可能であるし、取引がややこしくなってしまうため、引渡しを対抗要件としました。この場合の引渡しは、現実の引渡し、

第182条 現実の引渡し及び簡易の引渡し
1 占有権の譲渡は、占有物の引渡しによってする。
2 譲受人又はその代理人が現に占有物を所持する場合には、占有権の譲渡は、当事者の意思表示のみによってすることができる。

20 簡易の引渡し、占有改定、指図による占有移転の4つです。

なお、**引渡しを対抗要件とする物権は所有権だけ**です。

では、この4つを順にみていきましょう。

(2) 現実の引渡しってなんだろう？

現実の引渡し（182条1項）[20]とは、まさに物理的に目的物の支配を移転することです。たとえば、店長があるものを太郎

に売った場合に、その物を直接渡すことをいいます。

11-7

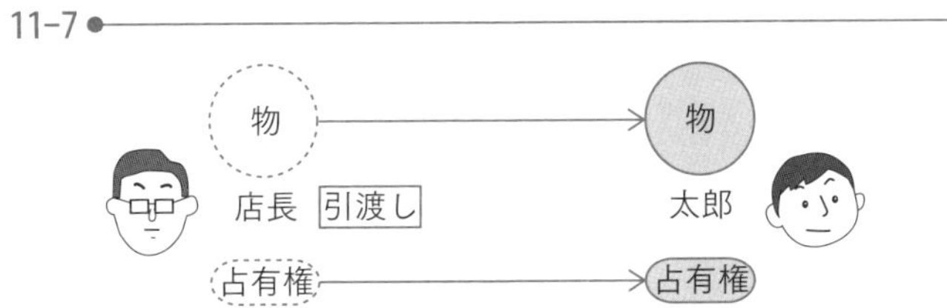

(3) 簡易の引渡しってなんだろう？

簡易の引渡し（182条2項）とは、すでに相手方が物理的に支配している物を、こちら側が相手に渡したことにするというものです。たとえば、店長が太郎に賃貸してあるものを太郎に売り渡す場合などがあります。

この趣旨は、譲渡人がいったん目的物を取り戻して、改めて現実の引渡しをするという無用の手間を省くことにあります。

11-8

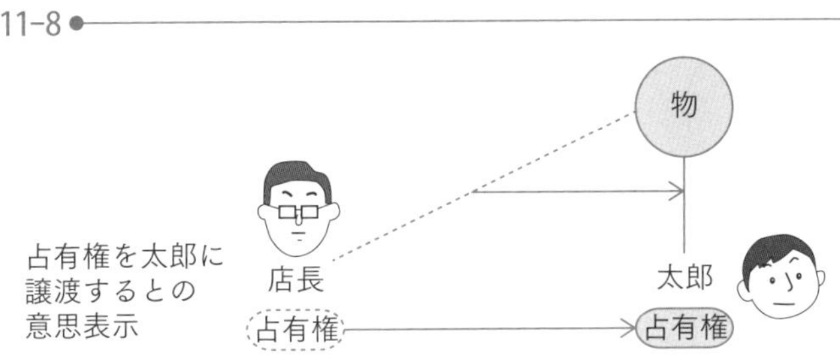

(4) 占有改定ってなんだろう？

占有改定（183条）[21]とは、物理的にはこちら側に物がある状態のままで、相手方に渡したことにするというものです。たとえば、店長が太郎に自分のものを譲渡し、同時にそれを太郎から借りて占有し続ける場合などがあります。

この趣旨は、いったん現実の引渡しをして、またこれを引き取るという無用の手間を省くことにあります。

なお、条文上の「代理人」とは、占有改定後に直接占有者

21 **第183条　占有改定**
代理人が自己の占有物を以後本人のために占有する意思を表示したときは、本人は、これによって占有権を取得する。

となるべき譲渡人をさします（たとえば、図 11-9 の店長）。ここでの「本人」とは、占有改定後に譲渡人を直接占有者として占有を取得する譲受人（間接占有者）をさします（図 11-9 の太郎）。簡易の引渡しと異なるのは、占有移転を受ける側の人（本人である太郎）に現実の支配が一度も移転しない点です。

11-9

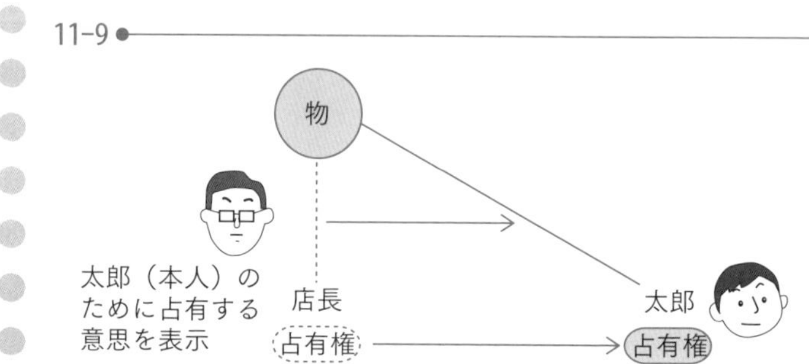

(5) 指図による占有移転ってなんだろう？

第 184 条　指図による占有移転
代理人によって占有をする場合において、本人がその代理人に対して以後第三者のためにその物を占有することを命じ、その第三者がこれを承諾したときは、その第三者は、占有権を取得する。

22 **指図による占有移転**（184 条）とは、目的物を他人（条文上は本人・店長の「代理人」）である花子が保持している場合に、店長（「本人」）が花子に対し、以後その物を太郎（「第三者」）のために占有せよと命じ、太郎がこれを承諾することによって、店長から太郎へ占有が移転するというものです。たとえば、倉庫業者のもとに物が置かれたまま、相手方に占有を移転する場合がこれにあたります。

11-10

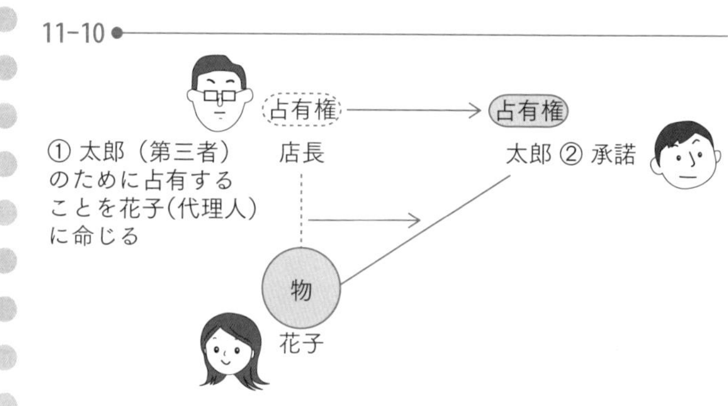

4 公信の原則ってなんだろう？

Case 6 店長は、宝石店Bから預かっていたB所有のダイヤモンドを、自己の物と偽って太郎に売り、現実の引渡しを行いました。太郎は過失なくダイヤモンドが店長のものであると信じていました。
①この場合、Bは店長に対して、そのダイヤモンドを引き渡すように請求できるでしょうか？
②また、店長と太郎の間の引渡しが占有改定であった場合はどうでしょうか？

Answer 6 ①太郎がダイヤモンドの所有権を取得し、Bは所有権を失うので、店長に対してダイヤモンドを引き渡すよう請求はできません。
②太郎はダイヤモンドの所有権を取得できません。そのため、いまだダイヤモンドの所有権はBにあり、Bは店長に対してダイヤモンドを引き渡すよう請求できます。

(1) 公信の原則について理解しよう

公信の原則とは、一見すると権利があるように見えるため、それを信じて取引した者は、譲渡人が権利をもっているかいないかには関係なく権利を取得するという原則をいうとお話ししました。**Case 6**でいえば、何の権利ももっていない店長から物を購入した太郎であっても、店長が所有者であるかのような外観がある場合、太郎は物の所有権を取得できるということです。民法は、動産にのみ公信の原則を認め、**即時取得**（192条）[23]の制度をおいています。詳しくみていきます。

23 **第192条 即時取得**
取引行為によって、平穏に、かつ、公然と動産の占有を始めた者は、善意であり、かつ、過失がないときは、即時にその動産について行使する権利を取得する。

(2) 即時取得の要件は何かな？

即時取得が成立するためには、いくつかの要件をみたす必要があります。それぞれの要件をみてみましょう。

（1）即時取得の対象は動産だけ

　対象は、動産にかぎられます。動産であっても、登記・登録が対抗要件とされているもの（船舶、自動車、航空機など）は対象となりません。

（2）有効な取引による取得であること

　取引による取得であることが必要なので、相続による取得や、伐採による木の取得には、即時取得による保護はありません。

（3）相手方に処分権限がないこと

　これは、無権利者からの譲受人を保護する制度ということから、いわば当然なものです。

（4）平穏・公然・善意・無過失

> **第186条 占有の態様等に関する推定**
> 1　占有者は、所有の意思をもって、善意で、平穏に、かつ、公然と占有をするものと推定する。

24　平穏・公然・善意は186条1項㉔によって推定されます。無過失は188条によって推定されます（判例）㉕。つまり、188条により前主が権利者と推定される結果、それを信じた者は無過失と推定されるわけです。

（5）占有を始めたこと

試験対策講座・物権法65頁

25　「占有を始めた」ことのなかに、占有改定が含まれるかどうかという点が大きな争いになっています。判例㉖は、占有改定

試験対策講座・物権法66頁

26　では「占有を始めた」とはいえないとしています。そのため、**Case 6**②では、太郎はダイヤモンドの所有権を取得できません。その理由として、占有者の占有状態に変化がない占有改定で即時取得の成立を肯定するのは、あまりにも真の権利者（**Case 6**では宝石店B）の権利を侵すことをあげています。

プラスα文献

試験対策講座・物権法 2章3節〜5節、7節1・2
判例シリーズ 23事件
条文シリーズ 2編■序、177条、178条、182条〜184条、186条、188条、192条
ステップアップ No. 10、No. 13

第11章 Exercise

	問題	解答
1	AがBに土地を売却したが、更にAは、Bへの売却の事実を知っているCにも当該土地を売却した。Cは民法第177条の第三者にあたるので、BがCに土地所有権を主張するには登記が必要である。（国ⅡH18年）	○ 2【3】
2	AがBに土地を売却したが、Aは未成年者であったことを理由に契約を取り消した。その後、BがCに当該土地を売却した場合、Cは民法第177条の第三者にあたるので、AがCに土地所有権を主張するには登記が必要である。（国ⅡH18年）	○ 2【4】(1)
3	AがBに土地を売却したが、Bの債務不履行を理由にAは契約を解除した。その後、BがCに当該土地を売却した場合、Cは民法第545条第1項によって保護されるので、CがAに土地所有権を主張するには登記は不要である。（国ⅡH18年）	× 2【4】(2)
4	Aの土地について、Bが自己に所有権がないことを知りながら20年間占有を続けた。その間の14年が経過した時点でAはCに当該土地を売却していた。Cは民法第177条の第三者にあたるので、BがCに当該土地の時効取得を主張するには登記が必要である。（国ⅡH18年）	× 2【4】(3)
5	Aの土地をBとCが相続したが、Bは土地の登記を自己の単独名義にしてDに当該土地を売却した。Dは民法第177条の第三者にあたるので、CがDに自己の持分権を主張するには登記が必要である。（国ⅡH18年）	× 2【4】(4)(b)
6	即時取得は取引行為による場合にかぎるので、他人の山林を自己の物と過失なく信じてその樹木を伐採しても即時取得の適用はない。（国ⅡH17年）	○ 4【2】(2)
7	本来処分権限のない売主から動産を買った者が即時取得によってその動産の所有権を取得するためには、売主が無権利者ではないと誤信し（善意）、かつ、そう誤信するについて過失のないこと（無過失）を要するが、善意、無過失ともに推定を受ける。（裁事H16年）	○ 4【2】(4)
8	即時取得が認められるためには動産の占有が必要であるが、最高裁判所は、占有とは動産の現実の引渡しのことをいい、占有には占有改定や指図による占有移転は含まれないと判示した。（都庁H20年）	× 4【2】(5)

第12章

物権変動③——持っていても安心できない

1 占有権ってなんだろう？

Case 1 コンビニ店長が太郎の家に遊びに来たので、2人でゲームをしていましたが、太郎に急用ができたため、店長を残して外出したところ、店長は、太郎の家から、太郎のゲーム機を持ち出し、自宅でそのゲーム機を使用して遊んでいます。太郎は、自分が所有者であり、店長は単なる利用者であるから、占有する権利も自分に認められると主張しています。
太郎にゲーム機を占有する権利は認められるでしょうか？

Answer 1 太郎にゲーム機を占有する権利は認められません。

(1) 占有について理解しよう

占有とは、自分が利益を受ける意思で物を現実的に支配している事実状態をいいます。民法は、①自己のためにする意思（占有意思）で、②物を事実として所持している場合に、このような占有を**占有権**として保護しているのです（180条）。

> **第180条　占有権の取得**
> 占有権は、自己のためにする意思をもって物を所持することによって取得する。

Case 1 では、店長は、太郎の家からゲーム機を持ち出し、自分の支配下においているので、占有意思があるといえます。また、店長はゲーム機を自宅で使用しているので、ゲーム機を所持しているといえます。その一方で、太郎は家からゲーム機を持ち去られているため、それを事実として所持しているとはいえません。そのため、ゲーム機の占有は太郎ではなく店長に認められることになります。

占有権は、占有者が自分で物を直接に支配する**自己占有**により取得することができます。また、本人が他人（占有代理人）の占有を介して物を直接支配する**代理占有**によっても取得することができます。たとえば、アパートの貸主が借主の占有を介してアパートを間接的に支配することによって占有権を取得するような場合をいいます。

(2) 占有に関する特別の規定を理解しよう

（1）占有の態様は推定される

占有者は、**所有の意思**をもって**善意で**、暴行や脅迫などによることなく**平穏に**、かつ、隠したりすることなく**公然と**占有をしていると推定されます（186条1項）②。これは、占有しているという事実自体を重視することから認められた推定規定③です。

たとえば、**Case 1**では、店長はゲーム機を占有していますので、店長がゲーム機を所有の意思をもって善意で、平穏かつ、公然と占有をしていると推定されます。

（2）占有の継続は推定される

占有の**開始した時点**と、**現在の占有の時点**の両時点において占有の事実を証明することで、**占有はその間継続**したものと推定されます（186条2項）。これは、この両時点での占有の事実が証明された場合、占有が継続していることが経験則上認められるため、設けられた強行規定です。

たとえば、**Case 1**の場合、店長がゲーム機を持ち出した時点の占有（開始した時点）と現在の占有の両方を証明することで、持ち出した時点から、現在までの占有の継続が推定されます。

(3) 占有権にはどんな効力があるの？

（1）占有していれば適法な権利者と推定される

占有者が占有物について行使する権利は、適法なものと推定されます（188条）④。そのため、占有者から占有物を取得した

2 **第186条　占有の態様等に関する推定**
1　占有者は、所有の意思をもって、善意で、平穏に、かつ、公然と占有をするものと推定する。
2　前後の両時点において占有をした証拠があるときは、占有は、その間継続したものと推定する。

3 推定規定は、民法のさまざまな分野にみられます。たとえば、民法250条に「各共有者の持分は、相等しいものと推定する」とあります。これは、反証がないかぎり共有者の持分は共有者間で変わらないということです。

4 **第188条　占有物について行使する権利の適法の推定**
占有者が占有物について行使する権利は、適法に有するものと推定する。

者は、前の占有者が所有者であると信じたことに過失がな
かったと推定されます。
5 ただし、この場合の推定というのは、動産についてだけ妥
当します。なぜなら、不動産に関する物権の存在や物権変動
には登記がなされるため、不動産に関しては、登記の推定力⑤
を占有の推定力よりも優先させるべきだからです。

（2）占有訴権ってなんだろう？

6 占有権の侵害がある場合に、その侵害の排除を請求できる
権利のことを**占有訴権**といいます。占有権者は、占有権が奪
われたり、妨害されたりした場合、本権⑥がなくても訴えによっ
て元の状態に戻すように請求することができます。
占有訴権には、第10章**2**【**2**】（2）で学習した①物権的妨
7 害排除請求に対応する占有保持の訴え（198条）、②物権的妨
害予防請求に対応する占有保全の訴え（199条）、③物権的返
還請求に対応する占有回収の訴え（200条）⑦の3種類がありま
す。
占有回収の訴えでは、占有を奪われた場合に、その物の返
還および損害賠償を請求することができます。ですから、占
有回収の訴えを提起するには、**占有者の意思に反して所持が**
奪われることが必要となります。たとえば、盗まれたような
場合や土地を不法占拠された場合が、これにあたります。こ
れに対し、だまし取られたり、誤って落としてしまったこと
が原因で占有を失ったとき（遺失）⑧には、これにあたりません。
また、占有回収の訴えは、**占有を奪われたときから1年を**
8 **経過したら、提起することができなくなります**（201条3項）。
さらに、**善意の特定承継人**⑨に対して占有回収の訴えを提起で
きません（200条2項）。たとえば、太郎の物を店長が奪い、こ
れを客Aに売却した場合に、客Aが盗まれた物であると知
9 らないときは、太郎は客Aに対して占有回収の訴えを提起で
きません。

登記がある場合に、実体上の権利関係または事実などが登記のとおりであるといちおう取り扱われる効力のことを**登記の推定力**といいます。

本権とは、占有することを法律上正当とするための権利のことをいいます。たとえば、所有権、地上権、質権などが本権にあたります。

第200条　占有回収の訴え
1　占有者がその占有を奪われたときは、占有回収の訴えにより、その物の返還及び損害の賠償を請求することができる。
2　占有回収の訴えは、占有を侵奪した者の特定承継人に対して提起することができない。ただし、その承継人が侵奪の事実を知っていたときは、この限りでない。

≪復習 Word≫
不法占拠とは、法的な権利や根拠なく、土地を占拠することをいいます。

遺失とは、動産の法律上の占有者が、自分の意思によらずにその所持を失うことをいいます。

特定承継人とは、他人の権利義務を個別的に取得する者のことをいいます。

2 所有権ってなんだろう？

Case 2 店長の甲土地と隣り合ってA男の乙土地があります。甲土地は公道に面していますが、乙土地は公道に面していません。
店長とA男は仲が悪く、店長はA男が甲土地を通ることを拒んでいます。この場合、A男は、公道に出るために店長の土地を通ることができるのでしょうか。

Answer 2 A男は、店長の土地を通ることができます。

(1) 所有権をもっていると何ができるの？

所有権（206条）[10]とは、物を自由に**使用・収益**したり、また**処分**したりすることができる権利です。たとえば、アパートの所有権者は、アパートに住むことはもちろん、その一室を賃貸することもできますし、ほかの人に譲渡することもできます。

ただし、所有権は物を全面的に支配する強い権利ですが、まったく制限を受けないというわけではありません。次から所有権が制限を受ける場面をみていきましょう。

10 **第206条 所有権の内容**
所有者は、法令の制限内において、自由にその所有物の使用、収益及び処分をする権利を有する。

(2) 相隣関係ってご近所付き合いとは違うの？

（1）相隣関係ってなんだろう？

相隣関係とは、隣接する土地所有者相互の関係を調整するためのルールをいいます。**Case 2**のように、店長とA男の土地が隣接している場合に、その所有者間で土地の利用や費用の負担について調整する決まりを相隣関係（規定）というのです。

Case 2の場合、A男の乙土地は他の土地に囲まれていて、店長の甲土地を通らなければ、公道に出ることができません（図12-1参照）。A男の乙土地のようなものを**袋地**といいます。

民法の相隣規定によると、店長はA男に対して、自分が所有
11 する土地の通行を認めなくてはなりません（210条1項）。そうすることによって、A男は公道に出るために店長の土地を通ることができます。

このように、所有権は、互いに土地の境界が接している場合に制限を受けることがあります。

第210条　公道に至るための他の土地の通行権
1　他の土地に囲まれて公道に通じない土地の所有者は、公道に至るため、その土地を囲んでいる他の土地を通行することができる。

12-1

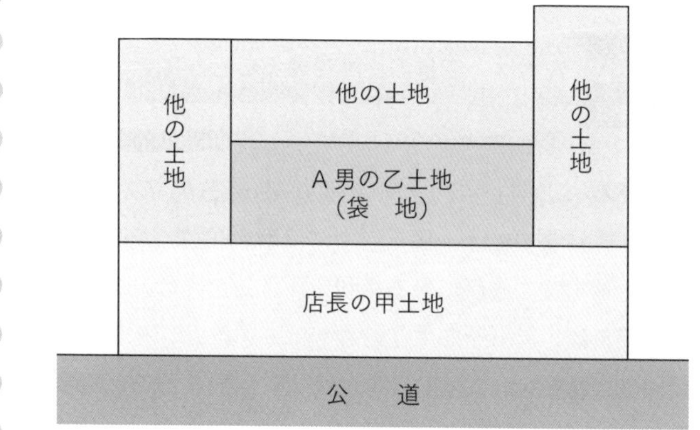

（2）相隣関係に関するルールを理解しよう

相隣関係には、（1）であげた規定のほかに、次のような規定があります。

（a）隣地の使用請求権

土地の所有者は、隣接する境界の付近において障壁や建物を建築、修繕するために必要な範囲内で、**隣地の使用を請求することができます**（209条1項本文）。ただし、**隣人の承諾が**なければ、その住家に立ち入ることはできません（209条1項ただし書）。

（b）竹木の枝の切除等・境界線付近の建築の制限

隣地の竹木の枝が境界線を越えるときは、その竹木の所有者に、その枝を切除させることができます（233条1項）。また、隣地の竹木の根が境界線を越えるときは、その根を切り取る

ことができます（233条2項）。

また、建物を築造するには、境界線から50センチメートル以上の距離を保たなければなりません（234条1項）。この規定に違反して建築をしようとする者がいる場合には、隣地の所有者は、その建築を中止させ、または変更させることができます（234条2項）。

第12章

3 共有ってなんだろう？

Case 3 ＡＢＣＤＥの５人が資金を出しあって、１つの土地を購入しました。その際、その土地の権利は５人で等しい割合にすると決めました。その後、ＡＢＣが、ＤＥと話し合うことなく、土地の上に建物を建てる計画を立てました。ＡＢＣは、共有者の過半数を超える３人が建物の建築に賛成しているので、ＤＥの意見を聞く必要はないと主張しています。
この場合、ＡＢＣは、ＤＥに無断で、土地の上に建物を建てることはできるのでしょうか。

Answer 3 ＡＢＣは、ＤＥに無断で、土地の上に建物を建てることはできません。

(1) 動産・不動産の共有について理解しよう

共有とは、具体的な持分が観念できて、その持分の処分や分割請求が認められるものをいいます。つまり、複数の者が、1つの動産や不動産を分け合って所有することです。

Case 3では、複数の者が1つの土地を購入しているため、ＡＢＣＤＥがこの土地を分け合って所有することになります。そのため、**Case 3**のＡＢＣＤＥは土地を共有しているといえます。また、土地の権利を5人で等しくすると決めているので、各共有者はこの土地を5分の1ずつ所有しているといえます。この5分の1の権利を各人の**持分**といい、共有者は持

分に応じて土地を使用することができます。しかし、土地を
12 売ったり、建物を建てたりするような場合は、**共有物の変更**
にあたるため、共有者全員の同意が必要になります（251条）。

Case 3 の建物の建設は共有物の変更にあたり、共有者全員の同意が必要になります。そのため、過半数を超えるＡＢＣが賛成したとしても、残りの共有者であるＤＥに無断で土地上に建物を建設することはできません。

> **共有物の変更**とは、簡単にいえば共有物に物理的な変更を加えたり、その権利関係に重大な変更を加える場合をいいます。
> **Case 3** の場合、土地に建物が建つことになるので、物理的に大きな変更が生じるものといえるでしょう。

(2) 共同所有と単独所有では何が違うの？

第251条　共有物の変更
各共有者は、他の共有者の同意を得なければ、共有物に変更を加えることができない。

13 　共有関係にある場合、次のように、共有者の内部関係に関
する利益を調整するための規定、および、共有者と対外的な
者との間の利益を調整するための規定がおかれています。

（1）共有者内部の関係はどのようになるの？

共有者相互間での目的物の利用関係については、**共有物の使用、管理、変更**が重要となります。

　共有物の使用については、**単独**で行うことができます。各
共有者はその**持分に応じて**共有物の全部を使用することがで
14 きます（249条）。持分とは、各共有者が目的物に対してもって
いる**所有の割合**をいいます。

第249条　共有物の使用
各共有者は、共有物の全部について、その持分に応じた使用をすることができる。

　目的物を管理する場合には、原則として、持分の価格に従
い**その過半数で決します**（252条本文）。目的物の管理というの
15 は、共有物を使用したり、貸したりしてそこから収益をあげ
ることや、共有物を変更にあたらない程度に改良することを
いいます。たとえば、**賃貸借契約の解除**は、管理行為にあた
る賃貸行為の一部といえるため、これも**管理行為にあたりま
す**。そのため、共有者の持分の過半数の賛成で行うことがで
きます。

第252条　共有物の管理
共有物の管理に関する事項は、前条の場合を除き、各共有者の持分の価格に従い、その過半数で決する。ただし、保存行為は、各共有者がすることができる。

　ただし、建物の修理等の保存行為は、**共有物の現状を維持する行為**です。ほかの共有者の利益にもなり、緊急性が高くなることも多いという性質があります。そのため、**各自が単独で行うことができます**（252条ただし書）。

共有物を変更して利用する行為は、**各共有者全員の同意**がないかぎり、行うことができません。共有物の変更の具体例としては、物理的な変更である、共有山林の伐採や宅地の造成などをすること、法律的な変更である、売却やその解除・取消しなどをすることがあげられます。

（2）共有者とそれ以外の者との関係はどのようになるの？

共同所有も所有権の一形態ですから、共有者は、所有権を侵している無権利者に対して、妨害排除請求や返還請求をすることができます。共有者がこのような請求を単独でできるかについては、請求の内容により異なります。

まず、**仮装して対象となる不動産の登記簿上の所有名義者**となっている者に対して、その登記の抹消を求めることは、共有者の共有権の保存行為にあたります。そのため、この場合には、共有者は単独で請求することができると考えられます。

次に、第三者が**共有者の１人であるＡの同意を得て**共有物を占有利用している場合、他の共有者Ｂは、その全部の返還を請求することはできないと考えられています。なぜなら、このような請求を認めると、同意を与えたＡの土地利用権を不当に侵害することになるからです。この場合、Ｂは、自己の持分の範囲で、共有物の利用が制限されているといえます。そのため、ＢはＡに対して、**自己の持分の範囲内で損害賠償を請求すること**ができます。

4 地上権ってなんだろう？

(1) 地上権について理解しよう

地上権とは、工作物または竹木の所有を目的として、他人の土地を利用する物権のことをいいます（265条）[16]。たとえば、橋や建物などの工作物を所有するために、他人の土地を利用させてもらう権利をいいます。

16 **第265条　地上権の内容**
地上権者は、他人の土地において工作物又は竹木を所有するため、その土地を使用する権利を有する。

また、**区分地上権**とは、土地の空中だけ、または地下だけを利用させてもらうという地上権をいいます（269条の2）。たとえば、送電線のために空中を使わせてもらう空中地上権、地下鉄のために地下だけを利用させてもらう地下地上権などがあげられます。

12-2

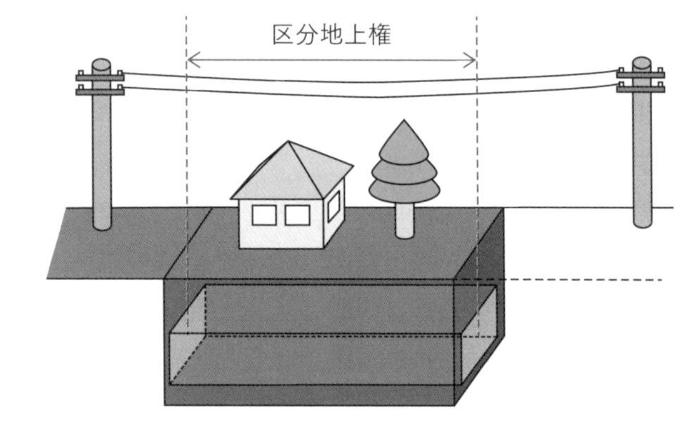

(2) 地上権は永久にもち続けることも可能

地上権者は、木を植えたり、橋や鉄塔などの工作物を所有したりするために、他の人の土地を利用できます。また、地上権自体を譲渡することもできます。

さらに、地上権の存続期間について法律上の決まりがないため、永久に地上権をもち続けることも可能です。

5 地役権ってなんだろう？

17 **(1) 地役権について理解しよう**

> **第280条 地役権の内容**
> 地役権者は、設定行為で定めた目的に従い、他人の土地を自己の土地の便益に供する権利を有する。（略）

地役権とは、ある土地の便益のために、他人の土地を利用する権利をいいます（280条）。

2 の所有権の説明で、相隣関係について触れました。**Case 2** では、公道に出るために他人の土地を通る権利が認められています。これと同じ内容の契約を土地所有者の間で行えば、地役権になります。これを**通行地役権**といいます。

地役権が設定されたとき、より便利に使いたい土地（自分の土地）を**要役地**、相手がそのために使うことを了承した土地を**承役地**といいます。

12-3

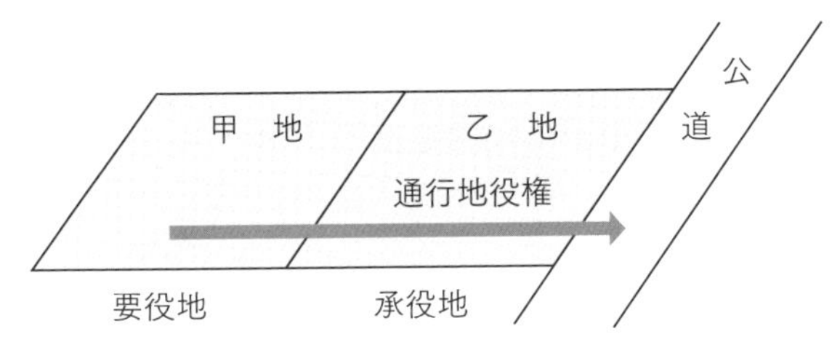

(2) 地役権の設定と存続期間はどうなっているの？

地役権は契約によって設定されるほか、時効によって取得されることもあります。それぞれの権利の存続期間は、原則として契約により定められます。設定可能な期間としては、地役権は地上権と同じく期間について定めがなく、**永久的な権利**も認められるとされています。

プラスα文献

試験対策講座・物権法 3章1節〜3節[1]・[2]、4章1節、4節[1]〜[4]、5章1節[1]・[3]、3節

条文シリーズ 2編2章■序、180条、186条、188条、197条〜201条、206条、209条、210条、233条、234条、249条〜252条、265条、269条の2、280条

ステップアップ No. 12 概説

第12章 Exercise

1	Aが動産をBに賃貸した場合、Bがその動産の占有権を取得するが、Aはその動産の占有権を失わない。（裁事H22年）	○ 1【1】
2	Xは、A所有の時計を賃借して占有していたが、Bにだまされて Bに交付した。この場合、Aは、Bに対し、占有回収の訴えにより時計の返還を求めることができる。（裁事H17年）	× 1【3】(2)
3	占有回収の訴えは、占有侵奪者の悪意の特定承継人に対しても提起できるので、Aが、甲から盗んだ物を、盗品であることにつき善意のBに売却し、更に、Bが、盗品であることにつき悪意のCにこれを転売した場合、甲はCに対して占有回収の訴えを提起できる。（裁事H19年）	× 1【3】(2)
4	不動産の共有者の1人が、その持分に基づき、仮装して当該不動産の登記簿上の所有名義者となっている者に対してその登記の抹消を求めることは、妨害排除の請求に該当し、いわゆる保存行為にあたるから、当該共有者は単独で当該不動産に対する所有権移転登記の全部抹消を請求することができる。（国ⅡH18年）	○ 3【2】(2)
5	共有物である土地を不法に占有する者に対して、各共有者は、単独で、各自の共有持分の割合に応じた額を限度として損害賠償を請求することができる。（国ⅡH20年）	○ 3【2】(2)
6	地上権の存続期間は、20年以下であり、契約でこれより長い期間を定めたときであっても、その期間は、20年とする。（特別区H21年）	× 4【2】
7	公道に面していない甲地の所有者が、公道に面している乙地の所有者との間で公道に通じる通路を設定するという民法上の地役権（通行地役権）が設定された場合、乙地は、甲地の利用価値を増進するために物権的な役務を負担することから、要役地とよばれる。（都庁H15年）	× 5【1】

第13章

物的担保①——あんな物もこんな物も担保になる

1 担保ってなんだろう？

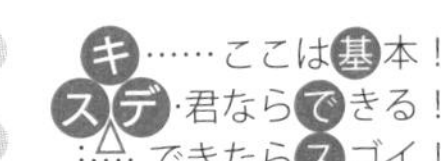

(1) 担保について理解しよう

担保とは、債務不履行に備えて債権者に差し出され、債務の弁済を確保する手段となるものをいいます。お金を借りる場面などでは、普通担保を差し出すことが要求されます。たとえば、土地や車などといった一定の価値を見込めるものを担保とします。

もし債務者がお金を返せない場合には、担保は処分されてお金に換えられ、債権者は換えたお金から債権を回収することができますし、保証人がいる場合には、債権者は保証人に対して「債務者の代わりにお金を返してくれ」と請求することができます。こうして担保があることにより、債務者の側は担保を取られないように、あるいは保証人に迷惑をかけないように一生懸命返済をしようとしますし、債権者は、いざというときには担保をお金に換えることができるので、安心してお金を貸すことができるわけです。

《復習 Word》
債務不履行とは、債務者が、正当な理由がないのに債務の本旨（約束）に従った債務の履行をしないことをいいます。
第 15 章 債権の効力で詳しく学習します。

1 **保証人**とは、債務者が自己の債務を履行しない場合に、その債務を債務者に代わって履行する責任を負う者のことをいいます。
第 19 章 人的担保で詳しく学習します。

(2) 人的担保・物的担保ってなんだろう？

担保には、**人的担保**と**物的担保**（担保物権）があります。人的担保とは、債務者以外の人の信用、つまりその人に属する**一般財産が債務者の債権の担保になることをいいます**。借金の保証人がその典型です。これに対して、物的担保とは、**特定の財産が債権の担保となることをいいます**。3 で学習する抵当権がその典型です。

13-1

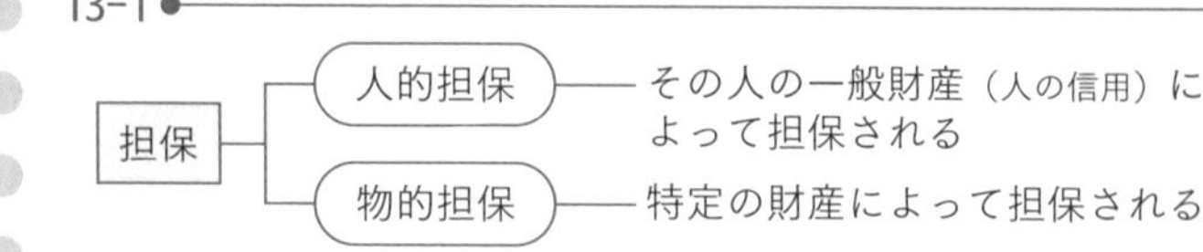

2 物的担保の基本的な事項を知ろう

(1) 担保物権にはどんな種類があるの？

（1）典型担保物権と非典型担保物権ってなんだろう？

担保物権のうち、民法に規定があるものを**典型担保物権**といい、留置権、先取特権、質権、抵当権がこれにあたります。また、実生活において必要となったため生まれた担保物権が**非典型担保物権**とよばれるものです。これは民法上に規定がありません。第 14 章 物的担保②で学習する譲渡担保権がその代表です。

（2）約定担保物権と法定担保物権ってなんだろう？

担保物権は、**約定担保物権**と**法定担保物権**に分類することもできます。約定担保物権とは、当事者の設定行為によってはじめて生じる担保物権をいい、質権、抵当権などがこれにあたります。これに対して、法定担保物権とは、法律の定める要件が備わるとき法律上当然に生じる担保物権のことをいい、留置権、先取特権がこれにあたります。

13-2

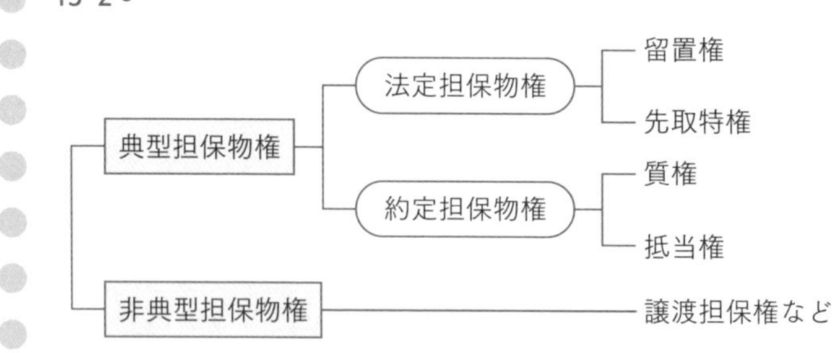

(2) 担保物権の性質を理解しよう

担保物権には、一般的に、次の4つの性質があります。これらは、原則としてすべての担保物権が通じて有する性質という意味で「**通有性**」とよばれています。

(1) 債権と運命をともにする―付従性―

付従性とは、**債権がないところに担保物権は認められない**ことをいいます。そのため、債権が成立しなければ担保物権も成立せず、債権が弁済などによって消滅すれば、担保物権もそれに関連して消滅することになります。

《復習 Word》
弁済とは、債務者が債務の内容である給付を実現して、債権者の利益を充足させる行為をいいます。
第17章 債権の消滅で詳しく学習します。

13-3

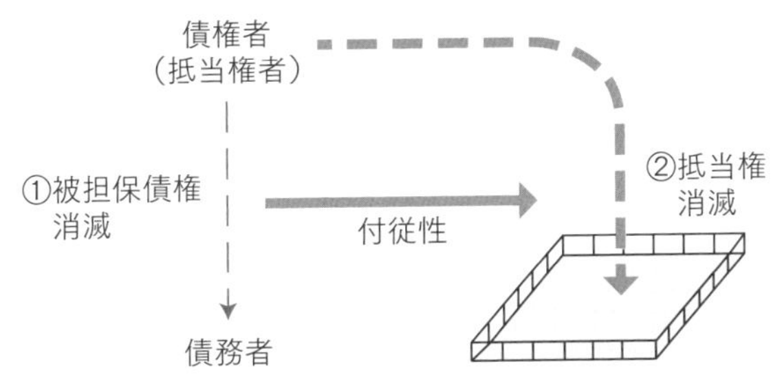

(2) 債権とともに移転する―随伴性―

随伴性とは、**債権が他人に移転すれば、担保物権も債権とともに移転する**ことをいいます。担保物権は債権を担保するためのものだからです。

13-4

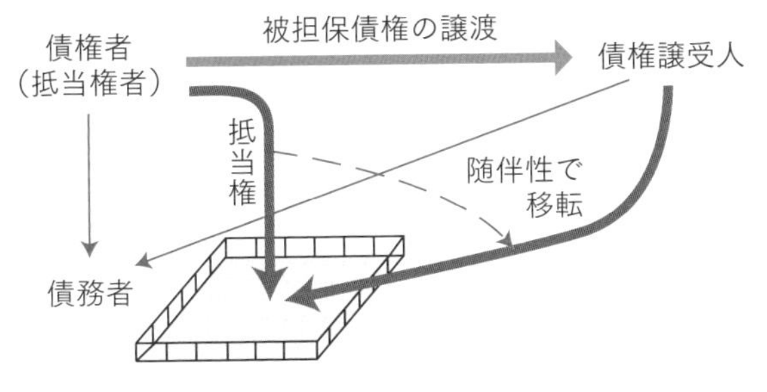

（3）最後まで役割を果たす―不可分性―

不可分性とは、担保物権は原則として**債権全部の弁済を受けるまで目的物の上に存続**し続けることをいいます。

13-5

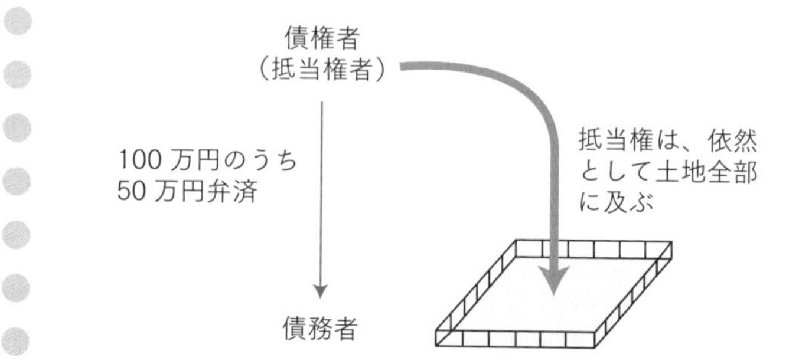

（4）物が姿を変えたってかまわない―物上代位性―

物上代位性とは、担保物権者は目的物の売却、賃貸、滅失、損傷などによって**債務者が受ける金銭その他の物のうえに対しても権利を行使できる**ことをいいます。ここは、3(3)で詳しく学習します。

13-6

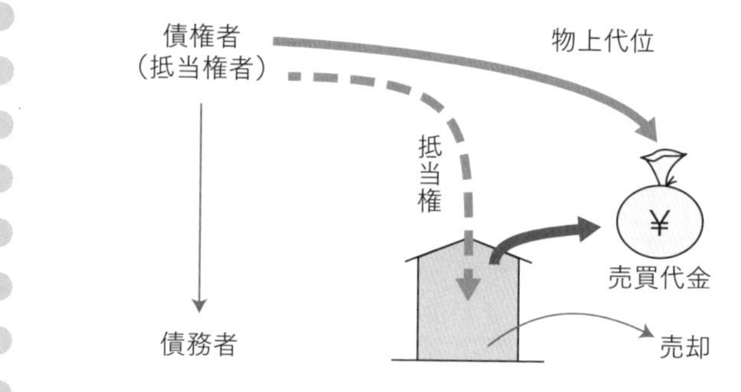

(3) 担保物権にはどんな効力があるの？

（1）優先弁済的効力ってなんだろう？

優先弁済的効力とは、**目的物の経済的な価値を債権者が把握している**という**効力**をいいます。言い換えれば、債権者は、債務の弁済が得られないときに、担保の目的物を売却してお金に換え、他の債権者に先立ってその売却代金のなかから弁済を受けることができるという効力です。これは担保物権の本質的な効力であり、先取特権、質権、抵当権に認められています。②

（2）留置的効力ってなんだろう？

留置的効力とは、債権を担保するために、目的物を債権者の手元に留め置き、債務者に心理的圧迫を加えることによって**債務の弁済を促す**効力をいいます。この効力は**留置権**と**質権**に認められています。たとえば、質屋で高級腕時計を質に入れてお金を借りる場合を考えてください。借りた側は、お金を返済しないと腕時計を返してもらえないので、一生懸命返済をしようとします。この効力のことです。

担保物権の性質（通有性）と効力

	付従性	随伴性	不可分性	物上代位性	優先弁済的効力	留置的効力
留置権	◎	◎	◎	×	× ただし事実上の優先弁済的効力あり	◎
先取特権	◎	◎	◎	◎	◎	×
質権	◎	◎	◎	◎	◎	◎
抵当権	◎	◎	◎	◎	◎	×

2 **留置権の優先弁済的効力**
留置権は目的物の交換価値を把握する権利ではないため、法的には優先弁済的効力が認められていません。ただ、事実上の優先弁済的効力はあると考えられています。
第14章 物的担保②で詳しく学習します。

3 抵当権ってなんだろう？

Case 太郎の母良子は、太郎の大学の近くで家を探していたところ、手頃な値段の一軒家を見つけました。そこで良子は、当時コンビニ経営が非常に好調だったコンビニ店長から家の購入資金2000万円を借りて、その家を15年ローンで購入し、購入した家に店長のための抵当権を設定しました。ところが、良子は予定どおりに

ローンを返済できなくなってしまいました。店長は 2000 万円を回収できるでしょうか。

Answer 店長は、家の売却代金のなかから、2000 万円を優先的に回収することができます。

〔1〕 抵当権について理解しよう

（1）抵当権にはどのような特徴があるの？

抵当権とは、債務者（**Case** では良子）または第三者が占有を移さないで債務の担保とした不動産につき、債権者（**Case** では店長）が他の債権者に優先して、自己の債権の弁済を受ける
3 権利のことをいいます（369 条 1 項）③。

> **第 369 条　抵当権の内容**
> 1　抵当権者は、債務者又は第三者が占有を移転しないで債務の担保に供した不動産について、他の債権者に先立って自己の債権の弁済を受ける権利を有する。
> 2　地上権及び永小作権も、抵当権の目的とすることができる。（略）

このように、抵当権の特徴は、①**目的物の占有を設定者のもとにとどめる**という点と、②**目的物の交換価値を把握して優先弁済を受ける**効力をもっているという 2 点にあります。そのため、良子は購入した家に住み続けることができ、店長はいざというときに家の交換価値（売却代金）のなかから 2000 万円を回収することができるのです。

なお、抵当権も物権なので、公示方法は一般の物権と同様に**登記**です。そのため、店長は抵当権を良子以外の第三者に主張するためには、抵当権の設定登記をしておく必要があります。

（2）抵当権の目的になるものは不動産だけ？

抵当権の対象となる目的物としては、民法上、土地・建物という**不動産**（369 条 1 項）のほかに、**地上権・永小作権**という権利も認められます（369 条 2 項）。また、**抵当権自体**を抵当権の目的とすることもできます。このような場合を**転抵当**といいます。

抵当権を設定する者が**抵当権設定者**で、（3）でいう債務者や物上保証人の側をさします。これに対して、債権者の側を**抵当権者**といい、抵当権者の側からみた場合には「抵当権の設定を受ける」といいます。

（3）債務者以外の人も抵当権の設定者になれるの？

抵当権は、**Case** のように債務者である良子が自分の所有する土地や建物に設定する場合もあれば、他人のために自分の土地や建物を提供して設定することもあります。後者のよ

うに他人のために担保物を提供する者を**物上保証人**といいます。たとえば、良子の借金のために妹の優子が所有する不動産に抵当権を設定することもでき、その場合には優子は物上保証人とよばれます。

2 抵当権の効力ってなんだろう？

（1）抵当権によって担保される債権の範囲はどこまで？

抵当権などの担保物権によって担保される債権のことを**被担保債権**といいます。**Case** では店長の良子に対する 2000 万円の貸金債権が被担保債権ということになります。

抵当権の被担保債権に元本（**Case** では 2000 万円）の全額が含まれることは問題ありませんが、**利息や損害金などは、満期となった最後の 2 年分のみ**と限定されています（375 条 1 項本文）④。このように規定されているのは、抵当権に後順位抵当権⑤者がいた場合、その後順位抵当権者は自分のもつ抵当権よりも先順位の抵当権がいったいいくらの債権を担保しているのかということについて重大な利害関係をもっているので、**後順位抵当権者の期待を保護**する必要があるからです。たとえば、M が N に 1000 万円を貸し、N が所有する 1500 万円の土地に抵当権の設定を受けました。ところが、N は更に O からも 400 万円を借りる必要が生じたとします。O としては、抵

13-7

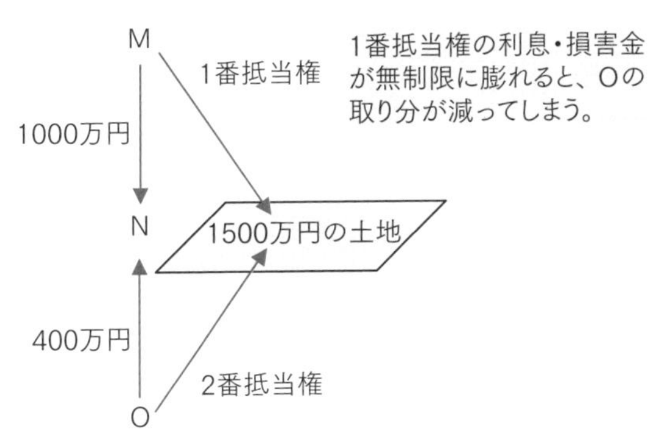

4 **第 375 条　抵当権の被担保債権の範囲**
1　抵当権者は、利息その他の定期金を請求する権利を有するときは、その満期となった最後の 2 年分についてのみ、その抵当権を行使することができる。（略）

5 1 つの目的物に複数の抵当権が設定されている場合、その抵当権には 1 番 2 番というように順位がつけられ、実行の段階では先の順位から優先的に配当を受けます。このように、先順位の抵当権に劣後する抵当権のことを**後順位抵当権**といいます。

当権が実行されて1500万円の売却代金からMが1000万円を回収しても、まだ500万円は余るだろうと期待してNに400万円を貸し、土地に2番抵当権の設定を受けるわけです。このような状況で、Mが利息や遅延損害金の部分も無制限に土地の売却代金のなかからもっていけるとしたのでは、Oの期待が裏切られてしまいます。375条はこのようなOの期待を保護しようとしているのです。

（2）抵当権の効力が及ぶ範囲はどこまで？

6 **（a）果実にも抵当権の効力は及ぶの？**⑥

抵当権は目的物の占有を設定者のもとにとどめて、設定者が目的物を使用・収益をして被担保債権を返済できるようにしたものですから、抵当権の効力は果実には及ばないのが原則です。ただし、被担保債権について不履行が生じたときは、その後に生じた抵当不動産の果実にも抵当権の効力が及びます（371条）⑦。たとえば、**Case**の事例で、良子は購入した家に住む必要がなくなり、家を優子に貸して賃料収入を得ていたと
7 します。この賃料は法定果実です。そして、このような状況で、良子が債務不履行に陥った場合には、抵当権の効力は良子の優子に対する賃料債権にも及ぶのです。

> 果実とは、物から生じる経済的な収益のことをいいます。なかでも地代や家賃など、物を使用したことに対する報酬としての金銭などを**法定果実**といいます。なお、果実を生ずる物を元物といい、元物と果実は別の物です。

> **第371条**
> 抵当権は、その担保する債権について不履行があったときは、その後に生じた抵当不動産の果実に及ぶ。

（b）壁紙やドアにも抵当権の効力が及ぶの？

370条は、抵当権は目的である不動産に**付加して一体となっている物に及ぶ**と規定しています。たとえば、家に抵当権を設定した場合、その家の内装に使われている壁紙やドアなどにも抵当権の効力が及びます。

（c）ほかにどこまで抵当権の効力は及ぶの？

（i）従物の場合

たとえば、家に抵当権を設定した場合、その家の中の冷暖房機にも抵当権の効力は及ぶのでしょうか。

これについては、370条本文の「付加して一体となっている物」とは、**経済的・価値的に一体となっている物**と一般的に考えられています。そして、冷暖房機は建物に取り付けら

れてこそ効用を発揮するものですから、建物と経済的・価値的に一体といえ、抵当権の効力が及ぶと考えられています。

13-8

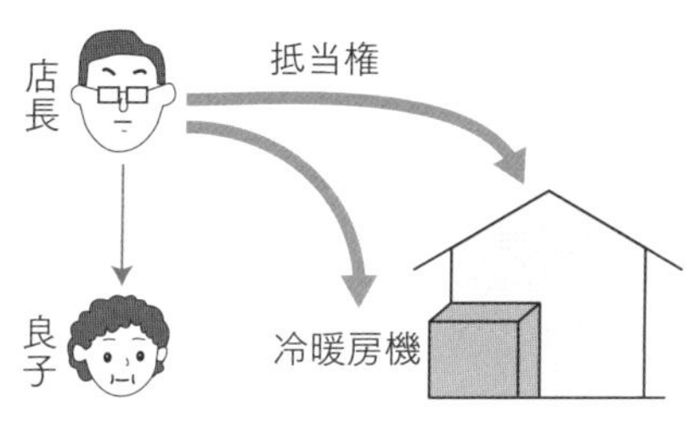

（ii）従たる権利の場合

たとえば、借地上の建物に設定した抵当権の効力は、その建物のための借地権⑧にも及ぶのでしょうか。土地と建物は別の不動産ですから、建物に抵当権を設定してもその効力は土地を利用する権利である借地権には及ばないことになりそうです。しかし、建物は土地の存在を前提にしますから、かりに借地権に抵当権の効力が及ばないとすると、建物を競売によって買い受けた人は、土地の不法占拠者ということになってしまい不都合です。そして、借地権が存在しなければ建物は機能しないので、借地権は建物と経済的・価値的に一体といえます。

8 **借地権**とは、建物の所有を目的とする土地の地上権や賃借権のことをいいます。

不動産の定義は、第3章権利の主体（法人）と客体2(2)を見よう！

《復習 Word》
不法占拠とは、法的な権利や根拠なく、土地を占拠することをいいます。

そこで、従物と同じように**従たる権利にも抵当権の効力は**

13-9

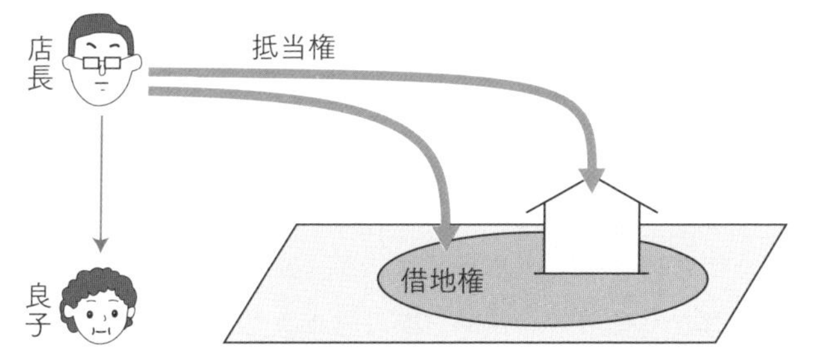

試験対策講座・物権法 147 頁

9 及ぶと考えられています（判例）[9]。

(3) 物上代位ってなんだろう？

（1）物上代位はどのような場合に問題になるの？

たとえば、**Case** の事例で、店長が家についての抵当権の設定を受け、その旨の登記をした後に、D 男が家に放火し、家が消失してしまったとします。D 男の行為は不法行為になりますから、良子は D 男に対して損害の賠償を請求することができます。店長はこの損害賠償金から 2000 万円の優先弁済を受けることができるでしょうか。

不法行為については、第 26 章 不法行為で詳しく学習します。

13-10

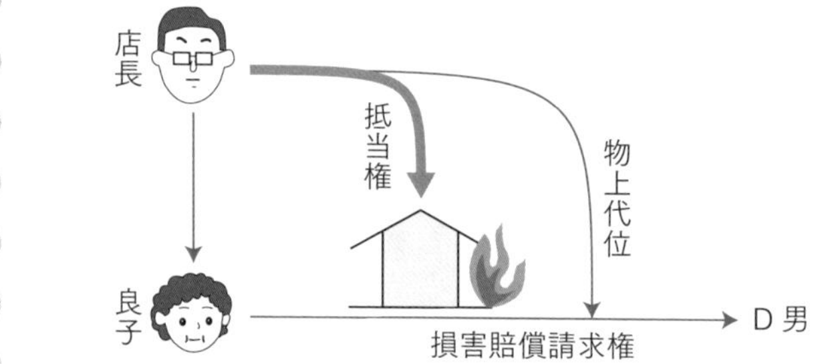

（2）物上代位について理解しよう

抵当権の効力は、なんらかの理由で目的物が土地や建物から金銭などの物に姿を変えた場合にも、それらの物（価値代替物）**に対して、引き続き及びます**（372 条・304 条 1 項[10]）。これが

10 **物上代位**という制度です。ですから、店長の抵当権の効力は、家の価値代替物といえる損害賠償請求権にも及び続けることになると考えられます。

物上代位権を行使して優先弁済を受けるためには、価値代替物の払渡し・引渡し前に差し押さえる必要があります。このように差押えを要求するのは、第三債務者（D 男）を**二重弁済の危険から保護するため**であると考えられています。つまり、D 男は良子と店長のどちらに損害賠償金を払えばいいの

第 304 条　物上代位
1　先取特権は、その目的物の売却、賃貸、滅失又は損傷によって債務者が受けるべき金銭その他の物に対しても、行使することができる。ただし、先取特権者は、その払渡し又は引渡しの前に差押えをしなければならない。

かわからず、両方から請求されて二重に払ってしまう危険があるので、物上代位に差押え[11]を要求して、どちらに払えばいいのかをはっきりさせようという趣旨なのです。

そのため、店長は、D男が良子に対して損害賠償金を支払う前に、その損害賠償請求権を差し押さえれば、優先弁済を受けることができます。

11 差押えという言葉はいろいろな場面で使われますが、広い意味では特定の有体物や権利について、私人による事実上または法律上の処分を国家権力が禁止する行為のことをいいます。

4 法定地上権ってなんだろう？

（1）法定地上権はどういう場合に問題になるの？

MはN銀行から2000万円を借りて、みずからが所有する土地の上に念願のマイホームを建てました。そして、この2000万円の債務を担保するため、Mは完成した建物に抵当権を設定しました。ところが、Mは毎月のローンの支払ができなくなってしまいました。そこで、N銀行は抵当権を実行し、Mのマイホームが競売にかけられ、これをOが買い受けました。N銀行はその代金から2000万円を回収しました。Mは自分の土地の上にOが所有する家が建っているのだから、Oは不法占拠者であると考えて、Oに建物を壊して土地を明け渡せと主張しました。Mの主張は認められるでしょうか。

13-11

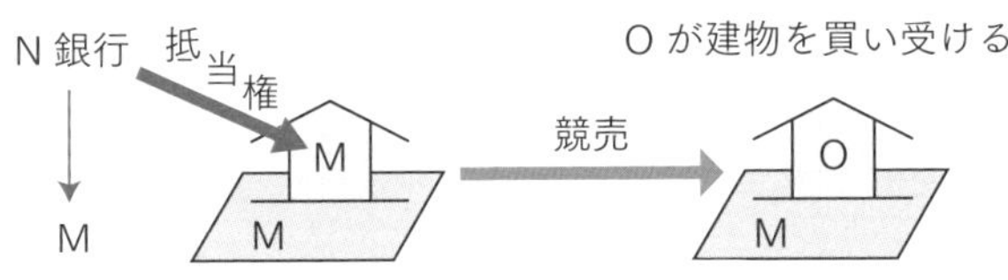

（2）なぜ法定地上権が必要なの？

土地の上に建物が建っていて、それらが同一人所有であり、抵当権が実行されて土地と建物の所有者がそれぞれ違う人になった場合、建物の所有者は、建物のための土地利用権が存在しないかぎり建物を撤去し土地を明け渡さなければならないはずです。しかし、これはあまりにも不経済[12]です。また、

12 不経済を簡単にいうと、もったいないということです。ここでは、使用価値がある建物を土地利用権がないことを理由として撤去させなければならないというのはもったいない（不経済）という意味で用いています。

土地と建物はもともと同一人物が所有していたので、建物所有者のために土地の利用権を設定することは認められません。そこで、**当事者の合意がなくとも、建物のための土地利用権が成立する場合が認められています**。これが法定地上権[13]です。

13

> **第388条　法定地上権**
> 土地及びその上に存する建物が同一の所有者に属する場合において、その土地又は建物につき抵当権が設定され、その実行により所有者を異にするに至ったときは、その建物について、地上権が設定されたものとみなす。（以下略）

つまり、法定地上権とは、**土地およびその上にある建物の所有者が同じである場合に、その土地または建物のみ、あるいはその双方に抵当権が設定され、これが競売によって実行されたため、土地と建物の所有者が異なることになってしまったときに、法律の規定によって生ずる地上権**のことをいいます。

（3）法定地上権が成立するための要件は何？

このような法定地上権の趣旨から、法定地上権が成立するための要件は、❶抵当権設定当時に土地の上に建物が存在していること、❷その土地と建物が同一人所有であること、❸土地建物の一方または双方に抵当権が設定されたこと、❹抵当権の実行によって土地所有者と建物所有者が別人になったこと、の4つです。

（1）の例では、Mが建物に抵当権を設定した時点で建物が存在していますし（❶）、土地と建物は同じMが所有していました（❷）。そして、Mは完成した建物に抵当権を設定し（❸）、抵当権の実行によって、土地所有者がMに、建物所有者がOという別人になっています（❹）。そのため、Oのために法定地上権が成立しますから、Mの主張は認められません。

(5)　抵当権が侵害されたら抵当権者は口出しができるの？

抵当権は、目的物の占有を設定者のもとにとどめておくところに最大の特徴があります。そのため、抵当権者は、抵当目的物の使用関係には**口出しできないのが原則**です。ただし、**第三者が抵当不動産を不法占有していて、抵当不動産の交換**

価値が妨げられ、抵当権者が優先弁済請求権を行使することが困難な状態であるときは、抵当権に基づいて口出しができ、**妨害排除請求権**が認められると考えられています（判例）[14]。たとえば、MがN所有の土地に抵当権の設定を受けて、3000万円を貸しました。ところが、Oがその土地を不法占拠しはじめたため、競売にかけても土地の買い手が現れそうにありません。このような場合にMは、抵当権に基づいて妨害排除請求をすることでOを追い出すことができるのです。

14 試験対策講座・物権法178頁、184頁。

〔6〕 共同抵当ってなんだろう？

（1）共同抵当について理解しよう

今までは、1つの債権を担保するために1つの不動産に抵当権が設定されている場面をみてきました。しかし、**1つの債権を担保するために複数の物に抵当権を設定**することもできます。このような場合を**共同抵当**といいます。

（2）共同抵当の場合どうやって抵当権を実行するの？

共同抵当の実行の仕方には2通りあります。1つは、共同抵当の目的物となった不動産の全部を**同時に競売**して弁済を受ける方法です。これを**同時配当**といいます。もう1つは、**1つずつ順に競売**していく方法です。これを**異時配当**といいます。抵当権者は**どちらの方法を採ってもかまいません。**

（3）具体的な計算にチャレンジしてみよう！

たとえば、MがNに対して5000万円の被担保債権をもっており、それを担保するために、MがN所有の甲地（6000万円）と乙地（4000万円）に被担保債権5000万円の1番抵当権をもっていたとします。そして、甲地にはOが被担保債権4000万円の2番抵当権の設定を受けていたとします。

この関係を示したのが次ページの図13-12です。これを見ながら次の2つの場合を考えてみましょう。

（a）同時配当の場合

同時に配当がされたときには、甲地と乙地の土地の値段の割合3：2（6000万円：4000万円）で1番抵当権Mの被担保債権5000万円が割り付けられることになります。そのため、Mは、甲地から3000万円、乙地から2000万円を回収することになります（392条1項）⑮。そして、甲地の2番抵当権者Oには甲地の売却代金の残りの3000万円が配当されることになります。

15 **第392条　共同抵当における代価の配当**
1　債権者が同一の債権の担保として数個の不動産につき抵当権を有する場合において、同時にその代価を配当すべきときは、その各不動産の価額に応じて、その債権の負担を按(あん)分する。
2　債権者が同一の債権の担保として数個の不動産につき抵当権を有する場合において、ある不動産の代価のみを配当すべきときは、抵当権者は、その代価から債権の全部の弁済を受けることができる。この場合において、次順位の抵当権者は、その弁済を受ける抵当権者が前項の規定に従い他の不動産の代価から弁済を受けるべき金額を限度として、その抵当権者に代位して抵当権を行使することができる。

13-12

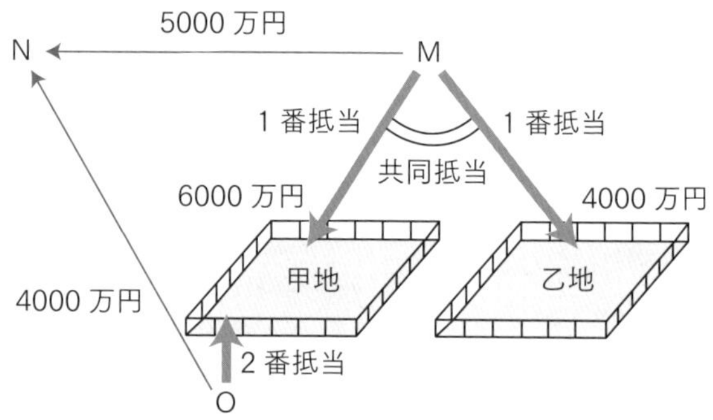

（b）異時配当の場合

異時配当で甲地から売却されたときには、甲地が6000万円で売却され、うち5000万円は1番抵当権者Mに配当され、残りの1000万円が2番抵当権者Oに配当されます。

このように、**Mが同時配当を選ぶか、異時配当を選ぶかで、Oが甲地から回収できる金額に違い**がでてしまいます。しかし、これではOは困ってしまいます。そこで、民法は、同時配当ならば1番抵当権者が乙地から利益を受けられた限度、つまり2000万円の限度で、2番抵当権者Oは、乙地に代位できるとしています（392条2項）。そのため、Oは甲地から1000万円、乙地から2000万円の合計3000万円を回収することができます。

逆に、異時配当で乙地から売却された場合には、乙地が4000万円で売却され、それはすべて1番抵当権者Mに配当されます。次に甲地が6000万円で売却された場合、1番抵当権者Mには残りの1000万円が配当され、さらに残額から2番抵当権者Oに4000万円が配当されることになります。

（3）のまとめ　（単位：万円）

	同時配当		異時配当			
			甲土地のみ競売		乙地から競売	
	甲地から	乙地から	甲地から	乙地から	甲地から	乙地から
Mへの配当	3000	2000	5000		1000	4000
Oへの配当	3000		1000	2000 代位	4000	

プラスα文献

試験対策講座・物権法 6章、7章1節～4節[1]、5節、6節

判例シリーズ 29事件、30事件

条文シリーズ 2編7章■序、10章

ステップアップ No. 14、No. 15

第13章 Exercise

1	担保物権には付従性があり、被担保債権が発生しなければ発生せず、被担保債権が消滅すれば消滅するので、被担保債権の一部の額の弁済を受けると、目的物の全部についてはその権利を行うことはできない。（特別区 H21 年）	× 2【2】(3)
2	先取特権は、その目的物の滅失、損傷等によって債務者が受けるべき金銭その他の物に対しても行使することができるが、質権にはこのような物上代位は認められていない。（国税 H21 年）	× 2【2】(4)、3【3】 350 条・304 条
3	債務が完済されるまで担保権者が目的物を留置しうる効力を留置的効力といい、これによって間接的に債務の弁済を促そうとするもので、典型担保では留置権にのみこの効力が認められる。（特別区 H21 年）	× 2【3】(2)
4	抵当権は民法で定められた約定担保物権であり、優先弁済的効力を有するが、抵当権設定契約が結ばれたが登記されていない場合は、抵当権は当事者間では有効に成立するものの、抵当権者は、ほかの債権者に対して優先弁済権を主張することはできない。（国Ⅱ H20 年）	○ 3【1】(1)
5	抵当権の設定は、登記または登録などの公示方法が可能なものに認められ、不動産だけでなく地上権や永小作権上にも設定することができる。（特別区 H19 年）	○ 3【1】(2)
6	債務者 A に対して有する債権について、債権者 B が、A 所有の甲不動産と物上保証人 C 所有の乙不動産に対して第一順位の共同抵当権の設定を受けた後、別の債権者 D が、甲不動産に対して第二順位の抵当権の設定を受けた場合において、B が乙不動産のみについて抵当権を実行し、債権の満足を得たときは、C の代位権は D に優先し、B が甲不動産に有した抵当権について代位することができる。（国Ⅱ H20 年）	○ 3【6】(3)

第14章

物的担保②
――質入れした物を取り戻す方法を教えます

キ……ここは基本！
ステ…君ならできる！
…できたらスゴイ！

1 質権ってなんだろう？

Case 1 コンビニ店長は、遊びすぎて財布にお金がなくなったので、幸子からお金を借りることにしました。幸子は店長のお気に入りの腕時計を質にとることとし、店長も、それに同意しました。しかし、店長は、どうしても今後も腕時計を使い続けたかったので、以後は幸子の代わりに腕時計を使っているという意思表示をする方法で、幸子に引き渡すことにしました。このような方法で質をとったといえるのでしょうか。

Answer 1 345条（質権設定者による代理占有の禁止）①により、認められません。

1 **第345条　質権設定者による代理占有の禁止**
質権者は、質権設定者に、自己に代わって質物の占有をさせることができない。

(1) 質権について理解しよう

担保の目的物の占有を債権者に移転し、債権者は弁済があるまでこの目的物を留め置き、弁済がない場合には、この目的物を競売し、その売却代金から他の債権者に優先して弁済を受けることができるという効力をもつ担保物権を、質権といいます（342条②）。

質権の特徴は、目的物（腕時計）の占有が質権者（幸子）に移転し、質権者は被担保債権の弁済があるまで目的物を留め置くことで、債務者（店長）を心理的に圧迫し、弁済を促す効力があることです（留置的効力）。この点が抵当権と大きく異なります。

2 **第342条　質権の内容**
質権者は、その債権の担保として債務者又は第三者から受け取った物を占有し、かつ、その物について他の債権者に先立って自己の債権の弁済を受ける権利を有する。

《復習 Word》
占有改定とは、物理的には、自分側に物がある状態のまま、相手方に渡したことにすることをいいます。

(2) 質権を設定するにはどうすればいいの？

質権は約定担保物権です。質権の設定のためには、店長の行った占有改定による引渡し（183条）ではなく、債権者に対し目的物を現実に引き渡さなくてはなりません（344条、要物契約）。また、留置的効力に意味をもたせるため、質権者は、質権設定者に、自己に代わって質権の占有をさせることは禁止されています（345条）。

そのため、**Case 1**のような方法で、質権の設定をすることは認められません。

質権は、目的物の種類によって動産質、不動産質、権利質に分けられます。順にみていきましょう。

(3) 動産を質にとる―動産質―

動産質権とは、動産を目的とする質権のことをいいます。

動産質の対抗要件は継続的な占有です（352条）。また、目的物の占有が侵害されたとき、動産質権者は、占有回収の訴え（200条）によってのみその質物を回復することができ（353条）、直接質権に基づいて返還請求をすることはできません。

(4) 不動産を質にとる―不動産質―

不動産質とは、不動産を目的とする質権のことをいいます。

不動産質権者は、目的不動産を、その用法に従って使用し、収益することができます（356条）。その一方で、不動産質権者は不動産の管理費用なども負担しなくてはなりません（357条）。

(5) 権利も質にとることができる―権利質―

権利質とは、財産権を目的とする質権のことをいいます。質権の目的が債権である場合には、質権者は直接これを取り立てることができます（366条1項）。

(6) 預かった物を更に質入れ―転質―

転質（348条）③とは、質権者が質物を更に質入れすることをいいます。「自己の責任で」と規定されていることから、転質を行うためには、質権設定者の承諾は必要ありません。

3 第348条　転質
質権者は、その権利の存続期間内において、自己の責任で、質物について、転質をすることができる。（略）

2 留置権ってなんだろう？

Case 2 店長は、仕入れに使う甲自動車が壊れたので、A修理店に修理を依頼し、Aは甲自動車の修理を完了させました。しかし、店長はいまだ修理代金を支払っていません。その後店長は、Aに対し、甲を返せと請求しました。
Aは、店長に修理代金を支払ってもらうために、どのような手段をとることができるでしょうか。

Answer 2 Aは、修理代金の支払を受けるまで甲自動車の返還を拒絶することができます。

(1) 留置権について理解しよう

留置権（295条）④とは、他人の物を占有している者が、その物に関して生じた債権をもっている場合、その債権の弁済があるまでその物を留め置くことによって債務者の弁済を間接的に強制することのできる物権をいいます。

A修理店は、留置権を主張し、店長から修理代金の支払があるまで甲自動車を手元に留め置くことで、支払を心理的に促すことになります。留置権は、これに基づいて目的物の競売をすることはできませんが、このような留置的効力によって事実上の優先弁済効を有しています。

なお、似たような制度として同時履行の抗弁権があります。同時履行の抗弁権が双務契約⑤の当事者間における効力であり、契約の相手方にのみ主張できるのに対し、留置権は物権なので、だれに対しても主張することができます。

4 第295条　留置権の内容
1　他人の物の占有者は、その物に関して生じた債権を有するときは、その債権の弁済を受けるまで、その物を留置することができる。ただし、その債権が弁済期にないときは、この限りでない。
2　前項の規定は、占有が不法行為によって始まった場合には、適用しない。

同時履行の抗弁権については、第20章 契約総論で詳しく学習します。

5 双務契約とは、売買、賃貸借、請負等のように、当事者の双方が相互に財産や労力などを提供し、報酬を受けとるような関係にある債務を負担する契約をいいます。対義語は、片務契約です。

(2) 留置権の要件はなんだろう？

① 他人の物を占有していること

② その物に関して生じた債権を有すること

留置権は、その物に関して生じた債権を担保するために認
6 められる権利です。この要件を**牽連性**[⑥]といいます。たとえば、ある物について有益費[⑦]を支出した場合や、売買代金を支払ってくれるまで売買目的物を留め置く場合には、牽連性が認め
7 られます。

牽連性とは、双務契約における一方の債務と他方の債務のつながりをいいます。

有益費とは、占有物の改良のために費やした費用をいいます。

たとえば、売買の目的物である甲地の所有権が買主に移転したが、売主がなお甲地を占有している間に、買主が代金を支払わないまま第三者に甲地を譲渡してしまった場合、代金債権は牽連性をもち、第三者からの明渡請求に対し、売主は留置権を主張できます。

14-1

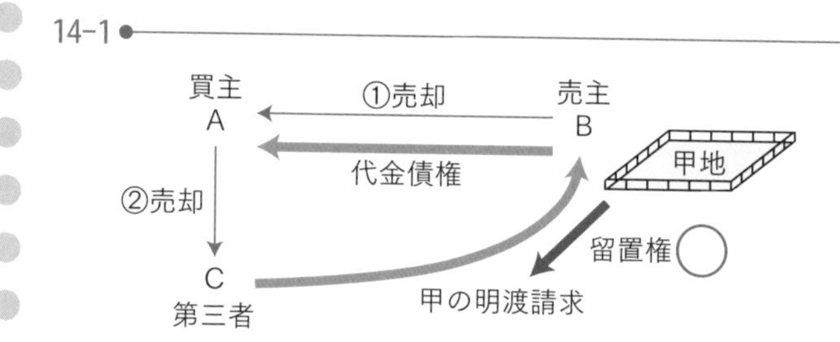

一方、不動産の二重譲渡がされた場合に、第二売買の買主が先に所有権移転登記を経由したため、第一売買の買主が所有権を取得できなかったときに発生する売主に対する損害賠償請求権には、その不動産との牽連性は認められないものと

14-2

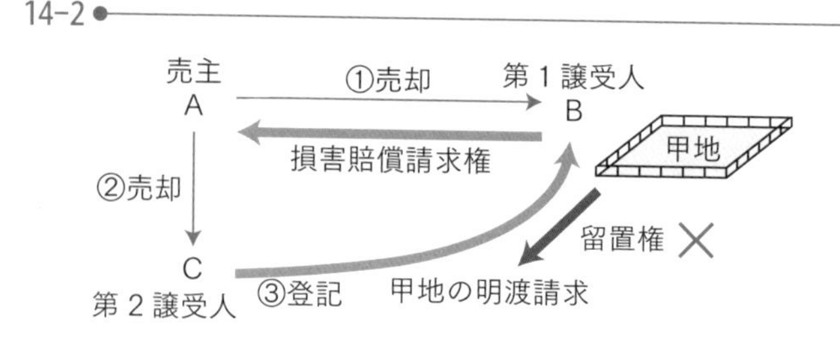

されています（判例）。[8]

③ 債権が弁済期にあること[9]

④ 占有が不法行為によって始まったものではないこと

公平の観点から、不法行為によって占有が始まった場合には、留置権を認める必要はありません（295条2項）。たとえば、店長が乙自動車を盗んだ後に有益費を支出し、所有者から返還請求を受けたとしても、店長は有益費償還請求権を被担保債権として留置権を主張できません。

また、適法に占有を開始したが後に占有する権利を失った者が、その物について有益費を支出したとしても、295条2項類推適用により、留置権を行使できないとされています（判例）。[10]

8 不動産二重売買と留置権の成否
試験対策講座・物権法245頁

9 **弁済期**とは、債務を弁済（履行）しなければならない時期のことをいいます。たとえば、「4月1日までに返す」という約束でお金を借りた場合の弁済期は4月1日になります。

10 民法295条2項による留置権の認められない場合
試験対策講座・物権法246頁

3 先取特権ってなんだろう？

Case 3 **店長は、幸子に対して、甲土地を500万円で売却しました。しかし、なかば無理矢理に買わされた幸子にそんな大金を用意することはできず、なかなか売買代金を支払いませんでした。このような場合、店長は、どのようにして代金債権を回収すればよいでしょうか。**

Answer 3 **店長は、先取特権という権利をもっているので、甲土地を競売にかけた代金のなかから優先して弁済を受けることができます。**

(1) 先取特権について理解しよう

先取特権[11]とは、法律に定める特定の債権をもっている者が、債務者の財産から法律の規定より当然に優先弁済を受けられる権利をいいます。**Case 3** では、店長が不動産の売買によって得る代金の債権をもっていることから、店長は、甲土地について不動産売買の先取特権をもっています（325条3号）。そのため、店長は、甲土地を競売にかけ、その売却代金から優

11 **第303条 先取特権の内容**
先取特権者は、この法律その他の法律の規定に従い、その債務者の財産について、他の債権者に先立って自己の債権の弁済を受ける権利を有する。

先して弁済を受けることができます。

(2) 先取特権は３つに分類される

先取特権は、どのような財産から優先して弁済を受けられるのか、という観点から、一般先取特権、動産先取特権および不動産先取特権の３つに分類できます。動産先取特権と不動産先取特権を総称して特別先取特権といいます。

第 306 条　一般の先取特権
次に掲げる原因によって生じた債権を有する者は、債務者の総財産について先取特権を有する。
① 共益の費用
② 雇用関係
③ 葬式の費用
④ 日用品の供給

12 ### （1）一般先取特権ってなんだろう？

一般先取特権⑫とは、債務者のすべての財産から優先して弁済を受けられる権利をいいます。一般先取特権は、共益の費用、雇用関係、葬式の費用、日用品の供給を原因として生じた債権が発生した場合に、法律の規定により当然に生じます（306 条各号）。

（2）動産先取特権ってなんだろう？

第 311 条　動産の先取特権
次に掲げる原因によって生じた債権を有する者は、債務者の特定の動産について先取特権を有する。
① 不動産の賃貸借
② 旅館の宿泊
③ 旅客又は荷物の運輸
④ 動産の保存
⑤ 動産の売買
⑥ 種苗又は肥料（中略）の供給
⑦ 農業の労務
⑧ 工業の労務

13 **動産先取特権**⑬とは、債務者の特定の動産から優先して弁済を受けられる権利をいいます。動産先取特権は、311 条各号にあがっていることが原因で債権が発生した場合に、法律の規定により当然に発生します。たとえば、不動産の賃貸借が行われた場合、賃貸人は、賃料債権の担保として、賃借人の動産について先取特権をもちます（311 条 1 号、312 条）。

動産先取特権は、目的物が第三者に引き渡された後は、その動産について主張することはできません（333 条）。

（3）不動産先取特権ってなんだろう？

第 325 条　不動産の先取特権
次に掲げる原因によって生じた債権を有する者は、債務者の特定の不動産について先取特権を有する。
① 不動産の保存
② 不動産の工事
③ 不動産の売買

不動産先取特権⑭とは、債務者の特定の不動産から優先して
14 弁済を受けられる権利をいいます。不動産先取特権は、325 条各号の原因によって生じた債権が発生した場合に、法律の規定により当然に発生します。**Case 3** の店長がもっているのは、この不動産売買の先取特権です。

(3) 先取特権の優先順位はどうなるの？

物権の原則からは、先に成立したものが後に成立したもの

に優先することになります。しかし、先取特権はそれぞれ特殊な理由に基づいて特に認められるものなので、それぞれの債権の保護の必要性に応じて優先順位が規定されています(329条から332条まで)。たとえば、一般先取特権と特別先取特権では、原則として特別先取特権が優先します(329条2項本文)。ただし、共益の費用の先取特権は、その利益を受けたすべての債権者に対して優先します(329条2項ただし書)。

4 非典型担保物権ってなんだろう？

(1) 非典型担保物権について理解しよう

第13章 物的担保①で学習したとおり、民法典に規定のない担保物権を**非典型担保物権**といいます。次から、非典型担保物権の代表例である、譲渡担保について学習します。

(2) 譲渡担保ってなんだろう？

Case 4 店長は、自分の所有するコンビニの保冷用機械(価値500万円)を担保にして、幸子から300万円を借りたいと思っています。しかし、機械は動産のため、抵当権を設定することはできません。また、質権を設定してしまうと、機械の占有は幸子に移ってしまうため、機械を利用することができなくなってしまいます。このような場合、店長は、どのような方法で、機械を担保とすることができるでしょうか。

Answer 4 店長は、機械に譲渡担保を設定することで、幸子に担保を提供したうえでお金を借りることができます。

(1) 譲渡担保について理解しよう

譲渡担保とは、目的物の所有権を、かたちのうえでは債権者に移転することによって、担保とする方法をいいます。**Case 4** では、店長は保冷用機械の所有権をかたちのうえでは幸子に移転することで担保とすることができます。譲渡担保の特徴は、形式上の債権者（幸子）に所有権が移転しただけであり、目的物（機械）を譲渡担保設定者（店長）が使い続けられることです。

（2）譲渡担保の目的（対象）はなんだろう？

譲渡担保は、このような動産のほか、不動産や債権に対しても設定することができます。

試験対策講座・物権法 269 頁、272 頁

15 また、判例⑮では、動産の集合や、現在の債権や将来発生する債権の束を譲渡担保の目的とすることも認められています。これをそれぞれ、**集合動産譲渡担保**、**集合債権譲渡担保**といいます。たとえば、集合動産譲渡担保の例として、倉庫に保管されている部品の全部を譲渡担保の目的とするものがあげられます。

（3）譲渡担保の実行（債権の回収）の方法を知ろう

（a）優先して弁済を受ける方法には 2 つの種類がある

譲渡担保は、非典型担保物権であるため、他の担保権とは実行の方法が異なります。実行の方法には、**帰属清算型**と**処分清算型**があります。

（i）物を獲得する―帰属清算型―

被担保債権の弁済がない場合、担保権者が担保目的物を直接自己の所有物としてしまうことで優先して弁済を受ける方法を帰属清算型といいます。**Case 4** では、店長が弁済をしない場合、幸子は機械を自分の所有物とすることができます。

（ii）物を売却する―処分清算型―

被担保債権の弁済がない場合、目的物を売却して、その売却代金から優先弁済を受ける方法を処分清算型といいます。**Case 4** では、店長が弁済をしない場合に、幸子は第三者 C 子に機械を売却し、その代金 500 万円から、300 万円の弁済を受けることになります。

（b）目的物と債権の差額の問題―清算金―

譲渡担保はあくまで被担保債権の担保のために設定される

ものなので、目的物の価値と被担保債権の差額は、設定者に支払われなくてはなりません。この差額を**清算金**といいます。**Case 4** では、帰属清算型、処分清算型にかかわらず、幸子は目的物（500万円）と被担保債権（300万円）の差額200万円を店長に支払わなくてはなりません。この清算金の支払と目的物の引渡しは、同時履行の関係にあるとされています（判例）。⑯

16 試験対策講座・物権法265頁

（c）もちろん弁済すれば物は取り戻せる―受戻権―

債務者は、譲渡担保が実行される前に、被担保債権の全額を支払うことで、債権者から譲渡担保の目的物を取り戻すことができます。これを**受戻権**といいます。

帰属清算型の場合には、債権者が債務者に対して清算金の支払、またはその提供をするまでは受戻しをすることができます。

また、処分清算型の場合には、債権者が第三者に目的物を処分するまでの間は受戻しをすることができます。

プラスα文献

試験対策講座・物権法 8章～11章
判例シリーズ 27事件、28事件
条文シリーズ 2編7章～9章、補章■1節
ステップアップ No. 16～No. 18

Exercise

1	質権の設定は、債権者にその目的物を引き渡すことによってその効力を生じ、動産質権者は、目的物を継続して占有しなければ、その質権をもって第三者に対抗することができない。（国税 H21 年）	○ 1【2】
2	動産質権者が質物の占有を第三者によって奪われたときは、占有回収の訴えによらなくても当該質権に基づく返還請求が認められている。（特別区 H16 年）	× 1【3】
3	不動産質権者は目的物の使用収益権を有するが、当該目的物の管理費用は必ず質権設定者が負担する。（特別区 H16 年）	× 1【4】
4	質権者は、質権設定者の承諾がないかぎり、自己の債務の担保として質物を更に質入れすることはできない。（裁事 H21 年）	× 1【6】
5	目的物の占有は、留置権の対抗要件であって、存続要件ではない。（裁事 H16 年）	× 2【2】
6	共益の費用、雇用関係、日用品の供給および旅館の宿泊によって生じた債権を有する者は、債務者の総財産について、一般の先取特権を有する。（特別区 H21 年）	× 3【2】(1)
7	先取特権には、債務者の総財産を目的とする一般の先取特権と、債務者の特定の財産を目的とする特別の先取特権とがあり、一般の先取特権と特別の先取特権が競合する場合は、常に特別の先取特権が優先する。（都庁 H16 年）	× 3【3】
8	最高裁判所は、倉庫内の普通棒鋼等のいっさいの在庫商品という定め方をした譲渡担保について、構成部分の変動する集合動産は、目的物の範囲を特定できないので、一個の集合物として譲渡担保の目的とはなりえないと判示した。（都庁 H16 年）	× 4【2】(2)

第15章 債権の効力
――約束どおり払えなかったらどうなるの？

1 債務不履行ってなんだろう？

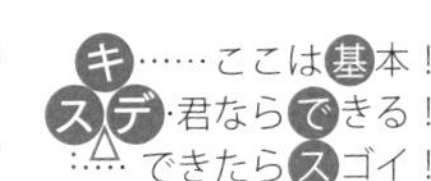

Case 1 太郎は、コンビニ店長がどうしてもと言うので、持っていた最近流行のバッグを5万円で売りました。太郎は店長にバッグを引き渡しましたが、店長は太郎に5万円を支払ってくれません。
この場合、太郎は店長に対して、何ができるのでしょうか？

Answer 1 債権者である太郎は、国家権力の助けを借りて履行を強制すること（強制執行、ここでは店長に対する5万円の取立て）ができます。
また、太郎は、店長に対して損害賠償の請求ができますし、太郎・店長間の売買契約の解除をすることもできます。

債権は、債務者がみずからの意思（任意）で弁済を実行することによって消滅します。では、債務者がその債務を履行（弁済）しない場合には、どうなるのでしょうか。

債務者が正当な理由がないのに本来（本旨）の債務に従った債務の履行をしないことを、**債務不履行**といいます。債務不履行は、**履行遅滞**（履行が可能であるのに弁済期を徒過した場合）、**履行不能**（履行が不能となった場合）、**不完全履行**（債務の履行はなされはしたが、それが不完全な場合）の3種類の形態に分類されています。

Case 1 の場合は、店長が5万円の支払をしないことは、支払が遅れているといえるので、履行遅滞にあたります。

債務不履行の場合、債権者としては、基本的に3つのことをすることができます。

第1に、債務者に対して**履行の強制**をすること（強制履行）、第2に、**損害賠償の請求**をすること、第3に、債務者に対して**契約の解除**を主張するということです。強制履行と損害賠償請求については、この後で詳しくみていきましょう。解除については、第20章 契約総論で詳しく学習します。

2 強制履行ってなんだろう？

第414条　履行の強制
1　債務者が任意に債務の履行をしないときは、債権者は、民事執行法その他強制執行の手続に関する法令の規定に従い、直接強制、代替執行、間接強制その他の方法による履行の強制を裁判所に請求することができる。ただし、債務の性質がこれを許さないときは、この限りでない。

1 ### (1)　履行の強制について理解しよう

債務者が債務を任意に履行しないとき、債権者は国家権力の助けを借りて履行を強制することができます。これを、強制履行あるいは強制執行とよびます。

強制履行の方法には、3種類あります。**直接強制**、**代替執行**、**間接強制**です（414条1項本文）。

(2)　直接強制ってなんだろう？

直接強制とは、債務の内容をそのまま強制的に実現する方
2 法をいいます。たとえば、店長の太郎に対する金銭債務の弁済が遅れている場合に、裁判所が債務者である店長の不動産を差し押さえて売却してお金に換え、これを債権者である太郎に分配して債権を満足させるようなことをいいます。

直接強制が許されるのは、作為債務のうち、金銭債務およ
3 び物の引渡しを目的とする債務、いわば与える債務についてだけです。その他の作為債務や不作為債務などには用いることができません。

与える債務とは、物を与えることを内容とする債務のことをいいます。たとえば、金銭債務がこれにあたります。

作為債務とは、「〜しなければならない」といった積極的な作為を内容とする債務のことをいいます。

不作為債務とは、「〜してはならない」といった不作為を内容とする債務のことをいいます。たとえば、夜間は80デシベル以上の音を出してはならないというような債務がこれにあたります。

Case 1 では、店長の債務は金銭債務なので、太郎は直接強
4 制をして、5万円を取り立てることができます。

(3)　代替執行ってなんだろう？

代替執行とは、債務者以外の者に債権の内容を実現させ、その費用を債務者から取り立てる方法をいいます。たとえば、Mが、Nの所有する土地の上に建つ自分の建物を収去すべき

債務を負っている場合、裁判所から権限を受けた者Oに取り除かせて、Mからその費用を取り立てるような場合をいいます。

5 代替執行は、**代替的な作為義務**、言い換えると、なす債務⑤のうち第三者が代わって行っても債権の目的を達することができるものについて認められます。

なす債務とは、与える債務の目的となる行為以外の行為をすることを目的とする債務のことをいいます。たとえば、建物を収去する債務や講演をする債務がこれにあたります。

(4) 間接強制ってなんだろう？

間接強制とは、債務者が履行するように心理的圧迫を加えて間接的に強制する方法をいいます。たとえば、債務の履行が１日延びるに従って１日１万円支払えなどというように、一種の制裁金を課すことを命じることです。

3 債務不履行に基づく損害賠償請求ってなんだろう？

(1) 期限が過ぎてしまった！—履行遅滞に基づく損害賠償請求— 6

（1）履行遅滞に基づく損害賠償請求の要件はなんだろう？

（a）債務が履行期に履行可能なこと

この要件は、履行不能との区別のために必要とされるものです。

（b）履行期を徒過したこと

これは、履行期が過ぎたにもかかわらず履行していない（弁済の提供すらしていない）ということです。

弁済の提供については、第17章 債権の消滅で詳しく学習します。

確定期限付きの債務の場合には、まさに、その期限が過ぎた時に履行遅滞となります（412条1項）⑥。不確定期限付きの債務の場合には、その期限が過ぎた後に履行の請求を受けた時か、その期限が過ぎたことを知った時から履行遅滞となります（412条2項）。

第412条　履行期と履行遅滞
1　債務の履行について確定期限があるときは、債務者は、その期限の到来した時から遅滞の責任を負う。
2　債務の履行について不確定期限があるときは、債務者は、その期限の到来した後に履行の請求を受けた時又はその期限の到来したことを知った時のいずれか早い時から遅滞の責任を負う。
3　債務の履行について期限を定めなかったときは、債務者は、履行の請求を受けた時から遅滞の責任を負う。

期限の定めのない債務の場合、債権者はいつでも履行を請

求できますが、債務者は履行の請求を受けた時から履行遅滞になります（412条3項）。不当利得返還債務などのように、法
7 律の規定によって生ずる債務は、原則として期限の定めのない債務となります。

（c）履行の遅延が債務者の帰責事由に基づくこと

ここでの帰責事由とは、債務不履行についての債務者の責めに帰すべき事由（債務者の落ち度）のことです。

帰責事由があるかどうかは、債務の本旨、つまり債務者がどのような内容の債務を負っていたのかによって決まります。そのため、帰責事由があったといえるかどうかは、債務の発生原因や取引上の社会通念によって判断されます（415条1項ただし書）⑦。

たとえば、債務者が履行補助者⑧を使った場合は、履行補助者の使用が契約や取引の社会通念からして予定されていたか
8 などを考慮して、債務者に帰責事由があったといえるかどうかを検討することになります。

（d）履行しないことが違法であること

債務者が期限を過ぎたのに履行しない場合でも、このことに正当な理由があれば、債権者から損害賠償請求することはできません。たとえば、債務者である相手方に同時履行の抗弁権（533条）がある場合は、相手方が履行しないことは、
9 違法となりません。この場合、損害賠償請求をするには、こちら側の債務について弁済の提供をして、相手方の同時履行の抗弁権を奪う必要があります。

Case 1 では、太郎は店長にバッグを引き渡しているので、弁済の提供をしているといえます。そのため、店長が5万円の支払の履行をしないことが違法となります。

（e）損害の発生

（f）損害と債務不履行との間の因果関係

その債務者の債務不履行と因果関係のある損害についてのみ賠償が認められます（416条）⑨。因果関係のない損害まで負

第415条　債務不履行による損害賠償
1　債務者がその債務の本旨に従った履行をしないとき又は債務の履行が不能であるときは、債権者は、これによって生じた損害の賠償を請求することができる。ただし、その債務の不履行が契約その他の債務の発生原因及び取引上の社会通念に照らして債務者の責めに帰することができない事由によるものであるときは、この限りでない。

履行補助者とは、債務者が債務の履行のために使用する者のことをいいます。たとえば、宅配ピザ屋の出前をするアルバイト学生のような人たちです。

同時履行の抗弁権については、第20章 契約総論で詳しく学習します。

第416条　損害賠償の範囲
1　債務の不履行に対する損害賠償の請求は、これによって通常生ずべき損害の賠償をさせることをその目的とする。
2　特別の事情によって生じた損害であっても、当事者がその事情を予見すべきであったときは、債権者は、その賠償を請求することができる。

担させるのは、不公平だからです。

（2）履行遅滞に基づく損害賠償請求の効果はなんだろう？

賠償は、損害を金銭に評価してその額を支払う方法で行われます（417条）⑩。これを金銭賠償の原則といいます。

10 **第417条　損害賠償の方法**
損害賠償は、別段の意思表示がないときは、金銭をもってその額を定める。

(2) もはや履行ができない！―履行不能に基づく損害賠償請求―

（1）履行不能に基づく損害賠償請求の要件はなんだろう？

（a）履行不能なこと

履行不能とは、履行するのが不可能なため、履行しないことをいいます。履行不能といえるかどうかは、契約その他の債務の発生原因および取引上の社会通念によって判断されます（412条の2第1項）⑪。

11 **第412条の2　履行不能**
1　債務の履行が契約その他の債務の発生原因及び取引上の社会通念に照らして不能であるときは、債権者は、その債務の履行を請求することができない。

Case 1 では太郎はバッグを店長に引き渡していますが、かりに、太郎が引き渡す前にバッグをなくしてしまった場合は、社会通念上、太郎が契約の対象であるバッグを店長に引き渡すことはできないので、履行不能といえます。しかし、そのバッグが駅の落し物預り所に届けられていて、太郎がそれを知っていた場合には、社会通念上、太郎はバッグの引渡しがまだ可能といえるので、履行不能とはいえません。

なお、金銭債務については、どんなにお金を持っていない場合でも、支払が遅れているにすぎない、つまり履行遅滞と考えられることから、絶対に履行不能にはなりません。

12 **第413条の2　履行遅滞中又は受領遅滞中の履行不能と帰責事由**
1　債務者がその債務について遅滞の責任を負っている間に当事者双方の責めに帰することができない事由によってその債務の履行が不能となったときは、その履行の不能は、債務者の責めに帰すべき事由によるものとみなす。

（b）債務者の帰責事由

債務者の帰責事由も当然必要となりますが、履行遅滞中に当事者双方の帰責事由ではなくその債務が履行不能となったときは、債務者の帰責事由による履行不能とみなされます（413条の2第1項）⑫。

（c）履行不能が違法なこと

（d）損害の発生

（e）損害と履行不能との因果関係

（2）履行不能に基づく損害賠償請求の効果はなんだろう？

履行不能の場合、債権者は、債務者に対して、本来の債務の履行を請求できませんが、代わりに填補賠償を請求することができます（415条2項1号）。**填補賠償**とは、債務の履行に代わる損害賠償のことをいいます。

(3) どこまで賠償すればいいの？―損害賠償の範囲―

（1）相当因果関係論ってなんだろう？

債務不履行に基づいて損害が発生した場合、その発生した損害をどこまで賠償しなければならないのでしょうか。

416条は、相当因果関係の範囲内の損害賠償を認めるものと考えられています。具体的にいえば、損害賠償の範囲を無限に広げていくと、債務者に酷な結果になってしまい、かえって当事者間の公平を図るという損害賠償制度の趣旨に反することになってしまうので、社会通念によって相当と考えられる範囲内の損害の賠償に限定しようとするのです。

416条1項は、相当因果関係の原則を表明したものであり、通常生じる損害までが賠償の対象になるということを規定しています。これに対して、2項は、債務不履行と相当因果関係にある損害を確定する際に、その損害の基礎事情として、通常事情のほかに、予見すべきであった特別事情までを考慮してよいという趣旨の規定です。

たとえば、交通事故のけがは通常事情といえます。一方、そのけがのせいで、翌日の大事な取引に行けなかったことにより、被害者の勤務先の会社が取引に失敗したような場合は、通常生じるとは考えにくいので、特別事情といえます。

（2）損害賠償額を減額することはできるの？

（a）過失相殺

損害賠償制度というものは、当事者間の公平を図るためのものです。そこで、生じた損害を債務者と債権者で分担するのが公平なのではないか、という観点から認められたのが過失相殺（418条）です。

Case 1 では、店長は履行遅滞となっていますが、かりに太郎が転居したのに転居先を店長に教えなかったせいで、更に遅延の期間が延びてしまったとします。この場合には、遅延の期間が延びたことに、債権者である太郎にも過失があるといえます。そのため、太郎の過失によって増加した遅延損害金については、店長は支払う必要がなくなります。

（b）損害賠償額の予定

損害賠償額の予定（420条）があったような場合には、実際に発生した損害額の賠償は認められず、原則として、この予定額でしか賠償が認められません。

（c）金銭債務に関する特別の規定（419条）

金銭債務の不履行の場合には、実際に発生した損害に関わりなく、年３パーセントの法律で定められた法定利率で最初は損害賠償をします。その後一定期間ごとに法定利率を計算し直すという変動制になっていて、それしか認められていません（404条）。

4 受領遅滞ってなんだろう？

Case 2 **太郎は、持っていたバッグを５万円で店長に売り、店長にバッグを渡そうと店長宅まで行きましたが、店長はバッグの受取りを拒みました。**
店長が受け取ってくれないなら、このバッグをやっぱり花子に売りたい、と太郎が考えた場合、店長がバッグを受け取らないことを理由として、太郎と店長間の売買契約の解除ができるでしょうか？　また、太郎は店長に対して損害賠償の請求ができるでしょうか？

Answer 2 店長がバッグを受け取らないことは、債務不履行ではありません。そのため、太郎は、店長が受け取らないことを理由とした、両者間の売買契約の解

13 **第418条　過失相殺**
債務の不履行又はこれによる損害の発生若しくは拡大に関して債権者に過失があったときは、裁判所は、これを考慮して、損害賠償の責任及びその額を定める。

14 遅延損害金とは、履行期に債務が履行されなかったことによって生じた損害に相当する金銭のことをいいます。

15 **第420条　賠償額の予定**
1　当事者は、債務の不履行について損害賠償の額を予定することができる。（略）

16 **第419条　金銭債務の特則**
1　金銭の給付を目的とする債務の不履行については、その損害賠償の額は、債務者が遅滞の責任を負った最初の時点における法定利率によって定める。ただし、約定利率が法定利率を超えるときは、約定利率による。（略）

17 **第404条　法定利率**
1　利息を生ずべき債権について別段の意思表示がないときは、その利率は、その利息が生じた最初の時点における法定利率による。
2　法定利率は、年３パーセントとする。（略）

除も、損害賠償の請求もできません。

(1) 受領遅滞について理解しよう

債務の履行について、受領その他債権者の協力を必要とす
18 る場合に、債務者が弁済の提供をしたにもかかわらず、債権者が協力しないために履行が遅延している状態にあることを、**受領遅滞**といいます。

受領遅滞といえるには、①債務者が、本来（本旨）の債務に従った履行の提供をし、②債権者が、債務の履行を受けることを拒んだか、受け取れない状態にあることが必要です。

Case 2 では、太郎はバッグを渡そうと店長宅まで行っていますから①はみたしています。店長はバッグの受取りを拒んだので②もみたしているため、受領遅滞といえます。

(2) 受領遅滞にはどのような効果があるの？

債務の目的が特定された物の引渡しであれば、債務者は、受領遅滞後はその特定物を引き渡すまでの**保管義務が軽くなり、自分の財産物と同じぐらいの注意を払えばよく**なります（413条1項）。

19 次に、受領遅滞によって余分に履行費用がかかった場合に、その増加額は、債権者の負担となります（413条2項。**増加費用の債権者負担**）。たとえば、店長の受領遅滞によって、太郎がバッグを専門店に預け、店長が受領するまでの間、保管料がかかったときは、その保管料は店長の負担となります。

そして、受領遅滞後に当事者双方の責めに帰することができない事由によって履行不能となったときは、その履行不能は、債権者の帰責事由によるとみなされます（413条の2第2項。**危険の移転**）。その結果、債権者は、履行不能を理由として契約を解除することはできません（543条）。

第413条　受領遅滞
1　債権者が債務の履行を受けることを拒み、又は受けることができない場合において、その債務の目的が特定物の引渡しであるときは、債務者は、履行の提供をした時からその引渡しをするまで、自己の財産に対するのと同一の注意をもって、その物を保存すれば足りる。
2　債権者が債務の履行を受けることを拒み、又は受けることができないことによって、その履行の費用が増加したときは、その増加額は、債権者の負担とする。

第413条の2　履行遅滞中又は受領遅滞中の履行不能と帰責事由
2　債権者が債務の履行を受けることを拒み、又は受けることができない場合において、履行の提供があった時以後に当事者双方の責めに帰することができない事由によってその債務の履行が不能となったときは、その履行の不能は、債権者の責めに帰すべき事由によるものとみなす。

危険負担については、第20章 契約総論で詳しく学習します。

(3) 債権者に受け取る義務はあるの？

太郎は、店長がバッグを受け取らないことを理由に、店長に損害賠償を請求したり、契約を解除したりすることはできるでしょうか。

これについて、債権者には債務者からの給付を受領する義務があると考え、受領遅滞はこの義務に違反するという点で債務者の債務不履行にあたると考える立場もあります（債務不履行説）。この立場によれば、太郎は、店長に対して、債務不履行に基づく損害賠償を請求したり、売買契約を解除したりすることができます。

これに対して、債権者は権利をもっているだけと考え、債権者には債務者からの給付を受領する義務はないが、信義則上一定の法的責任があるにすぎないと考える立場があります（法定責任説）。この立場によれば、太郎は、店長に対して、損害賠償請求や、売買契約を解除することができなくなります。この立場が一般的（通説）だといわれています。

《復習 Word》
信義則とは、権利を行使するときや義務を実行するときは、相手の信頼（信義）を裏切らないように誠実にしなければならないという考え方です。

ただし、この通説に立っても、契約の解釈や信義則によって、受領義務を認めることがあります。**Case 2** には受取り拒否の事情が書かれていませんが、太郎と店長の売買契約の解釈や信義則によっては、店長の受領義務が認められる場合があります。そうなれば、太郎は店長に対して、債務不履行に基づく損害賠償を請求や売買契約の解除をすることができます。

プラスα文献

試験対策講座・債権総論 2 章 1 節～3 節
条文シリーズ 3 編■序、412 条～420 条
ステップアップ No. 19、No. 21

第15章 Exercise

1	銀行から500万円を借り入れた企業が、返済の期限が到来したにもかかわらず、返済をしない場合、直接強制の方法によって債務者の債務の強制的実現を図ることができる。（行書H19-32改題）	○ 2【2】
2	建物の賃貸借契約が終了し、賃借人が建物を明け渡さなければならないにもかかわらず、賃借人が建物を占有し続けている場合、直接強制の方法によって債務者の債務の強制的実現を図ることができる。（行書H19-32改題）	○ 2【2】
3	カラオケボックスの経営者と周辺住民との間で騒音をめぐって紛争が起こり、夜12時から朝10時まではカラオケボックスの営業をしないとの合意が両者の間で成立したにもかかわらず、夜12時を過ぎてもカラオケボックスが営業を続けている場合、直接強制の方法によって債務者の債務の強制的実現を図ることができる。（行書H19-32改題）	× 2【2】
4	債務の履行について確定期限があるときは、その期限が到来しても、債権者からの履行の請求を受けなければ、債務者は遅滞の責任を負うことはない。（特別区H18年）	× 3【1】(1)(b)
5	債務不履行に対する損害賠償の請求は、通常生ずべき損害の賠償をさせることを目的とするが、特別の事情により生じた損害であっても、当事者がその事情を予見することができたときは、債権者は、その賠償を請求することができる。（特別区H18年）	○ 3【3】(1)
6	当事者が、債務不履行について損害賠償額を予定した場合であっても、裁判所は、常にその額を増減させることができる。（特別区H22年）	× 3【3】(2)(b)
7	金銭給付を目的とする債務不履行については、その損害賠償額は、法定利率により定めるが、約定利率が法定利率を超えるときは、約定利率によるものとする。（特別区H18年）	○ 3【3】(2)(c)

債権譲渡——借りてなくてもお金を返さないといけないの?!

Case コンビニ店長は、太郎が恋人の花子への誕生日プレゼントを買いたいという依頼を受け、ブランドの指輪を仕入れ、10万円で太郎に売りました。このとき、太郎は、代金を3か月後に支払うことを店長と合意しました。

それから1か月が経過したころ、翌日に支払があることをすっかり忘れていた店長は、太郎に対する10万円の売買代金の債権を8万円で近くに居た飲み友人のB男に譲渡することにしました。更に2か月が経過し、その売買代金債権の支払期限が到来したので、B男は、太郎に対して10万円の売買代金の支払を請求しました。

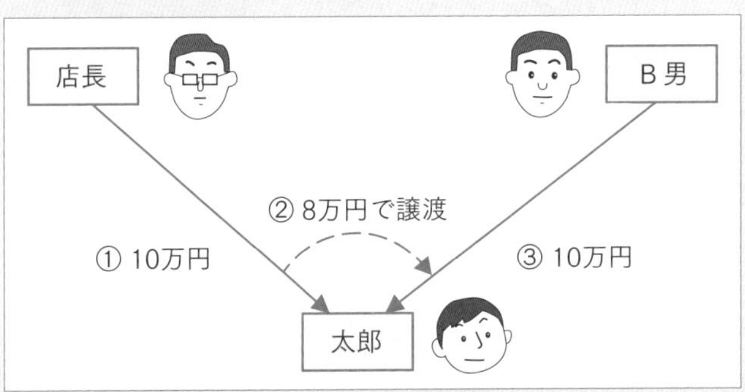

見知らぬB男から請求を受けた太郎は、代金の支払を拒絶することができるのでしょうか。かりに拒絶できるとすると、B男は、どのような手段をとれば、代金の支払を受けることができるのでしょうか。

Answer 太郎は、ブランドの指輪の売買契約の当事者ではないB男に対して、10万円の代金の支払を拒絶することができます。

店長から10万円の売買代金債権を譲り受けたB男は、店長が太郎に対してその債権の譲渡について通知をし、または太郎がその債権の譲渡を承諾した場合には、10万円の代金の支払を受けることができます。

1 債権譲渡ってなんだろう？

(1) 債権譲渡について理解しよう

第1章 ようこそ民法の世界へ！を見よう！

債権は、特定人（債権者）が特定人（債務者）に対して、一定の財産上の行為（給付）を請求することを内容とする権利ですから、債権の発生原因である契約等の当事者が債権を行使するのが通常です。**Case** でいえば、店長が太郎に対して債権を行使するのが通常です。

意外かもしれませんが、債権も売り買いされることがあります。

第466条 債権の譲渡性
1 債権は、譲り渡すことができる。（略）

1 しかし、債権もひとつの財産権ですから、債権を売買など①の目的物として、債権の同一性を保ちつつ他人に移転することが
2 できます（466条1項本文）②。**Case** では、店長がB男に対して、太郎に対する10万円の売買代金債権を8万円で売却することによって、その債権の性質を変えないまま譲渡しています。このような場合を債権譲渡といいます。

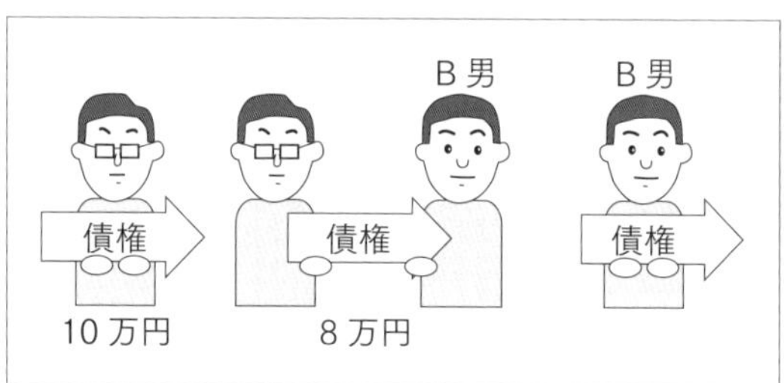

債権譲渡は、たとえば **Case** の店長のように、債権の弁済期が到来する前に現金がほしい場合に、その債権を他人に売却することによって現金を手に入れるために用いられます。

(2) 債権譲渡の効果はどのようなもの？

まず、債権譲渡が行われると、その目的となった債権が譲

受人に移転します。

次に、債権譲渡は、**債権の同一性を保ちつつ債権を移転する**ことを意味するので、債権に付随している利息債権、保証債権、担保権も譲受人に移転します。たとえば、**Case** を前提に、D 男が、太郎の店長に対する代金支払債務を保証していたとします。つまり、店長がD 男に対して保証債権をもっているということです。このとき、店長が、太郎に対する代金債権をB 男に譲渡すると、店長のD 男に対する保証債権も店長からB 男に移転することになります。

また、債務者が債権者に対してもっている同時履行の抗弁権や期限の合意などの各種抗弁権は、すべて譲受人に対して主張しうることになります。たとえば、**Case** では、店長と太郎との間で、売買代金の支払は3か月後とするという期限の合意がされているため、太郎は、この期限の合意を代金債権の譲受人であるB 男に対しても主張しうるのです。

3

第466条　債権の譲渡性
1　債権は、譲り渡すことができる。ただし、その性質がこれを許さないときは、この限りでない。
2　当事者が債権の譲渡を禁止し、又は制限する旨の意思表示（以下「譲渡制限の意思表示」という。）をしたときであっても、債権の譲渡は、その効力を妨げられない。
3　前項に規定する場合には、譲渡制限の意思表示がされたことを知り、又は重大な過失によって知らなかった譲受人その他の第三者に対しては、債務者は、その債務の履行を拒むことができ、かつ、譲渡人に対する弁済その他の債務を消滅させる事由をもってその第三者に対抗することができる。（略）

2 債権譲渡を制限することはできるの？

(1) 債権譲渡の制限について理解しよう

1(1)で説明したとおり、**債権は自由に譲渡することができるのが原則**です（466条1項本文）③が、次の2つの場合には、例外的に債権譲渡が制限されます。

1つは、**性質による譲渡制限**です（466条1項ただし書）。たとえば、借用物の使用者（594条2項）、使用者の権利（625条1項）です。かりに、友達にゲームを貸したときに、その友達が勝手にあなたの知らない人にそのゲームを貸していたら気分が悪いでしょう。これらが性質上その譲渡が制限されているものです。

もう1つは、**法律による制限**です。たとえば、生活保護を受ける権利（生活保護法59条）などの債権は、特定の債権者に対して履行される、生活保護者しか使えない権利なので、法律によって譲渡が制限されています。

(2) 譲渡制限の意思表示って何？

債務者の弁済先を明確にしておきたいなどの事情から、当事者において、債権の譲渡を禁止、または制限する旨の意思表示をすることがあります。これを**譲渡制限の意思表示**といいます。しかし、この意思表示によっても、債権の譲渡は、その効力を妨げられません（466条2項）。

かりに、**Case** における店長と太郎の間の売買契約の際に、10万円の売買代金債権について譲渡制限の意思表示があったとします。この場合は、店長からB男に対する10万円の債権の譲渡の効力は妨げられずに有効です。つまり、店長からB男に移転するのです。

そうとはいえ、譲渡制限の意思表示について悪意または重過失がある譲受人などを保護する必要はありません。そのため、譲渡制限の意思表示がされたことを**知り**、または**重大な過失**によって知らなかった譲受人その他の第三者に対しては、債務者は、その**債務の履行を拒むことができ**、かつ、譲渡人に対する弁済その他の債務を消滅させる事由によってその第三者に対抗することができます（466条3項）。

したがって、先ほどの例では、B男が譲渡制限の意思表示について悪意または重過失がある場合には、太郎は、B男に対して、債権の履行を拒むことができます。また、店長に対する弁済などの事由をもってして対抗することができます。

3 債権譲渡の対抗要件はなんだろう？

(1) 債務者に対する対抗要件について理解しよう

(1) 通知か承諾が必要！

Case のように、債権譲渡は、債務者（太郎）の関与がなくても、債権者（店長）と譲受人（B男）の間で行うことができます。そのため、債権譲渡が行われると、債務者は譲渡人と譲受人のいずれに債務の履行をしたらよいのかわからなくなり、場合によっては譲渡人と譲受人とに二重に支払わされる危険もあります。そこで、このような二重払の危険を回避するために、債権譲渡については、**譲渡人から債務者に対する通知**または**債務者の承諾**が**債務者に対する対抗要件**とされています（467条1項）④。つまり、債権譲渡が行われたことを債務者に主張するためには、譲渡人が債務者に対して通知をするか、または債務者が承諾する必要があるのです。

通知とは、債権譲渡があったという事実を知らせる行為をいいます。この通知は譲渡人から債務者に対してすることが必要とされており（467条1項）、譲受人が譲渡人に代わって通知をすることはできないと考えられています（判例）⑤。

承諾とは、債務者が債権譲渡の事実についての認識を表明することをいいます。この承諾をする相手方は、譲渡人・譲受人のいずれでもかまいません。

（2）Caseでは太郎はB男に対抗できる？

Caseでは、店長の太郎に対する10万円の売買代金債権が店長からB男に譲渡されたのですから、B男がこの債権譲渡を債務者である太郎に対抗して10万円の支払を請求するためには、譲渡人である店長から太郎に対して通知をするか、または太郎が承諾をすることが必要となります。しかし、**Case**ではこれらの通知・承諾はされていません。そのため、太郎はB男に対して10万円の支払を拒絶することができます。

(2) 債務者以外の第三者に対する対抗要件はなんだろう？

Caseを前提に、店長が、太郎に対する売買代金債権を、B男だけでなくD男に対しても譲渡していたとします。このように、債権が二重に譲渡された場合に、いずれの譲受人が優

4 **第467条　債権の譲渡の対抗要件**
1　債権の譲渡（現に発生していない債権の譲渡を含む。）は、譲渡人が債務者に通知をし、又は債務者が承諾をしなければ、債務者その他の第三者に対抗することができない。
2　前項の通知又は承諾は、確定日付のある証書によってしなければ、債務者以外の第三者に対抗することができない。

5 試験対策講座・債権総論111頁

先するのでしょうか。具体的には、B男とD男のいずれが債権者として太郎に対して支払の請求をできるのでしょうか。

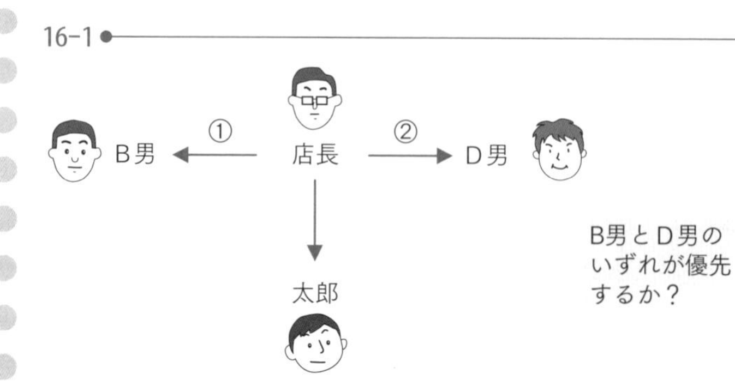

> 確定日付とは、その日付が確実に証明されるものをいいます。たとえば、内容証明郵便や公正証書が確定日付のある証書にあたります。

6 民法は、**確定日付のある証書による通知または承諾を債務者以外の第三者に対する対抗要件**としています（467条2項）。たとえば、B男にとって、D男は債務者以外の第三者ですから、B男が店長からB男に対する債権譲渡をD男に対抗するためには、確定日付のある証書による通知または承諾が必要になるのです。このように、複数の債権譲受人の間の優劣関係は、確定日付のある証書による通知または承諾が、どちらが先か後かによって決定されます。

債権の二重譲渡といっても、いくつかの場合があるので、個別にみていくことにしましょう。

（1）1人の譲受人だけについて、確定日付のある証書による通知・承諾がある場合はどうなるの？

たとえば、第1譲受人であるB男について単なる通知・承諾があり、第2譲受人であるD男について確定日付のある証書による通知・承諾がある場合、D男が優先することになります（467条2項）。ですから、D男は債務者である太郎に債務の履行を請求することができ、太郎はD男に弁済をしなければなりません。他方、B男は太郎に債務の履行を請求することができず、かりに太郎がB男に弁済をしたとしても、原則として有効な弁済とは認められません。

（2）第１譲受人と第２譲受人について、ともに確定日付のある証書による通知・承諾がある場合はどうなるの？

たとえば、第１譲受人であるＢ男と第２譲受人であるＤ男について、ともに確定日付のある証書による通知・承諾がある場合、確定日付のある証書による通知・承諾の有無によってＢ男とＤ男の優劣を決定することはできません。

それでは、何を基準に両者の優劣を決めるべきでしょうか。基準としては確定日付の先後も考えられますが、判例は、[7] 確定日付のある通知が債務者に到達した日時または確定日付のある債務者の承諾の日時の先後を基準としています。

7 債権譲渡の対抗要件の構造
試験対策講座・債権総論116頁

債権を譲り受けようとする第三者は、まず債務者に対して、そもそも債権が存在するのか、存在するとしてその債権は債権を譲渡しようとしている者に帰属しているのかを尋ねることが考えられます。これに対して債務者は、かりにその債権がすでに譲渡されていたとしても、その譲渡の通知を受けていないか、またはその承諾をしていない、つまり、債権譲渡の存在を認識していないかぎり、第三者に対して債権の帰属先に変動はないことを伝えるのが通常です。第三者はこのような債務者の表示を信頼してその債権を譲り受けることがあ

16-2

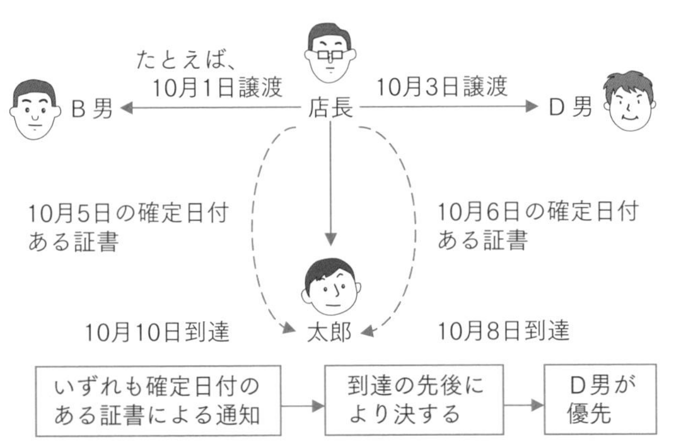

ります。467 条 1 項が通知・承諾を債権譲渡の対抗要件としたのは、このように、すでに債権が譲渡されてしまっているのかどうかについて債務者の認識を通じ、債務者から第三者に表示されることが可能ということに基づいています。

判例は、このような債権譲渡の有無についての債務者の認識を重視して、確定日付のある通知が債務者に到達した日時または確定日付のある債務者の承諾の日時の先後を基準としているのです。

（3）確定日付のある証書による通知が債務者に同時に到達した場合はどうなるの？

たとえば、第 1 譲受人である B 男と第 2 譲受人である D 男に対しての債権譲渡について、確定日付のある証書による通知が同時に債務者である太郎に到達した場合、どのような法律関係が生じるのでしょうか。

まず、譲受人である B 男と D 男の間の法律関係ですが、確定日付のある証書による通知が同時に債務者である太郎に到達しているのですから、**（2）**でお話しした基準では、B 男と D 男の間の優劣を決めることはできません。つまり、両者は対等な関係に立つことになります。そのため、B 男は D 男に対して、また D 男は B 男に対して、みずからが優先する譲受人であると主張することができません。

ただし、B 男も D 男も、債務者に対する対抗要件を備えているため、債務者である太郎に対しては債権全額の請求をすることができます。この場合、太郎は、B 男と D 男のうち先に請求をしてきた者に対して、確定日付のある証書による通知が同時に到達していることを理由に、支払を拒む、あるいは半額しか支払わないなどと主張することはできません。そして、太郎は、先に請求してきた者に全額を支払った場合には、後から請求してきた者に対しては、すでに弁済によって債務は消滅したことを理由に、支払を拒むことができます。

4 債務者の抗弁ってなんだろう？

(1) 債務者の抗弁について理解しよう

Case では、店長と太郎との間の売買契約に際して、太郎の代金支払債務の弁済期を契約の3か月後とする期限の合意があります。そこで、太郎は、債権の譲受人であるB男に対しても、この期限の合意を主張することができるのでしょうか。

債権譲渡は、債権の同一性を保持したまま債権を移転するものです。また、債権譲渡に関与していない債務者に不利益を課すことはできません。そこで、債務者は、対抗要件を十分に備える時までに譲渡人に対してできた事由（抗弁）で、譲受人に対抗することができます（468条1項）。つまり、抗弁は承継されるのです。

ですから、**Case** では、太郎は、譲渡人である店長に対して主張することができた期限の合意を、譲受人であるB男に対しても主張できます。B男が、店長から債権を譲り受けたあとすぐに太郎に支払の請求をしてきたとしても、太郎は、期限の合意を主張してその支払を拒むことができます。

《復習 Word》
対抗要件とは、すでに成立した権利関係、法律関係を他人に対して法律上主張することができるために必要とされる法律要件のことをいいます。不動産物権変動では登記が対抗要件になります（177条）。また、動産物権変動では引渡しが対抗要件になります（178条）。

8 **第468条　債権の譲渡における債務者の抗弁**
1　債務者は、対抗要件具備時までに譲渡人に対して生じた事由をもって譲受人に対抗することができる。

(2) 抗弁を放棄できるの？

民法の法文上にはありませんが、債務者がその意思表示により、抗弁を放棄することは自由とされています。ですから、たとえば **Case** において、代金支払債務について期限の利益の合意がついていたとしても、太郎は、その期限の利益という抗弁を放棄して、ただちにB男に支払うこともできます。

プラスα文献

試験対策講座・債権総論 3章1節[1]～[4]
判例シリーズ 59事件
条文シリーズ 466条、467条、468条
ステップアップ No.22

第16章 Exercise

1	債権譲渡は、同一性を保ちつつ債権を移転するものであるから、債権に付随している利息債権、違約金債権、保証債権、担保権などの権利や、債権に付着している同時履行の抗弁権は、当然に譲受人に移転する。（国ⅡH19年）	○ 1【2】
2	債権は自由に譲渡できるのが原則であるので、譲渡制限特約付債権の譲受人が、重大な過失によりその特約の存在を知らない場合であっても、債権を有効に取得する。（裁事H20年改題）	○ 2
3	譲渡人は債権の譲渡について利害を有するので、指名債権譲渡の債務者に対する対抗要件としての債務者の承諾は、譲渡人に対してする必要があり、譲受人に対する承諾は、対抗要件としての効力を有しない。（裁事H20年）	× 3【1】
4	XはAおよびBに同日に債権を譲渡した。そして、Xは、Aに対する債権譲渡を平成17年4月10日に確定日付のない証書でYに通知し、この通知が同日Yに到達した。他方、Bに対する債権譲渡を同月12日付けの確定日付ある証書でYに通知し、この通知が同月13日にYに到達した。この場合、確定日付の先後を比較することができないので、通知の到達日の早いAがBに優先する。（裁事H17年）	× 3【2】(1)
5	XはAおよびBに同日に債権を譲渡した。そして、Xは、Aに対する債権譲渡を平成17年4月10日付けの確定日付のある証書でYに通知し、この通知が同月14日正午にYに到達した。他方、Bに対する債権譲渡も同月10日付けの確定日付のある証書でYに通知し、この通知も同月14日正午にYに到達した。この場合、確定日付も到達日時も同じであるから、AとBは、Yに対し、それぞれ、XのYに対する債権額の半分ずつしか支払を請求することができない。（裁事H17年）	× 3【2】(3)

Topics

債権譲渡とアイドルとの握手権

いわゆる会いに行ける芸能人のアイドルと、実際に握手をして、ツーショットで写真を撮ることができる権利（以下「握手権」）が、CDについている応募券で申し込むと、抽選によって当たることがあります。人気のアイドルと握手したいという声は多く、以前は握手権が高値で転売されることが多かったそうです。これを防ぐために現在では、実際に握手する際に身分証の提示を求めることで、握手権は抽選に当たった本人しか使用できないようにされています。

しかし、ファン側も考えたもので、握手権のチケットの売買と一緒に身分証明書を貸すことにより、ばれないように握手権の譲渡を行っているそうです。

これを法的な観点からみてみましょう。当選者B男がもつ、アイドルのA子と握手や写真撮影をすることができる債権、握手権を考えてみましょう。性質上許されない場合でないかぎり、債権は自由に譲渡できます（466条1項）。おそらく、アイドルはどのような苦手な人とも握手する覚悟をもって仕事に臨んでいるといえますから、アイドルとの握手権は、どのような人から行使されてもアイドルに影響はないと考えられ、性質上債権譲渡が許されるものといえます。

ただし、前述のとおり、転売を防ぐために、抽選に当たったB男にしか握手権を行使できないことになっています。つまり、債権譲渡制限特約（466条2項）がついているのです。そのため、B男がA子を愛して止まないC男に握手権を譲渡した場合、譲渡自体は有効（466条2項）であるものの、悪意または重過失がある譲受人に対しては、債務者は履行を拒絶することができます（466条3項）。C男は、握手権が譲渡制限特約つきであると知っているでしょうから、A子はC男に対して債務の履行を拒絶できます。つまり、A子はC男との握手を拒否できるのです。C男は、愛しのA子と握手をするために万策を尽くしたというのに……。

第17章

債権の消滅——代金をチャラにする方法?!

1 弁済ってなんだろう？

Case 1 コンビニ店長は、新店舗のために、不動産屋Aとの間で、建物を3000万円で購入する契約を結びました。この場合、店長はどのような義務を負い、どのようにすればその義務（債務）を消滅させることができるでしょうか。

Answer 1 店長と不動産屋Aとの間では売買契約が結ばれているので、売買契約において、買主は代金
1 支払義務（555条）①を負います。そして、買主である店長は、3000万円の代金支払義務を負うことになります。
また、店長は、Aに3000万円を支払う（弁済する）ことでその義務（債務）を消滅させることができます。

> **第555条　売買**
> 売買は、当事者の一方がある財産権を相手方に移転することを約し、相手方がこれに対してその代金を支払うことを約することによって、その効力を生ずる。

(1) 弁済と弁済の提供って何が違うの？

(1) 弁済について理解しよう

弁済とは、債務者がその内容である給付を実現して、債権者の利益を充足させる行為をいいます。たとえば、**Case 1**での買主である店長による代金の支払や、売主である不動産屋Aがその建物を買主である店長に引き渡す行為が弁済にあたります。

2 弁済によって債務は消滅します（473条）②。

> **第473条　弁済**
> 債務者が債権者に対して債務の弁済をしたときは、その債権は、消滅する。

なお、債務が消滅するということは、債権者側からみれば、債権が消滅することを意味します。**Case 1**でいえば、買主である店長の代金の支払により、売主であるAの代金債権が消滅します。

（2）弁済の提供ってどういうこと？

弁済の提供とは、債務者側が実際に債務の履行（給付）をするために必要な準備をして、債権者の協力を求めることをいいます。

弁済は、ほとんどの場合、債権者の協力、具体的には債権者の受取り（受領）がないと、債務の履行は完了せず、債務は消滅しません。もしも債権者が受領しなかったら、債務がいつまでも存続します。その場合、債務者に債務の不履行によって生ずべき責任を負わせるのは酷です。そこで、債務者を**債務不履行責任から解放**するために認められたのが、弁済の提供という制度です。

弁済と弁済の提供とははっきり区別しておきましょう。

(2) 現実の提供と口頭の提供ってなんだろう？

弁済の提供が有効になるためには、①債務の本旨（約束）に
従った、②**現実の提供または口頭の提供**が必要です（493条）。 3
ここでは、②の現実の提供または口頭の提供について具体的にみていくことにします。

第493条　弁済の提供の方法
弁済の提供は、債務の本旨に従って現実にしなければならない。ただし、債権者があらかじめその受領を拒み、又は債務の履行について債権者の行為を要するときは、弁済の準備をしたことを通知してその受領の催告をすれば足りる。

（1）現実の提供ってどうするの？

現実の提供とは、債権者が弁済を受領しようと思えば受領できるような状態で提供することをいいます（493条本文）。たとえば、代金を持参して支払うという約束をしていた場合には、約束の場所に代金を持参して、「はい、どうぞ」と言って、まさに目の前に提供する行為、これが現実の提供にあたります。

（2）口頭の提供ってどうするの？

口頭の提供とは、債務者が現実の提供をするのに必要な準備を完了して、債権者にその受領を催告すればよいというものです（493条ただし書）。たとえば、酒店でビールを買い、「入荷次第引き取りますので連絡をください」というような話をした場合、酒店がビールを仕入れて、その準備ができたので、買主に連絡をして、「準備ができましたので、いつでも取り

に来てください」と言って通知したとすると、この準備と通知によって口頭の提供が行われたことになるのです。

口頭の提供の要件は２つあります。

１つ目は、**現実の提供をするのに必要な準備を完了**することです。これをしないまま通知し、受領の催告をしても、弁済の提供があったことにはなりません。

２つ目は、必要な準備を完了したことを通知して、その受**領を催告**することです。

では、どのような場合に、口頭の提供が許されるのでしょうか。口頭の提供が許される場合は、次の２つがあります。

（a）**債権者があらかじめその受領を拒んだ場合**

たとえば､債権者が理由もなく受取りの期日を延期したり、理由もなく契約の解除を主張したりする場合です。

（b）**債務の履行のために債権者の行為が必要な場合**

4 たとえば、取立債務④や前もって債権者の協力がなければ債務の履行ができない場合です。

> **取立債務**とは、債権者が債務者の住所まで取立てに行く債務のことをいいます。

債権者の協力がなければ弁済が不可能だから口頭の提供が許されます。そのため、債務者に要求される準備の程度は、債権者の協力行為があれば履行ができる程度のものであると考えられています。

（３）弁済の提供は常に必要なの？

債権者があらかじめ受領を拒んだだけでなく、債権者が受**領をしない意思が明確**な場合には、**口頭の提供すら不要**であ

5 ると考えられています（判例）⑤。このような場合には、債務者が弁済の準備をして通知をすること自体がまったく無意味と考えられるからです。

> 試験対策講座・債権総論160頁

6 (3) 弁済の提供の効果はどのようなもの？

> **第492条　弁済の提供の効果**
> 債務者は、弁済の提供の時から、債務を履行しないことによって生ずべき責任を免れる。

弁済の提供によってさまざまな効果が発生しますが、その主要な効果として、債務者が債務不履行責任から解放されることがあげられます（492条）⑥。そのため、弁済の提供をすれ

ば、履行遅滞責任を負わなくなります。つまり、遅延損害金を払わなくてすみますし、遅延利息や違約金の支払を免れることになります。

履行遅滞については、第15章 債権の効力を見よう！

第17章

(4) 第三者弁済ってなんだろう？

本来、弁済は債務者がするものですが、債務者以外の第三者が弁済をすることもあります。これが第三者弁済（474条）[7]です。たとえば、**Case 1** を前提に、店長に代わって太郎が建物の代金の支払をする場合です。

このような第三者弁済は、原則として許されています（474条1項）。ただし、3つの例外があります。

1つ目は、性質上の制限がある場合です（474条4項前段）。たとえば、絵を描く債務を負っている債務者に代わって第三者が絵を描いても、債務の弁済とはなりません。2つ目に、意思表示による禁止・制限の場合です（474条4項後段）。たとえば、債権者Aと債務者Bとの間で、Bのみが弁済をすることができ、第三者の弁済を許さないという特約を結んだ場合は、第三者であるCが弁済をすることはできません。3つ目は、利害関係がない第三者についての特別の制限の場合です（474条2項本文、474条3項本文）。利害関係がない第三者の弁済が債務者の意思に背くときも、第三者が弁済することは許されません。

7 **第474条　第三者の弁済**
1　債務の弁済は、第三者もすることができる。
2　弁済をするについて正当な利益を有する者でない第三者は、債務者の意思に反して弁済をすることができない。（略）
3　前項に規定する第三者は、債権者の意思に反して弁済をすることができない。（略）
4　前3項の規定は、その債務の性質が第三者の弁済を許さないとき、又は当事者が第三者の弁済を禁止し、若しくは制限する旨の意思表示をしたときは、適用しない。

(5) 「受領権者としての外観を有する者に対する弁済」ってなんだろう？

Case 2　**店長は、B銀行に100万円を預金していました。ある晩、泥棒Cが店長の家に侵入し、店長の預金通帳、印鑑や身分証明書等を盗み出しました。その後、Cは、身分証明書を偽造してB銀行の窓口に行き、「自分は店長である」と窓口係員をだまし、100万円を引き出してしまいました。**

こうした状況の場合、店長は、B 銀行から 100 万円の預金の払戻しを受けられるのでしょうか。

Answer 2 B 銀行による、債権者ではない泥棒 C に対する預金の払戻しが有効な弁済と認められる場合は、店長は B 銀行から預金の払戻しを受けることができません。

478 条の「受領権者としての外観を有する者」にあたるのは、債権者、その代理人、債権質権者（366 条）などです。これら以外の者への弁済は無効となるのが原則です。**Case 2** でいえば、C は泥棒であり、預金を受領する権限はありません。ですから、B 銀行が C に預金を払い戻したとしてもその弁済は無効であり、預金の払戻債務は存続するのが原則です。つまり、店長は預金の払戻しを受けられるのが原則です。

しかし、**Case 2** の B 銀行の C に対する弁済を、例外的に有効な弁済とする制度があります。それが、**受領権者としての**
8 **外観を有する者に対する弁済**の制度です（478 条）Ⓑ。これは、受領権者ではないのに、取引通念上受領権者らしい外観をしている者に弁済した場合、弁済者保護の観点から、善意・無過失で弁済をした弁済者との関係で債務を消滅させてしまう制度です。

第 478 条　受領権者としての外観を有する者に対する弁済
受領権者（債権者及び法令の規定又は当事者の意思表示によって弁済を受領する権限を付与された第三者をいう。以下同じ。）以外の者であって取引上の社会通念に照らして受領権者としての外観を有するものに対してした弁済は、その弁済をした者が善意であり、かつ、過失がなかったときに限り、その効力を有する。

Case 2 でいえば、C は、本人しか持っていないであろう預金通帳や印鑑、身分証明書を提示しているため、取引通念上受領権者らしい外観をしています。

B 銀行が、C を店長であると信じ、そのように信じたことに過失がなければ、B 銀行の C に対する預金の払戻しは有効な弁済となります（478 条）。この場合は、B 銀行の預金の払戻債務は消滅し、店長は B 銀行から預金の払戻しを受けることができなくなります。

結局、店長が B 銀行から預金の払戻しを受けることができるかできないかは、B 銀行の C に対する弁済が有効な弁済と認められるかどうかにかかっていることになります。

2 供託ってなんだろう？

(1) 供託について理解しよう

供託とは、弁済者が債権者のために給付の目的物を供託所に保管させることによって債権を消滅させる制度をいいます（494条から498条まで）[9]。

9 **第494条　供託**
1　弁済者は、次に掲げる場合には、債権者のために弁済の目的物を供託することができる。この場合においては、弁済者が供託をした時に、その債権は、消滅する。（略）

(2) 供託制度は何のためにあるの？

供託という制度はなぜ設けられたのでしょうか。

たとえば、債務者が、弁済をしようと思い、金銭を準備して債権者のもとへ持っていき、現実の提供をしたにもかかわらず、債権者が受け取ってくれないとします。この場合、債権者が受け取らないかぎり、債務は消滅しません。しかし、それでは債務者がさまざまな負担を負い続けることになって酷だという観点から、前に説明したとおり、弁済の提供の制度が定められました。ただし、弁済の提供をしても、債務そのものが消滅するわけではありません。そこで、債務者が、供託所に金銭等の給付の目的物を持っていき、供託をすることにより債務そのものを消滅させる制度、それが供託制度です。

地主や家主から賃料増額の請求があった場合、借地人や借家人が従来どおりの賃料を提供しても、地主や家主は受け取ってくれません。そのような場合に、借地人・借家人は、相当と認める賃料を供託して賃金債務を消滅させることができます。

3 代物弁済ってなんだろう？

(1) 代物弁済について理解しよう

代物弁済とは、弁済できる者（弁済者）が、債権者との間で、債務者の負っている給付に代えて、ほかの給付をすることによって、債務を消滅させる行為をいいます（482条）[10]。たとえば、MがNに対して50万円の貸金返還債務を負っている場合に、金銭で返還するという本来の給付に代えて、50万円相当の時計を給付することによって、その貸金返還債務を消滅させる旨の合意をする契約です。

10 **第482条　代物弁済**
弁済をすることができる者（以下「弁済者」という。）が、債権者との間で、債務者の負担した給付に代えて他の給付をすることにより債務を消滅させる旨の契約をした場合において、その弁済者が当該他の給付をしたときは、その給付は、弁済と同一の効力を有する。

(2) 代物弁済の要件はなんだろう？

代物弁済の要件は、①**当初の給付**（債権）が存在していて、②**当初の給付に代わる給付をすることについての合意があること**（**代物弁済契約**といいます）です。

代物弁済契約が成立するためには、当初の給付に代わる給付が実際に行われることまでは要求されないため、要物契約ではなく、諾成契約です。[11]

11 **諾成契約**とは、契約当事者の合意だけで効力の生ずる契約をいいます。対義語は、要物契約です。

(3) 代物弁済の効果はどのようなもの？

代物弁済契約の履行として給付が実際に行われれば、債権消滅の効果、つまり弁済と同一の効力があります（482条）。(1)にある例では、MとNとの間の合意に基づき、Mが時計を給付することによって、Mの貸金返還債務は消滅することになります。

4 相殺ってなんだろう？

Case 3 **店長は不動産屋Aに対して80万円の貸金債権があり、逆に、Aは店長に対して30万円の代金債権をもっています。店長は、Aに対して30万円を支払うことを免れるためには、どうしたらよいでしょうか。**

Answer 3 **店長は、自分がもつ貸金債権と不動産屋Aがもつ代金債権を相殺することによって、30万円の支払を免れることができます。**

17-1

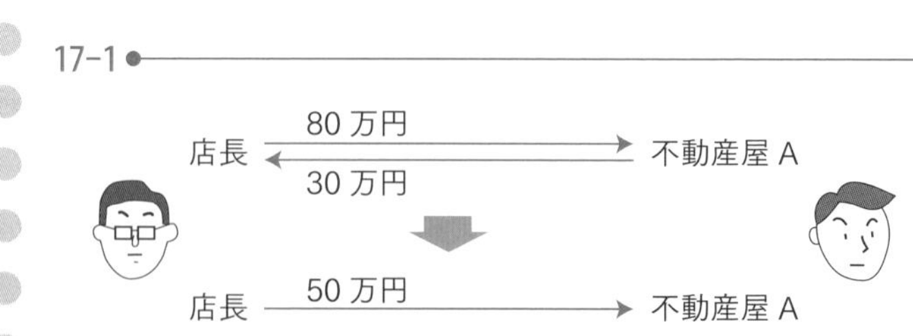

第17章

(1) 相殺について理解しよう

相殺とは、債権者と債務者に互いに同種の内容の債権・債務がある場合に、自分が相手方に対してもつ債権と、相手方が自分に対してもっている債権（自分からみた場合は債務）とを対当額で消滅させる意思表示をいいます（505条1項本文）。[12]

> **第505条　相殺の要件等**
> 1　2人が互いに同種の目的を有する債務を負担する場合において、双方の債務が弁済期にあるときは、各債務者は、その対当額について相殺によってその債務を免れることができる。（略）

Case 3 では、店長と不動産屋Aは、互いに金銭債務という同種の目的をもつ債務を負担しているので、店長の相殺の意思表示によって貸金債権のうち30万円が消滅し、貸金債権の残額は50万円になります。相殺により債務は対当額で消滅するので、Aの代金債権30万円が消滅し、代金債権そのものが消滅します。

相殺をしようとする側の債権を**自働債権**といい、相殺される側の債権を**受働債権**といいます。

Case 3 では、店長が相殺をしようとしているので、店長の貸金債権が自働債権、Aの代金債権が受働債権となります。**Case 3** とは異なり、Aが相殺をしようとするときは、Aの代金債権が自働債権、店長の貸金債権が受働債権となります。

自働債権と受働債権という言葉には、どちらにも債権という言葉が含まれているので、最初のうちは何が自働債権で、何が受働債権なのか、混乱してしまうかもしれません。何度も具体的な場面を思い浮かべて、これらの言葉に慣れるようにしてください。

(2) 相殺の要件はなんだろう？

相殺をするためには、双方の債権が相殺をするための諸条件を備えている状態（相殺適状）であり、かつ、**相殺が禁止されていないこと**が必要となります。

（1）相殺をするのに適した状態とは？―相殺適状―

（a）自働債権が弁済期にあること

まず、相殺をするには、**自働債権が弁済期にある必要**があります（505条1項本文）。たとえば、**Case 3** で、店長の代金債権に期限があり、いまだ弁済期が到来していない場合は、店長は相殺をすることができません。なぜなら、相殺は、相手方（相殺される側、**Case 3** では不動産屋 A）にとって、債務の履行を強制されることを意味しますが、弁済期が到来していない以上履行を強制することはできず、相手方を保護する必要があるからです。

他方、505 条 1 項本文は「双方の債務が弁済期」にあることを要件としていますが、**受働債権は弁済期にある必要はありません**（判例）⑬。たとえば、**Case 3** で、（不動産屋 A の債務〔自働債
13 権〕は弁済期にありますが）店長の債務（受働債権）が弁済期にない場合でも、店長は相殺をすることができます。なぜなら、相殺は、相殺をする側（**Case 3** では店長）にとっては、受働債権の債務者として受働債権について任意に弁済することを意味しますが、債務者が期限の利益を放棄して弁済期前に弁済することは債務者の自由であるため（136 条 2 項）⑭、債務者を保護する必要はないからです。

試験対策講座・債権総論 215 頁

期限の利益については、第 6 章 契約の有効要件（意思表示等）③を見よう！

第 136 条　期限の利益及びその放棄
2　期限の利益は、放棄することができる。（略）

14 **（b）双方の債権が有効に存在すること**

次に、相殺をするためには、原則として、**双方の債権が有効に存在**している必要があります。しかし、すでに自働債権が消滅時効にかかった場合に、自働債権が時効消滅する前に相殺適状にあったときは、相殺をすることができます（508 条）⑮。
15 なぜなら、たしかにこの場合には双方の債権が存在しているとはいえませんが、自働債権が時効消滅する前に債権・債務が相殺適状にあったときには、当事者はその債権・債務は決済されたと考えるのが通常だからです。

消滅時効については、第 9 章 時効を見よう！

第 508 条　時効により消滅した債権を自働債権とする相殺
時効によって消滅した債権がその消滅以前に相殺に適するようになっていた場合には、その債権者は、相殺をすることができる。

（c）自働債権に抗弁権が付着していないこと

さらに、**自働債権に抗弁権が付着している場合は相殺することはできません**。なぜなら、このような場合に相殺が許されてしまうと、相手方に抗弁権があるにもかかわらず、自働債権について一方的に履行を強制することになってしまうからです。たとえば、自働債権に同時履行の抗弁権が付着して

いる場合に相殺を許すと、相手方は、同時履行の抗弁権をもっているため履行を強制される立場ではないにもかかわらず、相殺されることによって履行を強制されるのと同様の立場におかれることになってしまうからです。

ただし、例外があります。請負人の請負代金債権と注文者の損害賠償債権とは同時履行の関係にありますが（533条括弧書）、両債権は同時履行を維持しなければならない必然性がないため、相殺が認められています（判例）⑯。注文者の損害賠償請求権は⑰、実質的には代金減額請求的な意味をもつので⑱、相殺を認めても相手方（注文者）の抗弁権を失わせるような不利益を与えることにはならないのです。

16 試験対策講座・債権総論217頁

17 **第533条　同時履行の抗弁**
双務契約の当事者の一方は、相手方がその債務の履行（債務の履行に代わる損害賠償の債務の履行を含む。）を提供するまでは、自己の債務の履行を拒むことができる。ただし、相手方の債務が弁済期にないときは、この限りでない。

18 請負人の請負代金債権が損害賠償債務の分だけ減るということです。

（2）どのような場合に相殺は禁止や制限がされるの？

（a）相殺禁止・制限の意思表示がある場合

当事者は、相殺を禁止したり、制限したりする意思表示をすることができますが、そのような相殺禁止・制限の意思表示は、第三者がこれを**知り**、または**重大な過失によって知らなかったとき**にかぎって、第三者に対抗できます（505条2項）。

（b）不法行為等により生じた債権を受働債権とする場合

受働債権が、①**悪意による不法行為に基づく損害賠償の債務**の場合や、②**人の生命または身体の侵害による損害賠償の債務**の場合（②の場合には、債務不履行を理由とするときも含みます）には、相殺は禁止されています（509条本文1号、2号）⑲。

19 **第509条　不法行為等により生じた債権を受働債権とする相殺の禁止**
次に掲げる債務の債務者は、相殺をもって債権者に対抗することができない。（略）
① 悪意による不法行為に基づく損害賠償の債務
② 人の生命又は身体の侵害による損害賠償の債務（前号に掲げるものを除く。）

①の趣旨は不法行為誘発の防止、②は被害者に現実の給付を得させようとする点にあります。

たとえば、Mが、Nに対して偶然債権をもっていた場合に、悪意による不法行為の加害者Mが、その債権と損害賠償の債務とを相殺することまで認めてしまうと、不法行為の誘発を認めることになるため、これを防止するために認められていないのです。

他方、**自働債権**が上の①や②による損害賠償の債務の場合であっても、相殺することができます。たとえば、Nが、M

に対して偶然債務を負担していた場合に、被害者Ｎからその債務と悪意による不法行為の加害者Ｍの損害賠償の債務とを相殺することはできます。

試験対策講座・債権総論219頁

20 自働債権と受働債権が、ともに不法行為（たとえば同一交通事故）によって生じたときに、相殺が許されるかについて争い
21 がありますが、判例[20]は相殺を認めていません。

第511条　差押えを受けた債権を受働債権とする相殺の禁止
1　差押えを受けた債権の第三債務者は、差押え後に取得した債権による相殺をもって差押債権者に対抗することはできないが、差押え前に取得した債権による相殺をもって対抗することができる。

（ｃ）差押えを受けた債権を受働債権とする場合

差押えを受けた債権の第三債務者は、差押え後に取得した債権による相殺では差押債権者に対抗することができませんが、差押えの前に取得した債権による相殺では対抗することができます（511条1項）[21]。つまり、差押えの前に取得した債権を自働債権とするのであれば、差押え時に相殺適状にある必要はありませんし、また、自働債権と受働債権の弁済期の前
22 後を問わず、相殺することができるという見解（無制限説・判例）[22]を採用しています。

相殺と差押え
試験対策講座・債権総論220頁

17-2

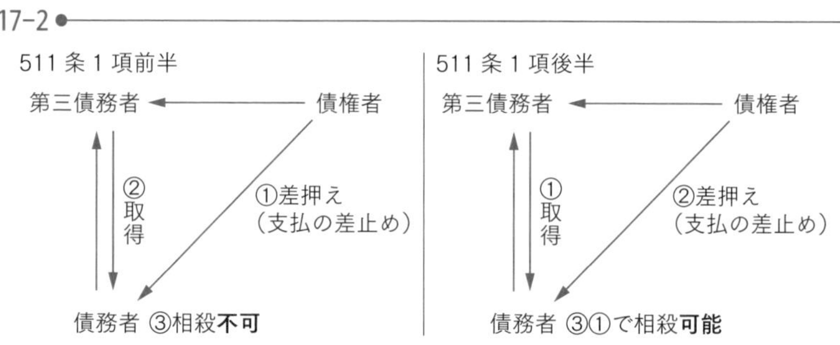

たとえば、8月1日現在、太郎は、店長に対して弁済期が10月1日の貸金債権（店長からみた場合は貸金返還債務）を有しており、これに対して、店長は、太郎に対して弁済期が9月1日の代金債権（太郎からみた場合は代金支払債務）をもっているとします。このような状況のもと、店長に対して債権をもっている客Ａが、9月1日に、店長の代金債権を差し押さえました。太郎が相殺をする場合、その相殺は受働債権である店

長の代金債権が差し押さえられた後にするものですが、自働債権である太郎の貸金債権は、受働債権の差押え前（9月1日より前）に取得した債権です。ですから、太郎は、自己の債務を履行しないまま、自働債権の弁済期である10月1日が到来すれば、客Aに対して、客Aが差し押さえた店長の代金債権は相殺により消滅したことを主張することができます。

10月1日現在では、太郎は、代金支払債務につき、9月1日から10月1日までの履行遅滞責任を負うことになります。

17-3

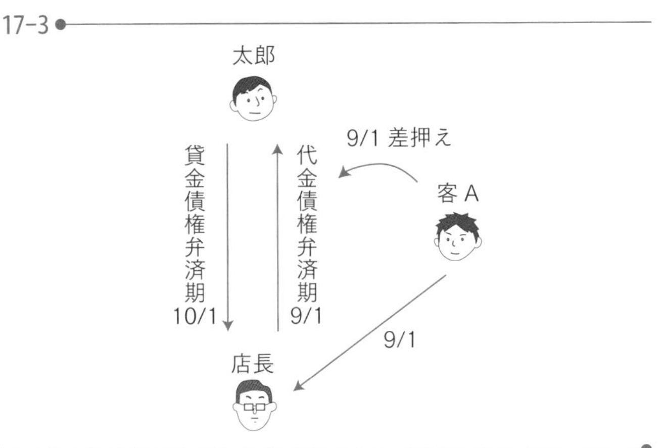

(3) 相殺は意思表示によってする

相殺は、当事者の一方が相手方に相殺をする旨の意思表示をすることによって行われます（506条1項前段）[23]。相殺の意思表示には条件または期限をつけることはできません（506条1項後段）。ただし、相殺契約[24]を締結することによって、条件・期限をつけることはできます。

23 **第506条　相殺の方法及び効力**
1　相殺は、当事者の一方から相手方に対する意思表示によってする。この場合において、その意思表示には、条件又は期限を付することができない。
2　前項の意思表示は、双方の債務が互いに相殺に適するようになった時にさかのぼってその効力を生ずる。

24 相殺契約とは、相殺の方法や要件・効果を合意で定めることをいいます。

(4) 相殺の効果はどのようなもの？

相殺によって、双方の債権は対当額で消滅します（505条1項本文）。

また、双方の債権は、相殺適状を生じた時にさかのぼって消滅します（506条2項）。この相殺の遡及効により、相殺適状になった後に発生した利息は生じなかったことになり、相殺

《復習 Word》
相殺適状とは、双方の債務を相殺するための要件を備えることをいいます。

適状になった後に生じた履行遅滞の効果（損害賠償債務や違約金債務）も消滅することになります。

5 その他に消滅原因があるの？

これまでみてきた債務の消滅原因以外の消滅原因としては、期間が満了した場合（たとえば賃貸借契約の期間の満了）、消滅時効が完成した場合、契約の解除・取消しの場合などがあげられます。

プラスα文献

試験対策講座・債権総論 4章1節～4節
判例シリーズ 63事件、65事件
条文シリーズ 474条、478条、482条、492条～494条、505条～511条
ステップアップ No. 20、No. 23

第17章 Exercise

1	履行に債権者の行為を要する債務について債務者が口頭の提供をするには、債権者の協力行為があれば履行ができる程度の準備をすることを要する。（裁事 H16 年）	○ 1【2】(2)
2	自働債権は、弁済期に達していなくても相殺することはできるが、受働債権は、弁済期に達していなければ相殺することはできない。（特別区 H17 年）	× 4【2】(1)(b)
3	自働債権に相手方の同時履行の抗弁権が付着している場合には、原則として相殺は許されないが、注文者が請負目的物の瑕疵修補に代わる損害賠償請求権を自働債権とし、これと同時履行の関係にある請負人の報酬請求権を受働債権として相殺することは許される。（裁事 H21 年）	○ 4【2】(1)(c)
4	不法行為の被害者は、不法行為によって生じた加害者に対する損害賠償債権と、自己に対する損害賠償債権以外の加害者の債権との相殺を主張することができない。（国Ⅱ H18 年）	× 4【2】(2)(b)
5	登記された抵当権の目的となっている建物が賃貸されている場合において、抵当権者が物上代位により賃料債権を差し押さえた後は、賃借人は抵当権設定登記後に取得した債権を自働債権として、差し押さえられた賃料債権との相殺を主張することができない。（国Ⅱ H18 年）	○ 4【2】(2)(c)
6	相殺の効力は、相殺の意思表示が相手方に到達した時に発生するため、意思表示の到達前に相殺適状にいたったとしても、その時点には遡及しない。（特別区 H17 年）	× 4【4】

第18章

責任財産の保全
——こんなにあるの!?　自分の財産を取り戻す方法

1　なぜ財産を確保する必要があるの？

債務者が債務の履行に応じてくれない場合、債権者は強制執行という手続によって自己の債権を回収することになります。しかし、債務者が不適切な財産の処分や管理をした場合には、債務者の責任財産①が十分に確保されず、債権者が強制執行を行っても、効果がないおそれがあります。そこで、将来の強制執行に備えて債務者の責任財産を確保し、債権者が債権をきちんと回収できるように、債権者代位権（423条以下）と詐害行為取消権（424条以下）という制度があります。

1　責任財産とは、強制執行の対象となる債務者の財産をいいます。

2　債権者代位権ってなんだろう？

Case 1　太郎は宝くじで300万円が当たったので、丁度その時経営不振で困っていたコンビニ店長に300万円を貸し付けたことから、300万円の債権をもっています。しかし、店長は他の人からも計1000万円の借金をしているので、太郎にはなかなか返済してくれません。店長には土地などの財産はなく、客Aに対して500万円の代金債権をもつのみです。しかし、店長はなぜか客Aに500万円を請求しようとしません。そのため、店長が客Aから500万円を返してもらい、そこから太郎が

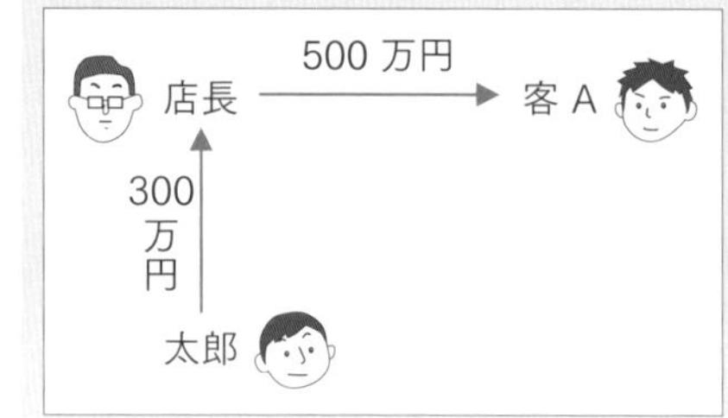

300万円を返してもらうことは望めない状況です。
このような場合、太郎は、どうすれば300万円を回収し、貸金の債権を回収することができるのでしょうか。

Answer 1 太郎は債権者代位権を行使することによって、客Aに対し、300万円を自己に支払うように請求することができます。

1 債権者代位権について理解しよう

債権者代位権とは、債務者が債務者の権利を行使しない場合に、債権者が自分の債権を保護するために、債務者に代わり、自分の名で債務者の権利を行使する制度をいいます（423条以下）。債権者は、これによって自分の責任財産の消滅・散逸を阻止することができます。

2 **第423条　債権者代位権の要件**
1　債権者は、自己の債権を保全するため必要があるときは、債務者に属する権利（以下「被代位権利」という。）を行使することができる。（略）

Case 1 では、店長が500万円の代金債権の行使を怠っていて、太郎が300万円の債権を回収できない状況です。そこで、太郎は、店長に代わって、自分の名で、客Aに対して代金の支払を請求することができます。

なお、債権者代位権は、債権者が自分の名で債務者の権利を行使するものであり、債務者の代理人としてその権利を行使するわけではありません。

また、債権者代位権は、3の詐害行為取消権とは異なり、裁判によらなくても使うことができます。

2 債権者代位権を使うための要件はなんだろう？

（1）被保全債権が存在すること

3 被保全債権とは、債権者が保全しようとする、債権者が債務者に対してもっている債権をいいます。
Case 1 では、太郎のもつ貸金債権が被保全債権です。

債権者代位権が責任財産を保護するための制度であるため、債権者に保護する必要のある債権があることが必要です（423条1項本文）。このような債権を被保全債権といい、被保全債権は、金銭債権である必要があります。

（2）保全の必要があること

強制執行をしても債権を回収することができないおそれが

無資力とは、債務超過の状態のことをいいます。
債務超過とは、プラスの財産（資産）よりもマイナスの財産（負債）のほうが多いことをいいます。

4 あること、つまり、債務者が無資力であることが必要です。

（3）債務者みずからその権利を行使しないこと

債務者がすでにその権利を行使している場合には、債権者代位権の行使は債権者による債務者の財産管理への干渉になるため、債権者代位権の行使は認められません。

（4）被保全債権が弁済期に達していること

債権者代位権は、強制執行の準備のため、債務者の責任財産を確保する制度です。そして、弁済期にある債権でなければ強制執行はできません。そのため、債権者代位権を行使するには、被保全債権が弁済期にあることが必要です（423条2項本文）。ただし、債権者は、被保全債権の期限前であっても、
5 保存行為をするためなら、債務者のもつ権利（被代位権利）を行使することができます（423条2項ただし書）。

たとえば、債権者のもつ被保全債権の弁済期が到来する前に、債務者のもつ債権が時効によって消滅してしまうような場合に、被保全債権の弁済期が到来するのを待っていると、債権者は債権者代位権を行使することができなくなってしまいます。このような不都合を避けるため、保存行為として、債務者のもつ債権を消滅させないために債権者代位権を行使することが認められています。

（5）代位される権利が一身専属権でないこと

代位される権利は、財産権を広く含み、請求権（債権、物権的請求権、登記請求権など）だけでなく、形成権（取消権、解除権、相殺権など）もこれに含まれますが、**一身専属権**は代位行使できません（423条1項ただし書）。

一身専属権とは、ここでは債務者しか使えない権利をいいます。婚姻の取消権、認知請求権がそれにあたります。また、名誉権侵害に基づく慰謝料請求権は、これを行使するかどうかはもっぱら被害者自身の意思によって決められるべきであるため、被害者だけが行使できる一身専属権にあたり、原則として債権者代位権の対象にはなりません。

6 しかし、判例は、被害者が慰謝料請求をする意思を表示し、慰謝料の具体的な金額が確定した場合には、一身専属権ではなくなり、債権者代位権の対象になるとしています。

試験対策講座・債権総論250頁

〔3〕どの範囲で他人の権利を行使できるの？

債権者は、被代位権利を行使する場合に、被代位権利の目的が分けられるものであるときは、自己の債権の額の限度に

おいてのみ、被代位権利を行使することができます（423条の2）。たとえば、**Case 1**においては、太郎は、客Aの代金債権500万円全体ではなく、被保全債権300万円の範囲内でのみ、債権者代位権を行使できます。

7 **第423条の2 代位行使の範囲**
債権者は、被代位権利を行使する場合において、被代位権利の目的が可分であるときは、自己の債権の額の限度においてのみ、被代位権利を行使することができる。

(4) 代位の効果はどのようなもの？

債権者は、被代位権利を行使する場合に、被代位権利が金銭の支払または動産の引渡しを目的とするものであれば、相手方に対して、その支払・引渡しを自分に対して行うように請求できます（423条の3前段）。また、相手方が債権者に対してその支払・引渡しをしたら、被代位権利はこれで消滅します（423条の3後段）。

8 **第423条の3 債権者への支払又は引渡し**
債権者は、被代位権利を行使する場合において、被代位権利が金銭の支払又は動産の引渡しを目的とするものであるときは、相手方に対し、その支払又は引渡しを自己に対してすることを求めることができる。この場合において、相手方が債権者に対してその支払又は引渡しをしたときは、被代位権利は、これによって消滅する。

つまり、**Case 1**で、太郎は、客Aに対して、直接300万円を太郎に支払うように請求することができ、客Aが太郎に300万円を支払ったときは、客Aの店長に対する債務は300万円が消滅するのです。

さらに、債権者が被代位権利を行使した場合でも、債務者は、第三債務者に対して、支払を請求したりすることができます（423条の5前段）。しかも、この場合には、相手方も、被代位権利について、債務者に対して履行をすることを妨げられません（423条の5後段）。要するに、**Case 1**で、太郎が債権者代位権を行使しても、店長は、客Aに対して債務の履行を求めることができ、客Aも、店長に対して債務の履行をすることができるのです。

9 **第423条の5 債務者の取立てその他の処分の権限等**
債権者が被代位権利を行使した場合であっても、債務者は、被代位権利について、自ら取立てその他の処分をすることを妨げられない。この場合においては、相手方も、被代位権利について、債務者に対して履行をすることを妨げられない。

(5) 債権者代位権の転用ってなんだろう？

債権者代位権が、本来の目的である責任財産の保全のために用いられるのではない場合を、**債権者代位権の転用**といいます。この名称から難しいと思うかもしれませんが、内容はとてもシンプルです。

18-1の図を見てください。まず、Mは甲土地をNに売りました。次に、Ｎが甲土地をＯに転売しました。ただ、甲土地の所有権登記はまだＭにあるとします。Ｏは、甲土地をＮから買ったのですから、甲土地の所有権登記がほしいと思うでしょうが、現時点では、甲土地の登記は直接の売主であるＮではなく、Ｍにあります。そこで、ＯはＮに対してもっている登記請求権を被保全債権（自分の保全したい権利）として、
10 ＮのＭに対する登記請求権（被代位債権といいます）を代位行使⑩
します。簡単にいうと、ＯがＮを代位してＭに対して、「登記を（Ｎに）移転しろ」と請求するわけです。そして、登記がＮに移ると、その登記をＮがＯに移し、Ｏは登記を得ることができます。これがいわゆる債権者代位の転用事例といわれるものです。

第423条の7　登記又は登録の請求権を保全するための債権者代位権
登記又は登録をしなければ権利の得喪及び変更を第三者に対抗することができない財産を譲り受けた者は、その譲渡人が第三者に対して有する登記手続又は登録手続をすべきことを請求する権利を行使しないときは、その権利を行使することができる。（略）

18-1
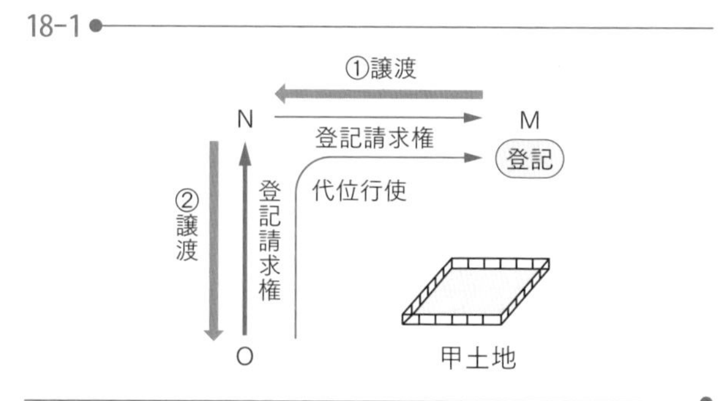

責任財産を保護する目的ではない（この例だと登記がほしいだけ）債権者代位の転用事例では、通常の債権者代位と異なる点が２つあります。①被保全債権は金銭債権である必要はないこと、②債務者が無資力である必要はないことです。

先ほどの例にあてはめると、被保全債権はＯのＮに対する登記請求権です。「お金を渡せ」というような金銭債権ではありません。そして、たとえＮにお金があったとしても、ＯがほしいのはQ登記なので、ＮのＭに対する登記請求権を行使したいと考えるはずです。そのため、債務者（Ｎ）の無資力要件も必要ありません。

3 詐害行為取消権ってなんだろう？

Case 2 太郎は、店長に300万円を貸し付けたことから、300万円の貸金債権をもっています。しかし、店長は他の人からも計1000万円の借金をしていて、太郎になかなか返済してくれません。

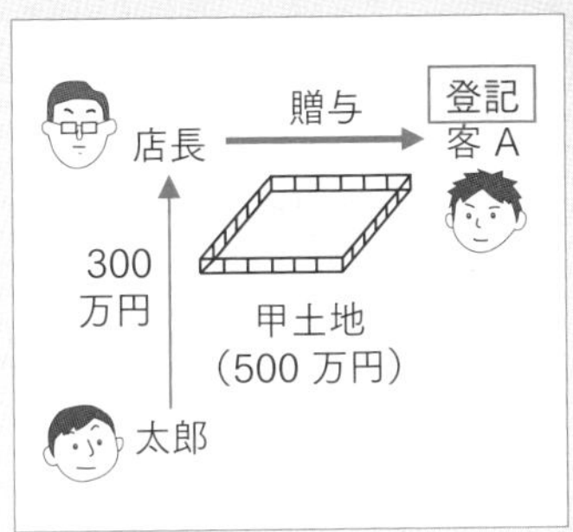

店長は唯一の財産として甲土地（時価500万円）をもっていましたが、これを客Aに贈与し、所有権移転登記もしてしまいました。そのため、太郎は、甲土地について強制執行をすることで自己の貸金債権の回収をすることができなくなってしまいました。客Aはこの状況を認識しています。このような状況で、太郎は、貸金債権を回収するためにどのような手段を採ることができるでしょうか。

Answer 2 太郎は、詐害行為取消権を行使することによって甲土地の贈与を取り消し、客Aに対し、登記を店長名義とするように請求することができます。

(1) 詐害行為取消権について理解しよう

詐害行為取消権とは、債務者が債権者を害することを知っていながら法律行為をした場合、債権者がその法律行為の取消しを裁判所に請求できる権利のことをいいます（424条1項[11]本文参照）。債務者の不適切な財産の管理処分の効力を失わせることで、責任財産を確保するための制度です。

Case 2 では、店長が客Aに甲土地を贈与したことで店長の唯一の責任財産が失われるのですから、贈与は債権者の太郎を害する行為といえます。そのため、太郎はこの贈与を取り消すことができます。そして、太郎は店長のもとにある甲

11 **第424条　詐害行為取消請求**
1　債権者は、債務者が債権者を害することを知ってした行為の取消しを裁判所に請求することができる。ただし、その行為によって利益を受けた者（以下この款において「受益者」という。）がその行為の時において債権者を害することを知らなかったときは、この限りでない。
3　債権者は、その債権が第1項に規定する行為の前の原因に基づいて生じたものである場合に限り、同項の規定による請求（以下「詐害行為取消請求」という。）をすることができる。

土地の強制執行をすることができ、貸金債権を回収することができます。

なお、詐害行為取消権は、債権者代位権と違い、裁判によって行使する必要があります。この場合の債権者の裁判所への請求を、**詐害行為取消請求**といいます（424条3項、1項）。

(2) 詐害行為取消権を行使するための要件はなんだろう？

（1）債権者に保全する債権（被保全債権）があること

被保全債権は、原則として金銭債権（お金）であることが必要です。なぜなら、詐害行為取消権が、債務者がお金がなく（無資力）、債権者に弁済することができない場合に、債務者が、ほかの人に対してもっている権利を、保全するための制度だからです。ただし、元は金銭債権でなくても、履行不能によって
12 て損害賠償請求権（金銭債権）になれば、被保全債権となりえます。

被保全債権とは、保全されるべき権利のことです。金銭債権や特定物の給付請求権のような権利に限定されません。

また、被保全債権は詐害行為の前の原因に基づいて生じたものである必要があります（424条3項）。詐害行為の後の原因に基づいて生じた債権は、詐害行為によって害されたとはいえないからです。たとえば、詐害行為前に成立していた被保全債権について生じる遅延損害金のうち、詐害行為の後に生
13 じたものであっても、被保全権利に含まれます（判例）。

試験対策講座・債権総論269頁

（2）詐害行為があること

（a）どのような行為が詐害行為なの？

《復習 Word》
準法律行為とは、意思表示によらずに法律効果を発生させる行為をいいます。

詐害行為とは、債務者が債権者を害する行為をいいます。詐害行為は、法律行為のほか、準法律行為も含まれますが、財産権を目的とするものでなくてはなりません。たとえば、相続放棄のような身分関係上の行為は「財産権を目的としな
14 い」とされています（判例）。そのため、相続放棄を詐害行為だとして取り消すことはできません。

試験対策講座・債権総論273頁

もっとも、身分関係上の行為でも、離婚する際に行う財産

離婚に伴う財産分与につ

分与は、夫婦が婚姻中にもっていた共同財産を清算し、相手の生活を維持させるという観点から、不相当に過大な場合には、財産分与にかこつけて行われた財産処分行為として、詐害行為取消しの対象となるとしています（判例）⑮。

（b）**詐害行為かどうかはどうやって判断するの？**

詐害行為の前後で債務者の財産のプラスとマイナスを計算し、その残額がその行為によっていっそう少なくなり、債権者が債権全額の弁済を受けられなくなるときに詐害性が認められます。たとえば、贈与や債務免除はこれにあたります。

また、次の3つのような場合には、一定の要件をみたしたときにかぎって詐害行為取消権が認められています。

①相当の対価を得てした財産の処分行為の特則（424条の2）

②特定の債権者に対する担保の供与等の特則（424条の3）

③過大な代物弁済等の特則（424条の4）

（3）**詐害意思があること**

受益者が詐害の事実を知っていることが必要です（424条1項ただし書参照）。

（4）**債務者が無資力であること**

債務者、債権者代位権の場合と同様、債務者が無資力であることが必要です。

(3) 行使の効果はどのようなもの？

詐害行為取消請求が認められることが確定した場合、請求の内容は、債務者とそのすべての債権者に対して効力をもち（425条）⑯、債務者と受益者は取り消された行為に基づいて移転した財産を返還し合うことになります（425条の2⑰、425条の3⑱）。取消債権者は、原則として、債務者に対して財産を返還するように請求することになります。もっとも、その目的物が金銭や動産である場合には、取消債権者は自分に直接金銭等を引き渡すことを請求できます（424条の9第1項前段）⑲。

たとえば、MがNに100万円を貸したとします。しかし、

いては、第27章 親族で詳しく学習します。

15 試験対策講座・債権総論273頁

16 **第425条　認容判決の効力が及ぶ者の範囲**
詐害行為取消請求を認容する確定判決は、債務者及びその全ての債権者に対してもその効力を有する。

17 **第425条の2　債務者の受けた反対給付に関する受益者の権利**
債務者がした財産の処分に関する行為（債務の消滅に関する行為を除く。）が取り消されたときは、受益者は、債務者に対し、その財産を取得するためにした反対給付の返還を請求することができる。債務者がその反対給付の返還をすることが困難であるときは、受益者は、その価額の償還を請求することができる。

18 **第425条の3　受益者の債権の回復**
債務者がした債務の消滅に関する行為が取り消された場合（第424条の4の規定により取り消された場合を除く。）において、受益者が債務者から受けた給付を返還し、又はその価額を償還したときは、受益者の債務者に対する債権は、これによって原状に復する。

19 **第424条の9　債権者への支払又は引渡し**
1　債権者は、第424条

第18章

いっこうに返してもらえません。その後、Nが時価100万円の宝石をOに10万円で売ったことを知りました。この場合、債権者Mは、債務者NとOとの間の売買契約を取り消すことができます。つまり、Mは原則として、Oに対して、宝石をNに返還するように請求できます。また、MはOに対して、宝石を直接自分に渡すように請求することもできます。

一方、その目的物が不動産の場合には、取消債権者は直接自己に所有権移転登記を求めることはできず、債務者名義の登記をすることを求めることができるにとどまります(判例)[20]。

Case 2では、目的物が土地のため、取消債権者である太郎は、客Aに対して、太郎名義の登記をすることを求めることはできず、債務者である店長名義の登記をすることができるだけです。

プラスα文献

試験対策講座・債権総論5章
判例シリーズ46事件、47事件
条文シリーズ423条、424条
ステップアップNo. 24、No. 25

の6第1項前段又は第2項前段の規定により受益者又は転得者に対して財産の返還を請求する場合において、その返還の請求が金銭の支払又は動産の引渡しを求めるものであるときは、受益者に対してその支払又は引渡しを、転得者に対してその引渡しを、自己に対してすることを求めることができる。(略)

20 試験対策講座・債権総論290頁

第18章 Exercise

1	債権者代位における債権者は債務者の債権を代位行使するにすぎないから、自己の名で権利行使することは認められず、あくまで債務者の代理人としての地位に基づきこれを行使することができるにとどまる。（国税 H22 年）	× 2【1】
2	債権者代位権については、期限の到来した債権に基づき債権者代位権を行使する場合は裁判上のみならず裁判外でも行使可能であるが、詐害行為取消権については、常に裁判上での行使が必要である。（国Ⅱ H21 年）	○ 2【1】、3【1】
3	債権者代位権の被保全債権は金銭債権に限定され、金銭債権以外の債権についての代位権の転用は認められておらず、詐害行為取消権の被保全債権も金銭債権に限定され、金銭債権以外の債権については認められていない。（国Ⅱ H21 年）	× 2【2】、2【5】、3【2】
4	A が B に代位して C に対し債権者代位権を行使する場合、C に名誉を毀損された B が、C に慰謝料 100 万円の支払請求権を行使する意思を表示しただけで、まだその具体的な金額が BC 間において客観的に確定（合意や債務名義の成立）していない場合において、B の債権者 A は、B に代位して C に対し慰謝料を請求することができる。（裁事 H16 年）	× 2【2】(5)
5	建物の賃借人は、建物の不法占拠者に対しては、直接に明渡しを請求することができるから、賃貸人に代位して明渡しを請求することはできない。（国Ⅱ H17 年）	× 2【5】
6	債務者が行った相続放棄は、身分行為であるから、債務者が相続放棄しなければみずからの財産が増加することを認識していたとしても、債権者による取消しの対象となることはない。（裁事 H19 年）	○ 3【2】(2) (a)
7	特定の不動産の引渡しを目的とする請求権を有する者が債務者による当該不動産の処分行為を詐害行為として取り消した場合であっても、直接自己に所有権移転登記を求めることはできないとするのが判例である。（国Ⅱ H16 年）	○ 3【3】

第19章

人的担保――軽いハンコ、重い責任

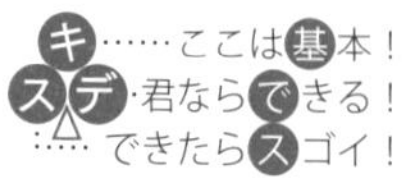

1 連帯債務ってなんだろう？

Case 1 太郎は、従兄弟の次郎、三郎の3人でルームシェアをするため、コンビニ店長からアパート1部屋を共同で、家賃月額12万円で借りました。家賃については、店長との間で、3人が連帯して支払うと約束しました。
月末になり、店長が太郎に12万円全額を請求してきたので、太郎は「4万円しか支払わない」と主張しました。
この場合、店長の請求は認められるでしょうか？

Answer 1 店長は太郎に対して12万円全額を請求できます。

(1) 連帯債務について理解しよう

（1）連帯債務ってどのような性質なの？

数人が共同で物を賃借したときに連帯して債務を負担する
1 意思表示をした場合、借主である太郎たち3人は全員、独立して賃料全額を支払う義務を負います。もちろん、貸主である店長が3人それぞれから二重三重に家賃をもらえるというのでは問題なので、だれか1人でも12万円を支払えば、残りの2人は支払をする義務を免れます。

このように、各自が**独立して全額について債務を負う**一方、**1人が給付すれば、そのすべての債務者の債務が消滅する**ような債務のことを、**連帯債務**といいます（436条以下）①。

第436条　連帯債務者に対する履行の請求
債務の目的がその性質上可分である場合において、法令の規定又は当事者の意思表示によって数人が連帯して債務を負担するときは、債権者は、その連帯債務者の1人に対し、又は同時に若しくは順次に全ての連帯債務者に対し、全部又は一部の履行を請求することができる。

（2）連帯債務の発生要件はなんだろう？

連帯債務関係は、債務の目的がその性質上**分けることがで**

19-1

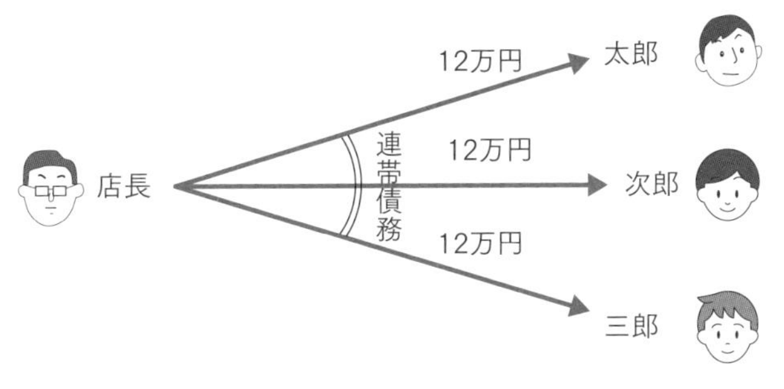

きる場合に、**Case 1** のような契約や遺言などの意思表示によって成立します。また、法令の規定によって成立することもあります。たとえば、761 条（日常の家事に関する債務の連帯責任）があります。この場合、夫婦という横の関係が一般的に認められるものであるため、連帯債務とされているのです。

(2) 連帯債務の効力はどのようなもの？

（1）債権者はどのような請求をすることができるの？

債権者（**Case 1** では店長）は、連帯債務者（**Case 1** では太郎と次郎と三郎）の 1 人、数人、または全員に対して、給付の**全部または一部**の請求をすることができ、その請求は**同時**に行ってもいいし、また**順番**に行ってもよいということになっています（436 条）。これは、債権者は、連帯債務者からどのような請求の仕方でもかまわないから全額回収することができるということを意味しています。

なお、連帯債務は、**別個独立の債務**なので、連帯債務者の 1 人に法律行為の無効または取消しの原因があったとしても、他の連帯債務者の債務には影響しません（437条）[2]。たとえば、**Case 1** で太郎が意思無能力の状態であった場合に太郎の意思表示が無効であっても、次郎と三郎は 12 万円の連帯債務を負います。

2 **第 437 条　連帯債務者の一人についての法律行為の無効等**
連帯債務者の一人について法律行為の無効又は取消しの原因があっても、他の連帯債務者の債務は、その効力を妨げられない。

第 441 条　相対的効力の原則
第 438 条、第 439 条第 1 項及び前条に規定する場合を除き、連帯債務者の 1 人について生じた事由は、他の連帯債務者に対してその効力を生じない。ただし、債権者及び他の連帯債務者の 1 人が別段の意思を表示したときは、当該他の連帯債務者に対する効力は、その意思に従う。

第 152 条　承認による時効の更新
1　時効は、権利の承認があったときは、その時から新たにその進行を始める。

連帯債務における絶対的効力とは、1 人の債権者と 1 人の連帯債務者の間に成立した事由の効力が、その他の連帯債務者にも及ぶことをいいます。

負担部分とは、連帯債務、保証など複数の者が同一の債務を負う場合に、最終的にそれぞれが負担すべき債務の割合をいいます。

（2）連帯債務者の 1 人について生じた事由の他者への影響

3 **（a）影響しないのが原則―相対的効力（441条）③―**

連帯債務において各債務者が負う債務は、本来、それぞれ別個独立なものであるので、連帯債務者の 1 人について生じた事由は、他の債務者に影響をあたえない（相対効）のが原則です（441 条）。

たとえば、太郎が債務を承認（152 条）④しても、連帯債務者の次郎や三郎には消滅時効が更新されません。

（b）例外的に影響する― 絶対的効力―

4 例外的に、①弁済（473 条）のほか、②更改（438 条）、③相殺（439 条 1 項）、④混同（440 条）、といった債務の消滅を伴うものについては、絶対的効力⑤を生じます。

5 ただし、③相殺に関しては、債権をもつ連帯債務者の 1 人が相殺を主張しない間だけ、その連帯債務者の負担部分の限度において、他の連帯債務者は、債権者に対して、履行を拒めます（439 条 2 項。履行拒絶権構成）。

かりに、M と N の負担部分が 50 万円ずつで対等だったとしましょう。その場合、N は、M の負担部分 50 万円の限度で、O に対して債務の履行を拒むことができるわけです。

19-2

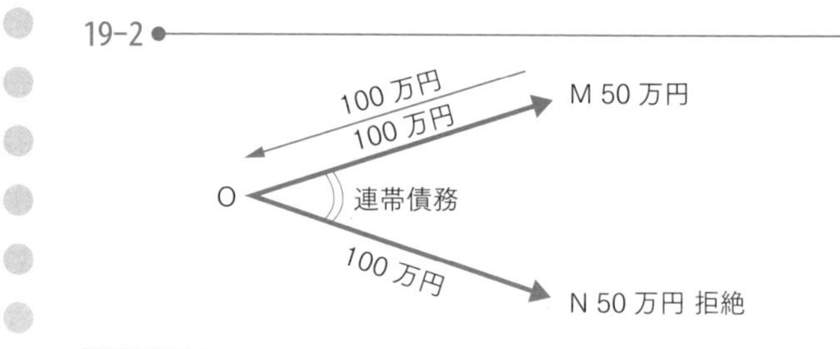

6 ## (3) 連帯債務者相互間はどのような関係なの？

（1）求償権ってなんだろう？

連帯債務者の 1 人が、弁済をするなど自分の財産によって共同の免責を得たときは、その連帯債務者は、他の連帯債務者に対して、債務の各負担部分⑥に応じた額について償還を求めることができます（442条1項）。この権利を**求償権**といいます。

たとえば、**Case 1**で、太郎が店長に12万円全額支払った場合、太郎は次郎と三郎に4万円ずつ支払を請求できます。

自己の負担部分を超えない一部の弁済をした場合であっても、他の連帯債務者に対して、その負担部分の割合に応じた求償ができます（442条1項）。たとえば、**Case 1**で太郎が店長に3万円だけ支払った場合、太郎は次郎と三郎に1万円ずつ支払を請求できます。

（2）通知をしないと求償が制限される？

連帯債務者の1人が弁済などによって、連帯債務を消滅させる場合、他の債務者に影響を及ぼすことになります。そのため、弁済の前と後において、ほかに連帯債務者がいることを知っていた弁済者は、他の連帯債務者に通知する必要があります（443条1項前段、2項）。

たとえば、MとNとOが連帯債務者である場合、NとOが連帯債務者であることを知っていたMは債権者に弁済する前に、NとOの2人に弁済することを通知しなければならず、弁済後もNとOの2人に通知する必要があります。

連帯債務者の1人がほかに連帯債務者がいることを知りながら事前の通知をしないで弁済等をしたが、他の連帯債務者が債権者に対抗できる事由をもっていたときには、その負担部分について、免責を得た連帯債務者に対抗することができます（443条1項前段）。

たとえば、Nが債権者に対して相殺できる債権をもっていたけれども、Mが弁済前にNも連帯債務者であることを知りながら通知していない場合、Nは自分が相殺できたはずであることを主張して、Mからの求償請求を拒むことができます。

連帯債務者が弁済等をしたことを他の連帯債務者に通知することを怠ったため、他の連帯債務者が善意で弁済等（第2弁

7 **第442条　連帯債務者間の求償権**
1　連帯債務者の1人が弁済をし、その他自己の財産をもって共同の免責を得たときは、その連帯債務者は、その免責を得た額が自己の負担部分を超えるかどうかにかかわらず、他の連帯債務者に対し、その免責を得るために支出した財産の額（その財産の額が共同の免責を得た額を超える場合にあっては、その免責を得た額）のうち各自の負担部分に応じた額の求償権を有する。

8 **Case 1の場合、別段の意思表示がないので、3人の負担部分は等しくなります（427条）。つまり、4万円ずつです。**

9 **第443条　通知を怠った連帯債務者の求償の制限**
1　他の連帯債務者があることを知りながら、連帯債務者の1人が共同の免責を得ることを他の連帯債務者に通知しないで弁済をし、その他自己の財産をもって共同の免責を得た場合において、他の連帯債務者は、債権者に対抗することができる事由を有していたときは、その負担部分について、その事由をもってその免責を得た連帯債務者に対抗することができる。（略）
2　弁済をし、その他自己の財産をもって共同の免責を得た連帯債務者が、他の連帯債務者があることを知りながらその免責を得たことを他の連

済）をしたときは、第２弁済が有効になってしまいます（443条２項）。つまり、弁済後にＭが弁済（第１弁済）したことをＯがいることを知りながら通知しなかった場合、ＯがＭに事前の通知をして債権者に弁済（第２弁済）をしたら、ＯはＭに自分の弁済こそが有効であると主張できます。

> 帯債務者に通知することを怠ったため、他の連帯債務者が善意で弁済その他自己の財産をもって免責を得るための行為をしたときは、当該他の連帯債務者は、その免責を得るための行為を有効であったものとみなすことができる。

（３）償還無資力者（支払えない者）がいる場合はどうするの？

連帯債務者のなかに支払う能力がない者（償還無資力者といいます）がいるときは、償還ができない部分を、求償者およびその資力がある者の間で、各自の負担部分の割合で分割して負担します（444条１項）⑩。たとえば、**Case 1** で、太郎が12万円を店長に返済して、次郎が無資力で償還できない場合、債務の負担は太郎、三郎ともに６万円となります。そのため、太郎は三郎に６万円の償還請求ができます。

> **第444条　償還をする資力のない者の負担部分の分担**
> １　連帯債務者の中に償還をする資力のない者があるときは、その償還をすることができない部分は、求償者及び他の資力のある者の間で、各自の負担部分に応じて分割して負担する。

2 保証ってなんだろう？

Case 2

①太郎は持っていたバッグを10万円で次郎に売りました。その際に、太郎は、次郎がお金を支払えない場合もあると考えて、三郎に保証人になってもらいました。
太郎が、次郎に対して一度も請求することなく三郎に支払を求めた場合、この請求は認められるでしょうか？
②また、もし三郎の保証が連帯保証であった場合、太郎は、三郎に対して、何を請求できるのでしょうか？

Answer 2

①三郎は、まず主債務者である次郎に請求するように太郎に主張できます。そのため、太郎の請求は認められません。
②三郎の保証が連帯保証であった場合は、太郎は、次郎が支払うか支払わないかによらず、連帯保証人である三郎に対して、10万円支払えと請求できます。

(1) 保証について理解しよう

債務者が債務を履行しない場合に、その債務を債務者に代わって履行する責任を負うことを、**保証**といいます（446条1項）。11

保証人（**Case 2** では三郎）が負う義務を保証債務といいます。また、保証人の保証債務と区別するため、債務者を主たる債務者（**Case 2** では次郎）、主たる債務者の負う債務を主たる債務（主債務）といいます。

債権者は、保証人との間で保証契約を結ぶことによって、たとえ本来の債務者が無資力の場合であっても、保証人に対して履行を請求することができるので、債権の回収がより確実になります。

第446条　保証人の責任等
1　保証人は、主たる債務者がその債務を履行しないときに、その履行をする責任を負う。
2　保証契約は、書面でしなければ、その効力を生じない。
3　保証契約がその内容を記録した電磁的記録によってされたときは、その保証契約は、書面によってされたものとみなして、前項の規定を適用する。

19-3

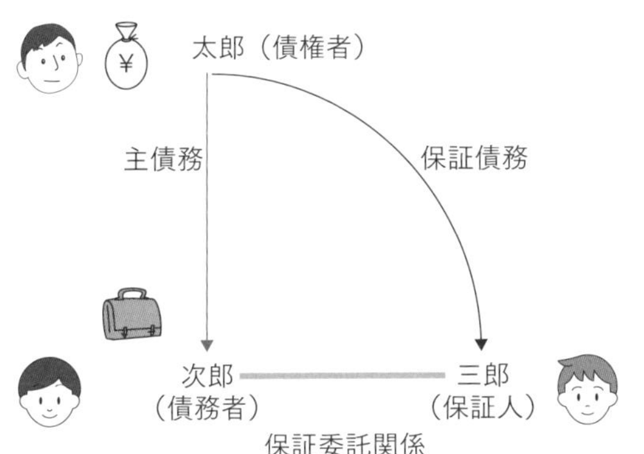

(2) 保証債務の特徴を知ろう

保証債務には、次の5つの特徴があります。

（1）別個独立の債務がある！

保証債務は、主たる債務（主債務）とは別々の債務です。これを**独立債務性**、**別個独立性**といいます。**Case 2** では、太郎（債権者）と次郎（債務者）との間の契約からなる債務が主債務であるのに対して、太郎（債権者）と三郎（保証人）との間の契約からなる債務は保証債務です。主債務とは別個の消滅原因等がありえます。

（2）同一内容性がある！

保証債務は、あくまでも主たる債務を担保するための債務ですから、その内容は主たる債務と同じになります。たとえば、主たる債務が金銭債務なら、保証債務も金銭債務になります。**Case 2** では、主たる債務が「10 万円」の金銭債務なので、保証債務を 10 万円するバッグや指輪などを引き渡す債務とすることはできません。

（3）付従性がある！

付従性とは、一般的に権利または債務が、その成立、存続、消滅等において主たる権利と運命をともにすることをいいます。

まず、主たる債務が成立しなければ、保証債務は成立しません（**成立における付従性**といいます）。

次に、保証債務は、その内容や態様が主たる債務より軽くなることは差し支えありませんが、主たる債務より重くなってはいけません（内容における付従性、448 条）。**Case 2** では、三郎の負う保証債務が 10 万円を超えてはいけません。

そして、主たる債務が消滅すれば、保証債務もまた消滅します（消滅における付従性）。次郎が 10 万円を返済した場合、主債務が消滅するので、三郎の負う保証債務も消滅します。

（4）随伴性がある！

随伴性とは、主たる債務者に対する債権が債権者から第三者に移転すれば、保証債務も一緒に移転することをいいます。

Case 2 で、太郎が店長に、次郎に対する 10 万円の債権を譲渡した場合、三郎が保証債務を負う相手も、店長となります。

（5）補充性がある！

補充性とは、保証人は、主たる債務者が約束を守らなかったときにはじめて責任を負うこと、つまり、二次的な責任を負っていることをいいます（446条1項）。

(3) 保証債務の成立要件はなんだろう？

保証債務は、債権者と保証人との間の契約によって成立します。主たる債務と保証債務とは別個独立の債務です。ですから、主たる債務者の意思に背いてでも、保証契約は債権者と保証人の間で締結できます（462条2項参照）。

また、**保証契約は書面でしなければ、効力が生じません**（446条2項。なお、3項）。書面を要求することによって、保証人になろうとする者に対して契約内容を十分認識させ、保証するかどうかを慎重に判断させるためです。

(4) 保証債務の効力はどのようなもの？

（1）保証債務の範囲はどこまで含むの？

保証債務の範囲は、特約のないかぎり、**元本のほか、利息、違約金、損害賠償、その他主たる債務に伴っているすべての債務を含みます**（447条1項）⑫。

（2）保証人から債権者に主張できることはあるの？

（a）催告の抗弁がある！

催告の抗弁とは、保証債務の補充性から、債権者が主たる債務者に請求しないでいきなり保証人に請求してきた場合に、保証人が、**まず主たる債務者に催告すべきことを請求できることをいいます**（452条）⑬。

（b）検索の抗弁がある！

検索の抗弁とは、保証債務の補充性から、保証人は、債権者が主たる債務者に催告をした後であっても、①主たる債務者に**弁済をする資力**があり、かつ、②**執行が容易**なことを証明して、まず主たる債務者の財産について執行すべきだと主張できることをいいます（453条）⑭。

（c）主たる債務者に生じた権利を援用できる！

保証債務の付従性から、保証人は、債権者からの権利行使

12 **第447条　保証債務の範囲**
1　保証債務は、主たる債務に関する利息、違約金、損害賠償その他その債務に従たるすべてのものを包含する。

13 **第452条　催告の抗弁**
債権者が保証人に債務の履行を請求したときは、保証人は、まず主たる債務者に催告をすべき旨を請求することができる。ただし、主たる債務者が破産手続開始の決定を受けたとき、又はその行方が知れないときは、この限りでない。

14 **第453条　検索の抗弁**
債権者が前条の規定に従い主たる債務者に催告をした後であっても、保証人が主たる債務者に弁済をする資力があり、かつ、執行が容易であることを証明したときは、債権者は、まず主たる債務者の財産について執行をしなければならない。

に対して、主たる債務者の抗弁権を援用することができます。

たとえば **Case 2** で、太郎がバッグを次郎に引き渡さずに三郎に 10 万円の請求をしてきた場合、三郎は次郎のもつ同時履行の抗弁権を主張して、10 万円の支払を拒むことができます。

（3）主たる債務者や保証人に生じた事由はどう影響するの？

主たる債務者について生じた事由の効力は、付従性に基づき、原則として保証人に及びます（絶対的効力）。たとえば、主たる債務者が債務の承認をした場合、主たる債務者との関係で消滅時効が更新されますが、保証人との関係でも消滅時効は更新することになります。

一方、**保証人について生じた事由の効力は、主たる債務を消滅させる行為**（弁済、相殺等）**以外は、主たる債務者に影響を及ぼしません。**

（4）当然最終的には債務者が払う—保証人の求償権—

保証人が債権者に弁済した場合、保証人は、主たる債務者に対して、求償権を取得します（459 条から 465 条まで）。

(5) 共同保証と分別の利益ってなんだろう？

15 共同保証とは、**同一の主たる債務について数人の保証人が**いることをいいます。保証人が数人いる場合、原則として各保証人は主たる**債務額を全保証人に等分した部分についてのみ保証**することになります（456条⑮・427 条）。これを**分別の利益**といいます。たとえば、100 万円の債務につき保証人が 4 人

16 いる場合、各保証人が保証するのは 25 万円ずつになります。

例外的に、①主たる債務が分けられない不可分債務（430 条）の場合、②連帯保証の場合、③保証連帯⑯の場合は、分別の利益がないため、各保証人は、債務額の全部について保証することになります。

第 456 条　数人の保証人がある場合
数人の保証人がある場合には、それらの保証人が各別の行為により債務を負担したときであっても、第 427 条の規定を適用する。

> 保証連帯とは、保証人相互間に分別の利益の放棄特約がある場合のことをいいます。
> 単に分別の利益がないだけであるため、連帯保証とは異なり、保証人は催告の抗弁、検索の抗弁をもっています。

(6) 連帯保証は通常の保証と何が異なるの？

連帯保証とは、保証人が、主たる債務者と連帯して保証債務を負担することをいいます。次の3つの点で、通常の保証債務とは異なります。

(1) 補充性の否定

連帯保証人には、催告および検索の抗弁権がありません(454条)。⑰

(2) 分別の利益の否定

連帯保証人が数人いても、分別の利益はありません。

(3) 連帯債務の規定（絶対効を定めるもの）の準用

主たる債務者または連帯保証人に生じた事由の効力について、民法は絶対的効力を定める**連帯債務の規定を準用**しています（458条・438条、439条1項、440条、441条)。そのため**Case 2**では、太郎が三郎に請求をした場合、その消滅時効の完成猶予の効力は、次郎には及ばないことになります（相対的効力の原則、441条)。

ただし、連帯保証人はあくまで保証人であり、債務の負担部分がないので、負担部分を前提とする条文（439条2項）は準用されません。

17 **第454条　連帯保証の場合の特則**
保証人は、主たる債務者と連帯して債務を負担したときは、前2条の権利を有しない。

プラスα文献

試験対策講座・債権総論 6章4節②、5節
条文シリーズ 3編1章■3節3款、446条～448条、452条～454条、456条～458条
ステップアップ No. 26

第19章 Exercise

1	連帯債務者の１人が債務の承認を行った場合、その効力は、他の連帯債務者に対しても及ぶ。（特別区 H21 年）	× 1【2】(2) (a)
2	連帯債務者の１人に対して行った履行の請求は、他の連帯債務者にはその効力が及ばない。（特別区 H21 年）	○ 1【2】(2) (b)
3	反対債権を有する連帯債務者が相殺を援用しない間は、その連帯債務者の負担部分を超えて、他の連帯債務者が相殺を援用することができる。（特別区 H21 年）	× 1【2】(2) (b)
4	連帯債務者の１人のために消滅時効が完成したときは、その連帯債務者の負担部分については、他の連帯債務者もその義務を免れる。（特別区 H21 年）	× 1【2】(2) (b)
5	A、BおよびCの３人がXに対して負担部分を平等とする 300 万円の連帯債務を負っていた事例について、AがXに対して 60 万円弁済した場合、AはBおよびCに対してそれぞれ 20 万円求償することができる。（国ⅡH20 年）	○ 1【3】(1)
6	保証債務は、主たる債務より軽いものであってはならず、たとえば、主たる債務が 15 万円である場合に保証債務を 10 万円とすることはできない。（都庁 H16 年）	× 2【2】(3)
7	保証契約は、口頭で締結することができる。（裁事 H22 年）	× 2【3】
8	主たる債務の消滅時効が更新された場合、時効の更新の効力は、主たる債務者に及ぶが、保証人には及ばない。（都庁 H16 年）	× 2【4】(3)
9	甲が乙の丙に対する貸金債務を連帯保証したという事例に関して、丙が乙に対する貸金債権を丁に譲渡した場合、丙が甲に債権譲渡の通知をすれば、乙に対して債権譲渡の通知をしなくても、丁は乙に対して債権譲渡を対抗できる。（裁事 H18 年）	× 2【4】(3)

第20章

契約総論――契約書がなくても契約は有効?!

1 契約の成立について理解しよう

キ……ここは基本！
ス デ・君ならできる！
……できたらスゴイ！

Case 1 東京に住むコンビニ店長は、大阪に住む幸子に対して、8月1日に「店の経営がうまくいっていないので、急にお金が必要になった。俺のもっている甲土地を2000万円で買ってくれ。8月31日までに返事をしてほしい」と書いた手紙を出しました。

幸子は悩みに悩んだ結果、8月31日の夜に「甲土地を2000万円で買います」と書いた手紙を出し、その手紙は9月2日に店長に届きました。この場合、店長と幸子との間の甲土地の売買契約は成立するでしょうか。

Answer 1 甲土地の売買契約は成立しません。

(1) 契約はどのようなときに成立するの？

契約は、通常、申込みの意思表示と承諾の意思表示の合致によって成立します（522条1項①）。たとえば **Case 1** で、店長が電話で「甲土地を2000万円で買ってくれ」と言い、幸子がその場で「買います」と答えたとしたら、書面がなくてもその

1 **第522条 契約の成立と方式**
1 契約は、契約の内容を示してその締結を申し入れる意思表示（以下「申込み」という。）に対して相手方が承諾をしたときに成立する。

時点で甲土地の売買契約は成立します。

契約の際には契約書が交わされることが多いですが、これ自体は原則として契約の成立要件ではありません。

(2) 申込みってどんな意味？

申込みとは、契約の内容を示してその締結を申し入れる意思表示をいいます（522条1項）。**Case 1** では、店長の手紙の内容が申込みの意思表示にあたります。

申込みは、相手方に到達した時に効力を生じます（97条1項）。**Case 1** では、店長の手紙が幸子に届いた時点で申込みがされたものとして扱われます。承諾の期間を定めてした契約
2 の申込みは、原則として撤回できません（523条1項本文）。

第523条　承諾の期間の定めのある申込み
1　承諾の期間を定めてした申込みは、撤回することができない。ただし、申込者が撤回をする権利を留保したときは、この限りでない。
2　申込者が前項の申込みに対して同項の期間内に承諾の通知を受けなかったときは、その申込みは、その効力を失う。

申込みは、承諾の期間内に承諾の通知を受けなかった場合には、その効力を失います（523条2項）。**Case 1** では、承諾期間が8月31日とされており、それまでに店長が幸子の手紙を受け取っていません。そのため、申込みは効力を失っており、契約は成立しないことになります。

(3) 承諾ってどんな意味？

承諾とは、申込みを受けた者が申込みに対して、そのまま引き受けて契約を成立させるために、申込者に対してする意思表示をいいます。**Case 1** の幸子の手紙の内容が承諾の意思表示にあたります。

契約は、承諾の通知が相手方に到達した時に成立します（97条1項）。**Case 1** では、東京と大阪という離れた所にいる者同士の契約なので、幸子が出した手紙が店長に届いた9月2日に契約が成立しているようにも思えます。しかし、店長が承諾期間を8月31日と定めて申込みをしている以上、523条2項により、9月2日には契約は成立しないことになります。かりに店長が承諾期間を定めていなければ、9月2日に契約が成立することになります。

2 契約存続中の関係ってどんな関係？

(1) 成立上の牽連性ってなんだろう？

成立上の牽連性とは、双務契約における一方の債務が成立しないときには他方もまた成立しないという関係をいいます。たとえば、当事者が、締結した売買契約が錯誤取消しの要件（95条）をみたすようなときには、契約は取消しによって無効となります（121条）。このような場合には、売主の債務だけでなく、買主の債務も成立しないという関係になりますが、これを**成立上の牽連性**といいます。

《復習 Word》
牽連性とは、双務契約における一方の債務と他方の債務のつながりをいいます。
双務契約とは、売買、賃貸借、請負等のように、当事者の双方が相互に財産や労力などを提供し、報酬を受けとるような関係にある債務を負担する契約をいいます。対義語は、片務契約です。

(2) 履行上の牽連性ってなんだろう？

Case 2 店長と幸子は、店長の所有する甲絵画を1000万円で幸子に売るという契約を締結しました。幸子は店長に甲絵画を引き渡すように求めましたが、幸子はまだ1000万円を支払っていません。このような場合、店長はどのようなことを主張できるでしょうか。

Answer 2 店長は「幸子が代金を支払うまでは、甲絵画を引き渡さない」と主張することができます。

（1）同時履行の抗弁権ってなんだろう？

同時履行の抗弁権③とは、双務契約において、一方の債務が履行（実行）されないときには、他方の債務の履行を拒絶することができる権利をいいます（533条）。双務契約においては当事者の一方が利益を与え、他方がそれに見合った対価④を渡すという対価的な意味をもつ債務を当事者が互いに負担していることから、公平の理念に基づき、このような権利が規定されています。これは、債務の履行に代わる損害賠償の債務の履行も含まれます（533条括弧書）。

Case 2 では、店長と幸子との間で売買という双務契約が締結されているので、店長は同時履行の抗弁権を行使し、幸子

3 **第533条 同時履行の抗弁**
双務契約の当事者の一方は、相手方がその債務の履行（債務の履行に代わる損害賠償の債務の履行を含む。）を提供するまでは、自己の債務の履行を拒むことができる。ただし、相手方の債務が弁済期にないときは、この限りでない。

4 **対価**とは、他の人に財産や労力などを提供した報酬として受け取る財産上の利益をいいます。

の代金債務の履行があるまで、絵画の引渡債務の履行を拒絶できます。

（２）要件はどうなっているの？

同時履行の抗弁権が認められるためには、次の要件をみたす必要があります。

①同一の双務契約から生ずる両債務が存在すること

②双方の債務がともに弁済期にあること

「相手方が履行するまで、自分も履行しない」と主張するには、その前提として、相手方に履行を求めることができる状況が必要です。

③相手方が履行または弁済の提供をしないで履行を請求すること

試験対策講座・債権各論54頁

5 判例⑤によると、相手方の履行または弁済の提供が継続していなければ、同時履行の抗弁権を主張できるとされています。

（３）同時履行の抗弁権は双務契約以外でも認められる

双務契約でなくとも、当事者間の公平を図るため、法律上あるいは解釈上、同時履行の抗弁権が認められている場面があります。

（ａ）法律上に規定のあるもの

第486条　受取証書の交付請求
弁済をする者は、弁済と引換えに、弁済を受領する者に対して受取証書の交付を請求することができる。

6 たとえば、受取証書の交付請求権と弁済の提供とは同時履行の関係にあります（486条⑥）。

（ｂ）準用⑦によるもの

準用とは、ある条文の規定を、類似する事項に必要な変更を加えて、元の規定にあてはめることをいいます。

たとえば、後述する３の契約解除による原状回復義務（546条）や、終身定期金契約の元本返還請求（692条）について533

7 条が準用されます。かりに、負担付贈与（553条）であれば、負担の限度において同時履行の抗弁権が主張できます。

（ｃ）解釈上認められているもの

試験対策講座・債権各論59頁

売買契約が無効や取り消された場合の売買当事者相互の原

8 状回復義務は、同時履行の関係にあるとされています（判例⑧）。

一方で、賃貸借契約の終了時の目的物の明渡しと敷金の返還は同時履行の関係にはなく、先に目的物の明渡しをしなければ敷金の返還は認められないものとされています（判例）[9]。なぜかというと、敷金返還請求権は目的物の明渡しをしてはじめて発生するものだからです。

9 賃借家屋明渡債務と敷金返還債務との同時履行
試験対策講座・債権各論215頁

(3) 存続上の牽連性ってなんだろう？

Case 3 店長と幸子は、店長の所有する甲建物を2000万円で幸子に売るという契約を結びました。
しかしその後、甲建物が、2人が自分の債務を履行する前に、2人にまったく関係のないAの放火により全焼してしまったため、幸子は、甲建物を得ることができませんでした。
このような状況で、店長は幸子に代金2000万円を支払うように求めてきました。幸子は、代金を支払わなくてはならないのでしょうか。

Answer 3 幸子は、原則として、代金の支払を拒むことができます。

（1）危険負担ってなんだろう？

危険負担の問題とは、双務契約において、一方の債務が履行することが不能になった場合に、それと対価的な関係にある債務（反対債務）の履行を、債権者の側は拒むことができるか、という問題をいいます。

Case 3では、第三者Aの放火という店長に責任がない事由によって売買の目的物である甲建物が滅失し、店長の負っている甲建物の引渡債務は履行不能になっています。このような場合に、相手方の幸子は代金債務の履行を拒むことができるかどうかが危険負担の問題です。

（2）原則は履行を拒める

双務契約の一方の債務が、当事者双方の責任がない事由によって履行不能になって消滅した場合、債権者は、反対給付の履行を拒むことができます（536条1項）[10]。

10 **第536条 債務者の危険負担等**
1 当事者双方の責めに帰することができない事由によって債務を履行することができなくなったときは、債権者は、反対給付の履行を拒むことができる。
2 債権者の責めに帰すべき事由によって債務を履行することができなくなったときは、債権者は、反対給付の履行を拒むことができない。（略）

危険負担において、債権者、債務者という場合には、消滅した債務についての債権者、債務者であることに注意しましょう。

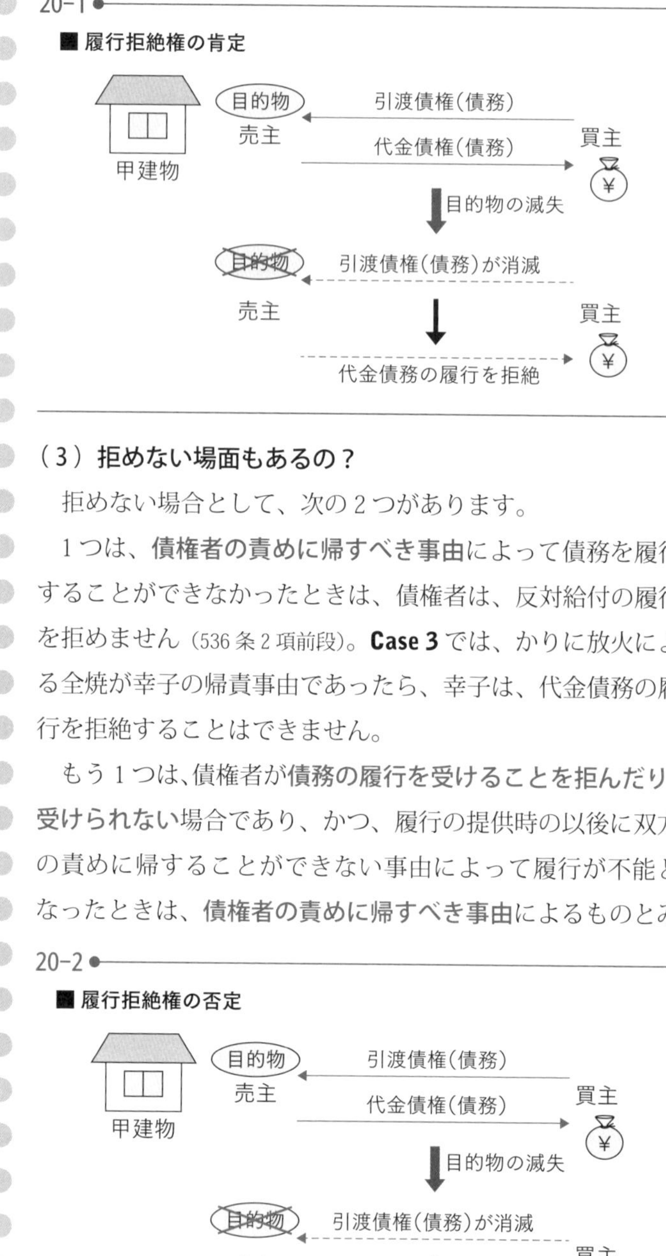

(3) 拒めない場面もあるの？

拒めない場合として、次の2つがあります。

1つは、**債権者の責めに帰すべき事由**によって債務を履行することができなかったときは、債権者は、反対給付の履行を拒めません (536条2項前段)。**Case 3** では、かりに放火による全焼が幸子の帰責事由であったら、幸子は、代金債務の履行を拒絶することはできません。

もう1つは、債権者が**債務の履行を受けることを拒んだり、受けられない**場合であり、かつ、履行の提供時の以後に双方の責めに帰することができない事由によって履行が不能となったときは、**債権者の責めに帰すべき事由**によるものとみなされます（413条の2第2項）。ですから、このような場合も、幸子は、代金債務の履行を拒絶することはできません。

このほかに、売買契約などの有償契約では、危険負担について特別の規定が設けられています。かりに **Case 3** において、特定された物の引渡しによる危険の移転（567条1項）や、受領遅滞による危険の移転（567条2項）があったならば、幸子は、代金債務の履行を拒絶することができなくなります。

3 契約はいつ終了するんだろう？

Case 4 店長は、客Aに店長の所有する甲絵画を1000万円で売るという契約を結び、その場で甲絵画をAに引き渡しました。翌日、店長はA宅へ行き、代金の支払を求めましたが、Aは代金を支払おうとしません。店長は、不誠実なAに甲絵画を売るのが嫌になりました。このような状況で、店長はどのような手段を採ることができるでしょうか。

Answer 4 店長は、売買契約を解除することができます。

(1) 契約を終了するにはどうすればいいの？

Case 4 においては、店長が甲絵画を引き渡し、客Aが代金を支払うことで、円満に契約が終了します。

しかし、契約においては、一方が任意に履行をしてくれない場合もあります。このような場合に採ることができる手段として、解除があります。

(2) 解除ってなんだろう？

（1）解除について理解しよう

契約の**解除**とは、契約が締結された後に、その一方の当事者の意思表示によって、その契約がはじめから存在しなかったのと同様の状態に戻す効果を生じさせる制度をいいます。

Case 4 のような、A が絵画の代金を支払わないという債務不履行による解除は、債権者である店長を契約の拘束力から解放するためのものです。ですから、店長は、売買契約を解除することによって、甲絵画の引渡義務から解放されます。

（2）催告による解除の要件はなんだろう？

債権者は、債務者が履行期に債務の履行をしない場合には、
11 契約を解除できます（541条）。具体的には、次の要件をみたす必要があります。

第541条　催告による解除
当事者の一方がその債務を履行しない場合において、相手方が相当の期間を定めてその履行の催告をし、その期間内に履行がないときは、相手方は、契約の解除をすることができる。ただし、その期間を経過した時における債務の不履行がその契約及び取引上の社会通念に照らして軽微であるときは、この限りでない。

①履行が可能であること

②履行期を過ぎたこと

③履行しないことが違法であること

債務者が履行しないことについて法律上の理由があれば、この要件をみたしません。たとえば、**Case 4** で、店長も甲絵画を引き渡していない場合には、客 A は同時履行の抗弁権を行使して適法に履行を拒めるので、③をみたしません。そのため、解除するには、同時履行の抗弁権を否定する必要があり、少なくとも履行の提供をすることが必要です。

④催告

催告とは、債権者が債務者に対して債務の履行（実行）を促すことをいいます。

⑤相当期間の経過

解除をするためには、催告をしてから債務を履行するのに必要な相当期間が経過していることが必要です。条文上は、催告の際に相当期間を定めることを要求していますが、
12 判例は、催告で相当期間を定めなくとも、催告があった後、客観的に相当期間が経過すれば、解除ができるとしています。

試験対策講座・債権各論88頁

⑥解除の意思表示

解除のためには、相手方に対し、解除の意思表示をし

なくてはなりません（540条1項）。**Case 4** では、店長は、代金の支払を求めてから相当期間経過後に、客Aに対し「甲絵画の売買契約を解除します」と伝えることで、契約を解除できます。

⑦不履行が軽微でないこと

⑥までの要件をみたしていても、一般的にみて軽微であるときは、催告による解除は認められません（541条ただし書）。

（3）催告しないで解除できるときの要件はなんだろう？

債権者は、履行不能の場合や債務者が債務のすべての履行を明確に拒絶した場合、債務の一部の履行が不能の場合など（542条1項各号）[13]であれば、催告をしなくても、ただちに契約の解除ができます。

（4）解除の効果はどのようなもの？

判例は[14]、解除がされると、契約が遡及的に消滅すると考えています。その結果、まだ履行されていない債務は消滅します。また、すでに履行されている債務に関しては、相手方に渡した物の返還を請求することができます（545条1項本文）[15]。**Case 4** において店長が売買契約を解除した場合、売買契約は遡及的に消滅し、甲絵画の所有権ははじめから店長がもっていたことになります。そして、客Aの代金支払債務は消滅し、店長は、客Aに対して、引き渡した甲絵画の返還を求めることができます。

ただし、解除によって、第三者の利益を損うことはできません（545条1項ただし書）。この趣旨は、解除の遡及効によって害される者を保護することにあります。そのため、ここでの「第三者」とは、解除前に、解除の対象となった契約により給付された物について権利を取得した者をいいます。そして、判例は[16]、「第三者」として保護を受けるためには、その権利について、対抗要件を備えていることが必要であるとしています。たとえば、かりに **Case 4** で、Aが甲絵画をBに売却して

13 **第542条　催告によらない解除**
（略）
① 債務の全部の履行が不能であるとき。
② 債務者がその債務の全部の履行を拒絶する意思を明確に表示したとき。
③ 債務の一部の履行が不能である場合又は債務者がその債務の一部の履行を拒絶する意思を明確に表示した場合において、残存する部分のみでは契約をした目的を達することができないとき。
④ 契約の性質又は当事者の意思表示により、特定の日時又は一定の期間内に履行をしなければ契約をした目的を達することができない場合において、債務者が履行をしないでその時期を経過したとき。
⑤ 前各号に掲げる場合のほか、債務者がその債務の履行をせず、債権者が前条の催告をしても契約をした目的を達するのに足りる履行がされる見込みがないことが明らかであるとき。

14 試験対策講座・債権各論102頁

15 **第545条　解除の効果**
1　当事者の一方がその解除権を行使したときは、各当事者は、その相手方を原状に復させる義務を負う。ただし、第三者の権利を害することはできない。

16 試験対策講座・債権各論108頁

おり、その後に店長がAとの売買契約を解除したとします。このとき、Bが甲絵画の引渡し（178条）を受けていれば、Bは「第三者」として保護され、Bは甲絵画の所有権を取得できます。一方、引渡しを受けていなければ、Bは「第三者」としては保護されず、甲絵画の所有権を取得できません。なお、その者が善意か悪意かは、「第三者」として保護されるかどうかとは関係ありません。

　また、契約を解除し、契約が遡及的に消滅したとしても、これと別に損害賠償請求をすることはできます（545条4項）。

プラスα文献

試験対策講座・債権各論 1章、2節[1]・[2]、3節[2]～[4]、4節
判例シリーズ 71事件
条文シリーズ 533条、536条、541条、545条
ステップアップ No. 27 概説

第20章 Exercise

1	Xは、Yに対し、4月1日、承諾期間について特に定めのない契約の申込書を発送し、これが同月2日にYのもとに到達した。Yは、Xに対し、同月8日、承諾書を発送したが、この承諾書は郵便局員の手違いにより紛失され、Xのもとに到達しなかった。この場合、XY間に契約が成立する。（裁事H20年）	× 1【3】
2	双務契約の当事者の一方は、相手方から履行の提供があっても、その提供が継続されないかぎり、同時履行の抗弁権を行使することができる。（国ⅡH21年）	○ 2【2】(2)
3	家屋の賃貸借終了に伴う賃借人の家屋明渡債務と賃貸人の敷金返還債務とは、特別の約定のないかぎり、同時履行の関係にある。（国ⅡH21年）	× 2【2】(3)
4	俳優Aが興行主Bとの間で、Bの劇場で芝居に出演する契約を締結したが、出演日の前に劇場がBの失火により焼失した場合、出演債務は履行不能となるから、AはBに対して出演料の支払を請求することができない。（国ⅡH22年）	× 2【3】(3)
5	履行遅滞を理由として契約を解除するには、相当の期間を定めて催告しなければならないが、催告期間を定めずに催告した場合、催告から相当の期間を経過したとしても、契約の解除の効力は生じないとされる。（都庁H17年）	× 3【2】(2)
6	履行不能を理由とする契約の解除において、給付が不能かどうかの判断基準時は履行期であり、履行期到来前に、履行期に履行の不能なことが確実になっても、履行期の到来まで契約を解除することはできないとされる。（都庁H17年）	× 3【2】(3)
7	AからBに不動産の売却が行われ、Bはこれを更にCに転売したところ、Bに代金不払いが生じたため、AはBに対し相当の期間を定めて履行を催告したうえで、その売買契約を解除した場合に、Cは善意であれば登記を備えなくても保護される。（行書H20-29）	× 3【2】(4)

Topics

法律は変わる?!――相次ぐ民法改正

市民社会のルールを定めている法律はいくつかありますが、民法は、そのなかでももっとも基本となる重要な法律です。法律は、時代の変化にあわせて変わっていきます。近年、民法に関する法改正が相次いでいます。どのような改正がされているのか見ていきましょう。

債権関係：主に債権法分野について、120年ぶりの大改正がされました。「大」の字から想像がつくように、改正事項は多岐にわたります。主なものは、職業別の短期消滅時効の特例の廃止、法定利率の引下げおよび変動制の導入、事業用融資の保証人となろうとする個人について公証人による保証意思確認手続の創設、定型約款に関する規律の創設などです。

相続関係：相続法分野も大規模な改正がされました。主な改正事項は、配偶者保護を目的とする制度の創設（配偶者居住権、配偶者短期居住権）、遺言の利用を促進する方策の導入（自筆証書遺言の方式緩和など）、相続に関して実質的な公平を図るための制度の創設などです。

成年年齢引下げ：これまで20歳とされていた成年年齢が、18歳に引き下げられます。あわせて、男女で異なっていた婚姻年齢が18歳に統一され、成年擬制制度が不要となり削除されました。

特別養子縁組：これまで特別養子となる者は、原則として6歳未満に限定されていましたが、原則として15歳未満に引き上げられました。

法改正は、それまでどのようなルールがあり、そのルールがどのように時代に合わなくなり、だからどのようにルールを変える必要があるか、という流れ（ストーリー）のなかで行われます。このストーリーをおさえているか否かで、改正法の理解度が違ってきます。そして、このストーリーをおさえるポイントとなるのが、「それまでどのようなルールがあったのか」という、改正前の法律の知識です。ですから、これまでに民法を一度勉強したとしても、それが無意味になるわけではありません。

法改正の有無に惑わされずに、自信をもって勉強を進めていきましょう。

第21章

売買型契約
——もらったり、交換したりするのだって契約

1 売買契約ってなんだろう？

キ……ここは基本！
ス・デ・君ならできる！
……できたらスゴイ！

Case 1 店長は、コンビニ経営の資金を捻出するために、従業員が住込みで働けるようにと所有していた甲建物を売りたいと考えていました。太郎も30歳になり、ちょうどマイホームに興味をもち始めていたことから、店長は太郎に、甲建物を1000万円で売る約束をしました。店長は甲建物を太郎に引き渡すとともに、甲建物につき太郎名義の所有権移転登記をし、太郎も店長に1000万円を支払いました。
しかし、その後、甲建物はその柱の床下の部分がシロアリの被害にあっていて、住むには安全性に欠けることがわかりました。この場合、太郎は、店長に対し、どのような主張をすることができるでしょうか。

Answer 1 太郎は、店長に対し、追完請求や代金減額請求をすることができます。また、損害賠償の請求や契約の解除をすることもできます。

(1) 売買契約を理解しよう

売買契約とは、当事者の一方（売主）がある財産権を相手方（買主）に移転することを約束し、これに対して買主がその代金を支払うことを約束する契約をいいます（555条）①。**Case 1**では、店長が甲建物の所有権という財産権の移転を約束し、太郎がそれに対して1000万円を支払うことを約束しているので、売買契約が成立しています。

契約は、①有償契約か無償契約か②、②双務契約か片務契約

1 **第555条　売買**
売買は、当事者の一方がある財産権を相手方に移転することを約し、相手方がこれに対してその代金を支払うことを約することによって、その効力を生ずる。

2 有償契約とは、売買、賃貸借、利息付消費貸借、雇用、請負、有償委任等のように、当事者の一方が財物や行為によって他方に利益を与え、他方がその対価を渡す契約をいいます。対義語は、無償契約です。

有償契約であっても、常に双務契約ではないことに注意が必要です。

《復習 Word》
諾成契約とは、契約当事者の合意だけで効力の生ずる契約をいいます。対義語は、要物契約です。

か、③諾成契約か要物契約か、という分類をすることができます。①は1(4)で学習する担保責任が認められるかどうかという点に、②は第 20 章 契約総論の 2 で学習した同時履行の抗弁権と危険負担が認められるかどうかという点に、それぞれ影響します。③は契約が成立するには意思表示の合致だけで足りるのか（諾成契約）、それとも物の引渡しなどを必要とするのか（要物契約）という点に着目した分類です。

売買契約は、有償、双務、諾成契約です。売主と買主の意思の合致（一致）によって成立します。

(2) 手付ってなんだろう？

（1）手付と売買契約とは別の契約になるの？

手付とは、契約締結の際に、当事者の一方から他方に対して支払われる金銭などの有価物、またはその原因となる契約をいいます。たとえば、**Case 1** で、太郎が一度には 1000 万円を支払えないとして、まずは前金として 200 万円を店長に渡したとします。この前金 200 万円が手付となります。

手付契約は売買とは異なる別の契約である点に注意してください。

（2）手付には 3 種類ある

手付には、次の 3 つの種類が認められています。

（a）証約手付

証約手付とは、契約を結ぶことの証拠という意味で交わす手付のことをいいます。すべての手付はこの性質をもちます。

第 557 条　手付
1　買主が売主に手付を交付したときは、買主はその手付を放棄し、売主はその倍額を現実に提供して、契約の解除をすることができる。ただし、その相手方が契約の履行に着手した後は、この限りでない。

3 （b）解約手付③

解約手付とは、手付として支払った金額分の損失を覚悟すれば、相手方の債務不履行がなくても契約を解除できるという趣旨で交わす手付をいいます。解約手付が交わされている場合、相手方が契約の履行に着手するまでは、買主はその手付を放棄し、売主はその倍の額を支払うことで、契約の解除をすることができます（557 条 1 項）。一方の当事者に債務不履行がなくても解除できるところが特徴です。

557条1項ただし書にある「履行に着手」とは、客観的に外部から認識しうるようなかたちで履行行為の一部をし、または履行の提供をするための前提となる行為をした場合をいうとされています（判例）④。たとえば、買主が代金をただちに支払えるように準備し、たびたび売主に履行の催促をしているような場合には、買主が「履行に着手」したといえます。この場合、売主が手付の倍の額を支払ったとしても、解除を主張することはできません。

4 試験対策講座・債権各論131頁

（c）違約手付

違約手付には、将来債務不履行があった場合に、損害賠償額の予定としてあらかじめ交わされるものと、買主が債務を履行しないときに没収される罰金として交わされるものとがあります。

(3) 売買契約の効力はどのようなもの？

売主は、目的物の財産権を買主に移転し、その対抗要件を買主に備えさせる義務を負います（560条）⑤。一方、買主は、代金を支払う義務を負います。

5 **第560条　権利移転の対抗要件に係る売主の義務**
売主は、買主に対し、登記、登録その他の売買の目的である権利の移転についての対抗要件を備えさせる義務を負う。

Case 1では、店長と太郎はともにすべての義務が履行されています。

権利の全部または一部が他人のものであっても、売主は、その権利を取得して買主に移転する義務を負います（561条）⑥。

6 **第561条　他人の権利の売買における売主の義務**
他人の権利（権利の一部が他人に属する場合におけるその権利の一部を含む。）を売買の目的としたときは、売主は、その権利を取得して買主に移転する義務を負う。

(4) 担保責任ってなんだろう？

（1）担保責任について理解しよう

担保責任とは、売主が買主に対して目的物を引き渡して権利を移転したけれども、その契約の内容に適合しない場合（目的物の契約不適合・移転した権利の契約不適合）に、買主の追完請求権、代金減額請求権、損害賠償請求・契約の解除を認めることをいいます。

　売主の担保責任の法的性質は、売主の債務不履行による責任（債務不履行責任、契約責任）です。これは、売主は瑕疵のない目的物を引き渡す義務を負っており、目的物に瑕疵がある場合には債務不履行となるところ、担保責任は売買における債務不履行の特則であるという考え方です。

《復習 Word》
瑕疵とは、法律上、なんらかの欠陥があることをいいます。

（２）目的物の契約不適合とは？

　引き渡された目的物が**種類**、**品質**、**数量**の点で契約の適合
7 性が欠けている場合を**目的物の契約不適合**といいます（562条
1項本文）。⑦

第 562 条　買主の追完請求権
1　引き渡された目的物が種類、品質又は数量に関して契約の内容に適合しないものであるときは、買主は、売主に対し、目的物の修補、代替物の引渡し又は不足分の引渡しによる履行の追完を請求することができる。（略）

　売主は、契約の内容に適合する物を引き渡す義務を負っているため、この義務を履行しないと債務不履行になります。

　たとえば、一流パティシエのショートケーキ５個を１万円で買う契約をした場合に、別のパティシエが作ったショートケーキ５個や一流パティシエが作ったチーズケーキ５個、一流パティシエが作ったショートケーキ３個が引き渡されたときは、債務不履行になります。

　また、債務不履行責任の特則であるため、目的物は、特定物か不特定物か、代替物か不代替物か、契約不適合が隠れたものかどうかは問いませんが、引き渡されたことが必要です。

　Case 1 では、甲建物は、住むために買った建物であるのに安全性が損なわれていますから、品質に関して契約の内容に適合しないといえます。また、甲建物は、特定物（かつ不代替物）であり、目的物にあたります。そして、太郎に引き渡されています。なお、**Case 1** の不適合は、柱の床下部分ですが、これが隠れたものではなく、容易に発見できるものであっても、この点は問題になりません。したがって、店長は、目的物の契約不適合の担保責任（債務不履行責任）を負うことになります。

（３）目的物の契約不適合の場合、買主はどのように救済されるの？

　目的物の契約不適合の場合、買主には、買主の追完請求権、

代金減額請求権、損害賠償請求・契約の解除が認められます。具体的には、まず、買主は、売主に対し、原則として、①目的物の修補、②代替物の引渡し、③不足分の引渡しによる履行の追完⑧を請求することができます（562条1項本文）。これが**追完請求権**です。 8

追完とは、必要な要件をみたしていないために効力を生じない行為が、のちに欠けている要件が備わって効力が生じることをいいます。

先ほどのケーキの例でいうと、①は一流パティシエによる手直し、②は違うケーキの引渡し、③は不足分のショートケーキ2個を追加で引き渡してもらうこと、をそれぞれ請求することができます。

次に、買主が相当の期間を定めて履行の追完の催告をし、その期間内に履行の追完がないときは、買主は、その不適合の程度に応じて代金の減額を請求することができます（563条1項）⑨。これが**代金減額請求権**です。もっとも、履行の追完が 9

第563条　買主の代金減額請求権
1　前条第1項本文に規定する場合において、買主が相当の期間を定めて履行の追完の催告をし、その期間内に履行の追完がないときは、買主は、その不適合の程度に応じて代金の減額を請求することができる。
2　前項の規定にかかわらず、次に掲げる場合には、買主は、同項の催告をすることなく、直ちに代金の減額を請求することができる。
①　履行の追完が不能であるとき。
②　売主が履行の追完を拒絶する意思を明確に表示したとき。
③　契約の性質又は当事者の意思表示により、特定の日時又は一定の期間内に履行をしなければ契約をした目的を達することができない場合において、売

21-1

求めているケーキセット
種類・・・ショートケーキ
品質・・・一流パティシエが作った
数量・・・5個

売買契約
〇〇ケーキ店

	実際	言いたいこと（請求）
●○**追完請求**	別のパティシエのケーキ →	「一流のパティシエ、手直しして」（目的物の修補）
	チーズケーキ →	「違うケーキを渡して」（代替物の引渡し）
催告（原則）↓	3個のショートケーキ →	「2個のショートケーキを追加して」（不足分の引渡し）

○**代金減額請求** →「求めているケーキじゃないから割引して」

●**債務不履行による損害賠償請求** →「お金を払え」

解除権の行使 →「契約キャンセル」

主が履行の追完をしないでその時期を経過したとき。
④　前3号に掲げる場合のほか、買主が前項の催告をしても履行の追完を受ける見込みがないことが明らかであるとき。
3　第1項の不適合が買主の責めに帰すべき事由によるものであるときは、買主は、前2項の規定による代金の減額の請求をすることができない。

不能であるときなど、例外的に、買主が催告することがなく、ただちに代金の減額を請求することができる場合があります（563条2項各号）。ただし、買主の責めに帰すべき事由による場合は、代金減額請求権は認められません（563条3項）。

最後に、買主は、債務不履行による損害賠償請求（415条）や解除権を行使（541条、542条）することもできます（564条）。

Case 1 では、太郎は、柱の床部分の修補などの追完請求をすることができますし、追完ができないときは、その不適合の程度に応じて代金減額請求をすることができます。また、損害賠償請求や契約の解除をすることもできます。

（4）移転した権利の契約不適合とは？

移転した権利が契約の内容に適合しないものである場合や、**権利の一部が他人に属する**場合には、買主は、売主に対し、目的物の契約不適合の場合と同様の救済を求めることができます（565条）。

具体的には、買主には、追完請求権、代金減額請求権、損害賠償請求権・解除権が認められます。

第549条　贈与
贈与は、当事者の一方がある財産を無償で相手方に与える意思を表示し、相手方が受諾をすることによって、その効力を生ずる。

10

2 贈与契約ってなんだろう？⑩

Case 2　店長は、太郎に自分の持っている自転車をただであげるという口約束をしました。しかし、店長は、手元にある自転車を見てよくよく考えた結果、自転車をあげるのが惜しくなってしまいました。
店長は、この約束を取りやめることができるでしょうか。

Answer 2　店長は、この約束を取りやめることができます。

(1)　贈与契約について理解しよう

贈与とは、当事者の一方が相手方に無償である財産を与える契約をいいます（549条）。**Case 2** の口約束は、当事者の一方である店長が、相手方である太郎にただで自転車という財産を与える契約なので、贈与契約ということになります。

贈与契約は、当事者の一方が相手方に対して、ただで財産を与えるものですから、無償契約であり、かつ、片務契約[11]にあたります。また、意思表示の合致のみによって成立するため、諾成契約にあたります。

11 片務契約とは、双務契約の対義語であり、一方の当事者のみが債務を負うか、双方の当事者が債務を負うが、それが互いに対価関係にない契約をいいます。

(2) 贈与って解除できるの？

書面によらない贈与は、各当事者が解除をすることができます（550条本文）[12]。ただし、履行が終わっている部分は解除できません（550条ただし書）。なぜなら、履行が終わった部分は贈与者の贈与意思が明確になっているからです。

Case 2 では、店長と太郎は書面によって契約したわけではなく、店長はいまだ自転車を引き渡していないので、履行も終わっていません。つまり、店長は、贈与を解除することができます。

12 **第550条　書面によらない贈与の解除**
書面によらない贈与は、各当事者が解除をすることができる。ただし、履行の終わった部分については、この限りでない。

(3) 贈与契約の効果はどのようなもの？

贈与者は、相手方に対して、贈与の目的として特定した時の状態で、引き渡したり、登記などを移転することを約束したものと推定されます（551条1項）[13]。これによって、当事者間でこの規定と異なる合意などがないかぎり、贈与者は、特定物の贈与であれば契約時などの目的物が**特定した時の状態**で引き渡せば足ります。これは、贈与者の担保責任を軽減しようとするものです。

13 **第551条　贈与者の引渡義務等**
1　贈与者は、贈与の目的である物又は権利を、贈与の目的として特定した時の状態で引き渡し、又は移転することを約したものと推定する。

(4) もらう側に負担がある贈与ってなんだろう？ ―負担付贈与―

負担付贈与とは、贈与契約の一部として、贈与を受ける者に一定の給付義務を負わせる契約をいいます。たとえば、店長が太郎に自転車をあげる代わりに、太郎が民法を店長に教えるという約束をする場合がこれにあたります。

負担付贈与は、その性質に背かないかぎり、双務契約に関する規定が準用されます（553条）。

3 交換も契約なの？

交換とは、当事者が互いに金銭の所有権以外の財産権を移
14 転する契約をいいます（586条1項）⑭。たとえば、店長が甲土地を幸子に、幸子は店長に乙土地をそれぞれ移転させる場合があげられます。交換は、当事者が互いに対価関係にある財産権を移転するものですから、有償契約であり、かつ、双務契約にあたります。また、意思表示の合致のみによって成立するため、諾成契約にあたります。

第586条
1　交換は、当事者が互いに金銭の所有権以外の財産権を移転することを約することによって、その効力を生ずる。

交換には、売買の規定が準用されます（559条本文）。

プラスα文献

試験対策講座・債権各論 2章1節、2節1〜3、3節
判例シリーズ 66事件
条文シリーズ 549条〜551条、553条、555条、557条、559条〜563条、565条、566条、586条
ステップアップシリーズ No. 31 概説、論点1

Exercise

1	買主が売主に解約手付を交付した場合、当事者の一方が契約の履行に着手しても契約の履行を完了するまでは、買主はその手付を放棄し、売主はその倍額を償還して契約の解除ができる。（特別区 H22 年）	× 1【2】(2) (b)
2	売買は債権行為であるので、売主に所有権がないものであっても売買することができるが、契約が成立すると売主は所有権を取得して買主に移転する義務を負うため、売主が買主に所有権を移転できない場合は、売買が無効になる。（特別区 H22 年）	× 1【4】(2)
3	数量を指示して売買した物が不足していた場合または物の一部が契約締結前に滅失していた場合、買主は、その事実がだれの責めに帰すべき事由によるものであるかにかかわらず、その不足する部分や滅失した部分の割合に応じて、代金の減額を請求することができる。（特別区 H22 年改題）	× 1【4】(3)
4	贈与は、当事者の一方が自己の財産を無償で相手方に与える意思を表示することによって成立し、当該相手方が受諾することは要しない。（特別区 H21 年）	× 2【1】

第22章

貸借型契約①
――借りた金、「いつか返す」はいつ返すの？

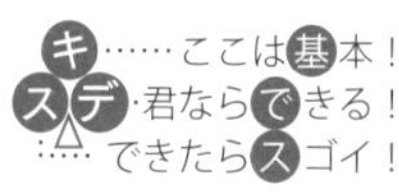

1　消費貸借契約ってなんだろう？

Case 1　コンビニ店長は、幸子から 100 万円を借りる約束をし、実際に幸子から 100 万円を受け取りました。半年後、幸子もお金が必要となったので、店長から 100 万円を返してもらおうと考えています。
幸子は、店長に対して 100 万円の返済を求めることができるでしょうか。

Answer 1　店長と幸子がどのような約束をしているかによります。
たとえば、2 人が「1 年後に返す」という約束をしていれば、幸子は 1 年後まで返済を待つしかありません。一方、このような約束をしていなければ、幸子は、相当の期間を定めて返還の催告をし、相当期間経過後に返済を求めることができます。

《復習 Word》
催告とは、相手方に対して、一定の行為をするように要求することをいいます。催告は口頭ですることもできますし、書面ですることもできます。

(1)　消費貸借契約について理解しよう

Case 1 のように、金銭その他の代替物を借りて、後にこれと同種・同等・同量の物を返還する契約のことを**消費貸借契約**といいます（587 条①）。店長は、幸子から借りた 100 万円を消
1 費することができ、たとえば「1 年後に返す」との約束があれば、1 年後に別途 100 万円を用意してこれを返済することになります。消費貸借契約の典型例は、**Case 1** のように金銭を目的とする金銭消費貸借契約ですが、目的物は金銭にかぎりません。消費貸借契約において、債権者（幸子）を貸主、債務者（店長）を借主といいます。

第 587 条　消費貸借
消費貸借は、当事者の一方が種類、品質及び数量の同じ物をもって返還することを約して相手方から金銭その他の物を受け取ることによって、その効力を生ずる。

消費貸借契約は、無償、片務、要物の契約を基本としています。つまり、別に特約がなければ無利息であり（無償契約）、**利息付消費貸借**の場合に**有償契約**となります。また、消費貸借契約は目的物の引渡しによってはじめて成立する要物契約なので、貸主は貸す債務は負わず、借主が**返す債務**を一方的に負うにとどまる片務契約となります。要物契約としての消費貸借は、書面によらなくても成立します。このほかに当事者の意思表示だけで成立する**諾成的消費貸借**もあり、これは書面による消費貸借です（587条の2第1項）。

ここでは、要物契約としての消費貸借について説明します。

《復習 Word》
有償契約とは、売買、賃貸借、利息付消費貸借、雇用、請負、有償委任等のように、当事者の一方が財物や行為によって他方に利益を与え、他方がその対価を渡す契約をいいます。対義語は、無償契約です。
片務契約とは、双務契約の対義語であり、一方の当事者のみが債務を負うか、双方の当事者が債務を負うが、それが互いに対価関係にない契約をいいます。
要物契約とは、当事者の合意のほかに、一方の当事者が物の引渡しその他の給付をすることで成立する契約をいいます。

(2) 要物契約としての消費貸借の要件はなんだろう？

要物契約としての消費貸借の成立には、①目的物の受け渡し、②それを返すということの合意（返還合意）が必要です。

(3) 消費貸借契約の効力はどのようなもの？

（1）利息付きの場合

有償契約なので売買の規定が準用され、目的物に不適合があった場合には、借主は、貸主に対して修補や代替物の引渡しまたは不足分の引渡しを請求できます（562条）。

（2）無利息の場合

第21章で説明した贈与契約における贈与者の引渡義務等の規定（551条）が準用され（590条1項）、貸主は、消費貸借の目的物として特定した時の状態で引き渡すか、登記などを移転することを約束したものと推定されます。

第21章 売買型契約 2(3) を見よう！

(4) 借主はいつ返せばいいの？

消費貸借契約においては、借主がいつ返還しなくてはならないかが問題になります。

まず、返還時期の合意がある場合には、その時期になります。このような合意がない場合には、貸主は、相当の期間を定めて返還の催告をすることができ（591条1項）、相当期間経過後に返還しなくてはなりません。**Case 1** では、幸子は、店長が100万円を返すのに必要となる相当の期間を定めて返還を催告し、その相当期間が経過すれば返還を求めることができることになります。

100万円の場合は催告の時から7日程度だと考えられます。

店長（借主）は、自分からいつでも返還することができます（591条2項）が、かりに、店長が返還期限前に借りた物を返したとして、それによって幸子が損害を受けたときは、幸子は店長に対し、損害賠償を請求することができます（591条3項）。

2 使用貸借契約ってなんだろう？

Case 2 店長は、幸子に、自分が持っている映画のDVDを、ただで貸す約束をし、幸子にDVDを渡しました。2週間後、店長もそのDVDが観たくなったので、DVDを返してほしいと思っています。
店長は、幸子にDVDを返してもらえるでしょうか。

Answer 2 店長と幸子がどのような約束をしているかによります。
たとえば、2人が「1か月後に返す」との約束をしていれば、店長は1か月後まで返してもらうことはできません。
このような約束をしていなければ、幸子がDVDを観終わった後に返してもらうことができます。また、幸子がDVDを観終わっていなくても、DVDを観るのに通常必要な期間（たとえば1週間）が経っていれば、店長はDVDを返してもらうことができます。

(1) 使用貸借契約について理解しよう

Case 2 のように、当事者の一方（貸主）が相手方（借主）に、無償で貸すことを約束し、借主がその受け取った物について使用やなんらかの利益を得た後に返す契約を**使用貸借契約**といいます（593条）。

使用貸借契約は、無償、片務、諾成の契約です。つまり、借主が一方的に利益を受けるだけの契約なので、無償、片務の契約であり、目的物を引き渡すことを約束することによって契約の効力を生じるので、諾成契約になります。

これらに対し、賃料をとって、有償で目的物を貸す契約が第23章で学習する賃貸借契約です。

第593条　使用貸借
使用貸借は、当事者の一方がある物を引き渡すことを約し、相手方がその受け取った物について無償で使用及び収益をして契約が終了したときに返還をすることを約することによって、その効力を生ずる。

(2)　使用貸借契約の効力はどのようなもの？

借主は、目的物を使用したり、それによって収益をあげることができます（593条）。ただし、借主は、貸主の承諾を得ないで、目的物を第三者に使用させたり、収益をあげさせることはできません（594条2項）。勝手に借主が、第三者にこのようなことをさせた場合には、貸主は契約の解除をすることができます（594条3項）。たとえば、**Case 2** では、幸子は店長に借りたDVDを観ることができますが、店長の承諾を得ないで友人であるA子にそのDVDを渡して観せることはできません。幸子がA子にDVDを渡して観せた場合には、店長は幸子との契約を解除することができます。

また、借主は、借用物の通常の必要費を負担しなくてはなりません（595条1項）。無償で借りている以上は、それくらいの負担は当然負うべきということです。通常の必要費の例としては、借りている建物の窓ガラスが割れたときの修理費用があげられます。これに対し、特別の必要費や有益費を支出したときは、貸主に償還請求をすることができます（595条2項・583条2項本文）。特別の必要費の例としては、借りている建物が地震で大きく歪んでしまった場合の修繕費用などが、有益費の例としては、借りている建物にエアコンを取り付けた費用などがあげられます。

必要費とは、目的物の保存・管理・維持に必要とされる費用をいいます。

《復習 Word》
有益費とは、目的物の改良のために支出された費用をいいます。

なお、使用貸借の場合、借主の権利は非常に弱いものです。

貸主が、目的物を第三者に譲渡してしまうと、その新所有者に対しては使用借権を対抗できません。これは、第 23 章で学習する賃借権が一定の場合に第三者に対抗できることとは異なります。

(3) 使用貸借契約の終了っていつだろう？

(1) 目的物の返還時期はいつ？

契約に期間を定めたときは、その使用する期間が過ぎれば
4 終了（597 条 1 項）④となるため、借主はその期間内に返還する必要があります。

期間を定めなかった場合に、その使用や収益の目的を定めていたときは、借主がその目的に従い使用し終えたり、収益をあげ終えたら終了（597 条 2 項）となるので、借主は返還しなければいけません。そのため、**Case 2** では、幸子には、DVD を観るという目的を終えたならば、返還するという義務があります。

また、期間を定めなかった場合に、その使用を終えたり、収益をあげる前であっても、それに足りる期間が経過したときは、貸主は契約を解除できます（598 条 1 項）⑤。

5 期間や使用や収益の目的を定めなかった場合、貸主は、いつでも契約を解除できます（598 条 2 項）。ですから、**Case 2** では、店長は契約を解除し、幸子に DVD を返してもらえます。

(2) 借主が死亡すれば契約は終了

使用貸借契約は、借主の死亡によって終了します（597 条 3 項）。これは、使用貸借権が相続されないことを意味します。なぜなら、使用貸借は、貸主と借主との信頼関係に基づく無償の契約だからです。

第 597 条　期間満了等による使用貸借の終了
1　当事者が使用貸借の期間を定めたときは、使用貸借は、その期間が満了することによって終了する。
2　当事者が使用貸借の期間を定めなかった場合において、使用及び収益の目的を定めたときは、使用貸借は、借主がその目的に従い使用及び収益を終えることによって終了する。
3　使用貸借は、借主の死亡によって終了する。

第 598 条　使用貸借の解除
1　貸主は、前条第 2 項に規定する場合において、同項の目的に従い借主が使用及び収益をするのに足りる期間を経過したときは、契約の解除をすることができる。
2　当事者が使用貸借の期間並びに使用及び収益の目的を定めなかったときは、貸主は、いつでも契約の解除をすることができる。

プラス α 文献

試験対策講座・債権各論 2 章 4 節、5 節
条文シリーズ 587 条、591 条、593 条〜595 条、597 条

第22章 Exercise

第22章

1	借主が目的物を実際に受け取ることによって成立する要物契約として金銭消費貸借がなされた場合、金銭の交付に先立って設定された抵当権は無効であるとされる。（都庁 H17 年改題）	○ 1【1】
2	利息付消費貸借において、貸主が交付した目的物に契約不適合があった場合、借主に帰責性がないときは、貸主に帰責性がなくても、貸主は履行を追完しなければならない。（都庁 H17 年改題）	○ 1【3】
3	消費貸借については、返還時期の合意がないときには、貸主の請求があれば借主は直ちに返還しなければならない。（行書 H18-32）	× 1【4】
4	賃貸借と使用貸借は、ともに当事者の意思表示の合致のみで成立する諾成契約であるが、賃貸借が有償契約であるのに対し、使用貸借は無償契約であるという違いがある。（裁事 H19 年）	○ 2【1】
5	使用貸借は、当事者の一方が種類、品質および数量の同じ物を返還することを約して相手方からある物を受け取ることを約することによって、その効力を生ずる。（国Ⅱ H18 年）	× 2【1】
6	使用貸借の借主は、貸主の承諾を得なければ、第三者に借用物の使用または収益をさせることができず、借主が貸主の承諾を得ないで第三者に借用物の使用または収益をさせたときは、貸主は契約を解除することができる。（国Ⅱ H18 年）	○ 2【2】

第23章

貸借型契約②――タダで貸すわけにはいきません

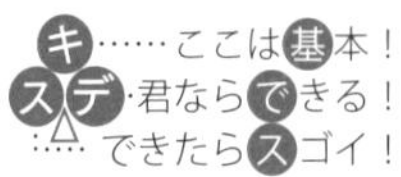

1 賃貸借契約ってなんだろう？

Case 1 不動産屋Aは、コンビニ店長との間で、Aが所有する甲建物を、2年間、賃料月額30万円で貸す約束をしました。この契約の締結に際し、店長は敷金として60万円を入れています。
その後、店長はなかなか賃料を支払おうとしません。
Aは、どのような手段を採ることができるでしょうか。

Answer 1 未払賃料を敷金から充当することができます。

(1) 賃貸借契約について理解しよう

賃貸借契約とは、当事者の一方が、相手方にある物を使用や収益をさせ、これに対して賃借人が使用や収益の対価を支払うこと、および引渡しを受けた物を契約が終了したときに
1 返還することを約束する契約をいいます（601条）。賃貸人（不動産屋A）が目的物（甲建物）を賃借人（店長）に使用させ、それに対して賃借人が賃料を支払うというのが、基本的な法律関係です。

> **第601条　賃貸借**
> 賃貸借は、当事者の一方がある物の使用及び収益を相手方にさせることを約し、相手方がこれに対してその賃料を支払うこと及び引渡しを受けた物を契約が終了したときに返還することを約することによって、その効力を生ずる。

(1) 賃貸借契約にはどんな性質があるの？

賃貸借契約は、有償、双務、諾成の契約です。つまり、賃貸借では、賃貸人の物を使用や収益をさせる義務と賃借人の賃料を支払う義務が対価関係にあるので、有償契約であり、双務契約であり、目的物の引渡しがなくても意思表示だけで成立するので、諾成契約です。

また、不動産賃借権は、債権でありながら、不動産を使用

する権利である点で、物権である地上権と似ています。そのため、賃借人の地位を保護するための債権でありながら、登記をすることによって物権を取得した者その他の第三者に対抗することができるとされています（605条）。また、借地借家法という特別法によって、登記がなくても、一定の場合には第三者に対して対抗することができるものとされています（借地借家法10条1項、31条）。

（2）よく耳にする敷金ってなんだろう？

賃貸借契約を結ぶ際には、金銭の受渡しが行われるのが通常です。この金銭には何種類かのものがありますが、そのなかでも敷金が重要です。

敷金とは、賃借人が賃貸人に対して負う、賃料を支払う債務やその他の賃貸借契約に基づいて起こりうる債務（部屋を壊さずに使う債務など）を担保するために、賃貸人に渡す金銭をいいます（622条の2第1項括弧書）。たとえば、**Case 1**では、店長が1か月分の賃料を滞納したならば、不動産屋Aは、30万円を敷金から充当することができます。ただし、充当するかどうかは賃貸人の自由です。充当した後の敷金の残額は、賃貸借契約が終了し、かつ、賃貸物の返還を受けたときに賃借人に返されます（622条の2第1項1号）。 2

> **第622条の2**
> 1　賃貸人は、敷金（いかなる名目によるかを問わず、賃料債務その他の賃貸借に基づいて生ずる賃借人の賃貸人に対する金銭の給付を目的とする債務を担保する目的で、賃借人が賃貸人に交付する金銭をいう。以下この条において同じ。）を受け取っている場合において、次に掲げるときは、賃借人に対し、その受け取った敷金の額から賃貸借に基づいて生じた賃借人の賃貸人に対する金銭の給付を目的とする債務の額を控除した残額を返還しなければならない。
> ①　賃貸借が終了し、かつ、賃貸物の返還を受けたとき。

(2)　賃貸人にはどのような義務があるの？

（1）使用や収益をさせる義務がある！

賃貸人は、賃借人に目的物を使用や収益をさせる義務を負います（601条）。これがもっとも中心的な義務です。

（2）修繕義務がある！

賃貸人は、目的物の使用や収益をあげるのに必要な修繕をするという義務を負います（606条1項本文）。たとえば、**Case 1**で、甲建物の窓ガラスが台風で割れた場合、Aはこれを修繕しなくてはなりません。ただし、賃借人の責めに帰すべき事由（賃借人が悪いといえる事由、たとえば店長が不注意で窓ガラスを割ってしまった）によって修繕が必要となったときは、賃貸人は修繕義務を負いません（606条1項ただし書）。

（3）必要な費用も賃貸人が負担する?!— 費用償還義務 —

賃貸人は、賃借人が支払った必要費や有益費の費用償還義務を負います（608条）。

必要費（608条1項）とは、使用や収益をあげるのに適した状態に、目的物を維持・保存するために必要な費用をいいます。たとえば、甲建物の窓ガラスが割れた場合に、店長が修理費用を負担した場合には、その費用は必要費となります。賃借人が必要費を支出した場合、ただちに支出した額の償還（支払）を請求できます。

有益費（608条2項）とは、目的物の改良のために支出した費用をいいます。たとえば、壁紙を張り替える費用がこれにあたります。賃借人は、賃貸借契約の終了時に、支出した額の償還を請求できます。

3 賃借人にはどのような義務があるの？

（1）賃料支払義務がある！

賃借人は、賃貸人に対して、借りた物を使用や収益をあげる対価として、賃料を支払う義務を負います（601条）。

（2）善管注意義務がある！（賃借物保管義務）

賃借人は、目的物を返すまで善良な管理者としての注意をもって目的物を保管する義務を負います（400条）。

（3）賃借物返還義務がある！

賃借人は、引渡しを受けた物を契約が終了したときに返す義務を負います（601条）。

（4）原状回復義務がある！

賃借人は、賃借物を受け取った後に生じた損傷がある場合に（通常の使用・収益によって生じた賃借物の損耗や賃借物の経年変化は除きます）、賃貸借が終了したときは、原則として、その損傷を契約時の状態に戻す義務を負います（621条本文）。

2 賃貸人たる地位の移転ってなんだろう？

Case 2 不動産屋Aは、Aが所有する甲建物を店長に、2年間、賃料月額30万円で貸す約束をし、賃借権について登記をしました。
その1年後、Aは甲建物を不動産屋Bに譲渡し、Bは、所有権移転登記を行いました。
この場合、店長は、これ以降、だれに賃料を支払わなくてはならないでしょうか。

Answer 2 店長は、不動産屋Bに賃料を支払わなくてはなりません。

(1) 賃貸人たる地位は目的物の譲渡によって移転する

賃貸借の対抗要件をみたしている場合に、不動産が譲渡されたときは、不動産の賃貸人たる地位は、原則として、新所有者（譲受人）に移転します（605条の2第1項）。目的物の譲受人であるBは賃借権を対抗される立場にあるわけですから、そのことを覚悟して目的物を譲り受けている以上、賃貸人としての地位を移転させ、少なくとも賃料くらいは請求したいとの期待があると思われるからです。つまり、BはAから甲建物を譲り受け、その登記をしたことによって、甲建物の賃貸人となり、賃借人である店長に賃料を支払うように請求することができるのです。 3

また、その際に、賃借人の承諾は不要とされています。なぜかというと、賃貸人の使用や収益をあげさせる債務は、所有者であればだれでも履行できる債務であり、賃借人にとっては所有者である賃貸人がだれであろうと、あまり問題ではないからです。

Case 2 では、甲建物が不動産屋Bに譲渡され、店長は賃借権を登記しているので、賃貸人たる地位は、原則として、A

第605条の2　不動産の賃貸人たる地位の移転
1　前条、借地借家法（平成3年法律第90号）第10条又は第31条その他の法令の規定による賃貸借の対抗要件を備えた場合において、その不動産が譲渡されたときは、その不動産の賃貸人たる地位は、その譲受人に移転する。

からBに移転します。

賃貸借が対抗要件をみたしていない不動産が譲渡された場合であっても、賃貸不動産の譲渡人と譲受人が合意すれば、賃借人の承諾がなくても、賃貸人の地位を譲受人に移転する
4 ことができます（605条の3前段）。

第605条の3　合意による不動産の賃貸人たる地位の移転
不動産の譲渡人が賃貸人であるときは、その賃貸人たる地位は、賃借人の承諾を要しないで、譲渡人と譲受人との合意により、譲受人に移転させることができる。（略）

(2) 賃貸人たる地位が移転した後はどうなるの？

賃貸人としての地位の移転は、契約の当事者として、地位をすべて移転するものなので、賃貸借契約上の権利義務が新所有者に移転します。そのため、**Case 2**では、賃料債権も新所有者不動産屋Bに移転することから、店長は、不動産屋Bに対して賃料を支払わなくてはなりません。

また、賃貸借契約時に敷金を入れていた場合には、敷金の法律関係も新賃貸人に移転します（605条の2第4項）。

3 賃借権の譲渡、目的物の転貸ってなんだろう？

Case 3 不動産屋Aは、Aが所有する甲建物を店長に2年間、賃料月額30万円で貸す約束をしました。その後、店長は勝手に太郎に甲建物を貸してしまいました。
このような場合、Aはどのような措置をとることができるでしょうか。

Answer 3 不動産屋Aは、店長との賃貸借契約を解除することができます。また、太郎に対して甲建物の明渡しを請求することができます。

(1) 賃借権の譲渡、目的物の転貸について理解しよう

賃借権の譲渡とは、賃借権という債権を譲り渡すことであり、**転貸**とは、賃借人が賃貸借の目的物を、更に他の人に賃

料をとって貸すことをいいます。**Case 3**では、店長は甲建物を太郎に更に賃貸しているので、転貸をしていることになります。

賃借権の譲渡や転貸は、賃貸人の承諾がなければ禁止されます（612条1項）[5]。なぜかというと、賃借権の譲渡や転貸とは目的物を使用や収益する人が変更することを意味し、契約者同士の信頼関係を基礎とする賃貸借契約においては、だれが目的物を使用や収益するかは、賃貸人の利害に強く関わるからです。

5 **第612条　賃借権の譲渡及び転貸の制限**
1　賃借人は、賃貸人の承諾を得なければ、その賃借権を譲り渡し、又は賃借物を転貸することができない。
2　賃借人が前項の規定に違反して第三者に賃借物の使用又は収益をさせたときは、賃貸人は、契約の解除をすることができる。

(2)　無断で譲渡や転貸を行ったらどうなるの？

賃貸人の承諾を得ないで賃借権の譲渡や転貸が行われた場合（無断譲渡、無断転貸）、これは賃貸借契約を解除する原因となります（612条2項）。**Case 3**では、店長はAに無断で転貸をしているので、Aは、店長との賃貸借契約を解除できます。

また、賃借権の譲受人や転借人[6]は、賃貸人に対して目的物を占有する権利を主張できないので、賃貸人は、所有権に基づき、譲受人や転借人に対して目的物の明渡しを請求することができます。**Case 3**では、Aが太郎に対して直接請求できることになります。

6 転借人とは、転貸が行われた場合の借主をいいます。**Case 3**では太郎が転借人です。

《復習 Word》
占有とは、自分が利益を得るために、物を所有しているかどうかを問わず、単に所持することによって、現実にその物を支配している状態をいいます。

(3)　賃貸人の承諾のもとで行ったらどうなるの？

賃貸人の承諾があれば、問題なく賃借権の譲渡や転貸を行うことができます。

(1)　賃借権譲渡の場合

賃借権を別の人に譲り渡した場合は、元の賃借人は契約関係から離れ、この賃借権を譲り受けた人が新賃借人となります。

(2)　転貸の場合

賃借人（転貸人）と転借人との間の法律関係は基本的には通常の賃貸借と同じです。**Case 3**にて、店長が転貸についてA

の承諾を受けていた例で考えてみると次の図になります。

23-1

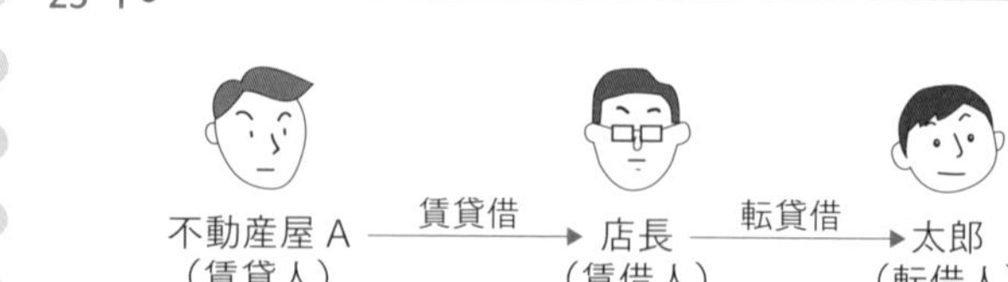

転借人は、賃貸人と賃借人の間の賃貸借に基づく賃借人の債務の範囲内で、賃貸人に対して直接に義務を負います（613条1項前段）。ただ、転借人には賃貸人に対して義務はあっても権利があるわけではありません。そのため、転借人である太郎が、窓が割れたので新しい物と入れ替えたというように必要費を支出した場合にも、Aにその費用の支払を請求することはできず、店長に請求できるにとどまります。

また、転借権は賃借権を前提として設定されるものなので、たとえば前提となる賃貸借契約が賃借人の賃料不払という債務不履行によって解除された場合には、賃貸人が転借人に明
7 渡請求をした時点で、転貸借契約は終了します（判例）[7]。ただし、賃貸借契約が賃貸人と賃借人の合意によって解除された場合には、この解除は転借人に対抗できません（613条3項本文）。なぜかというと、これが認められると、賃貸人と賃借人が共謀して転借人に明渡しを迫り、転借人の立場が不安定なものになるという不都合な事態が生じてしまうからです。

7 債務不履行による賃貸借契約の解除と賃貸人の承諾がある転貸借の帰すう
試験対策講座・債権各論236頁

ただし、その解除時に、賃貸人が、賃借人の債務不履行による解除権があるときは、転借人に対抗できます（613条3項ただし書）。その理由は、このような場面では、お互いが合意したうえでの解除があったとしても、実質上は債務不履行による解除と異ならないと考えられるからです。

4 賃貸借契約はいつ終了するの？

(1) 期間の満了によって終了

Case 1から**3**までの不動産屋Aと店長との間の賃貸借契約のように、契約に期間の定めがある場合には、その期間がすべて終了する（満了）ことによって賃貸借は終了します。

(2) 解除によって終了

賃貸借も契約なので、たとえば賃借人が賃料を支払わないなど、当事者に債務不履行があれば解除（541条、542条1項1号）をすることができます。

しかし、賃貸借契約が賃貸人と賃借人との間の信頼関係を基礎として継続される契約であり、賃貸借が生活の基盤となる不動産を目的とすることも多いことから、ささいな不履行を理由とする解除が認められてしまうと、賃借人にとって不都合な結果となるため、そのような解除を排除する必要があります。そのため、判例⑧では、賃貸人と賃借人の間の信頼関係が破壊されるほどの債務不履行がなければ、解除は認められないものと考えられています。

8 試験対策講座・債権各論226頁

これは、無断で賃借権を譲渡したり転貸したりすることに基づく解除においても同様です（判例⑨）。

9 試験対策講座・債権各論231頁

(3) 目的物がなくなったら終了―後発的全部不能―

目的物が全部滅失してしまったなどの場合、賃貸借契約を存続させる意味がなくなります。そのため、この場合には、賃貸借契約は終了します（616条の2）。たとえば、**Case 1**から**3**までにおいて、甲建物が火事で焼失してしまった場合がこれにあたります。

(4) 解約によって終了

期間の定めのない賃貸借契約においては、当事者はいつでも解約の申入れをすることができます（617条1項前段）。このとき、一定の期間が経過した後に賃貸借が終了します（617条1項後段）。

プラスα文献

試験対策講座・債権各論 2章6節1～5
判例シリーズ 61事件、74事件
条文シリーズ 601条、605条、606条、608条、612条、613条、617条、619条、620条
ステップアップ No. 32、No. 34

第23章 Exercise

	問題	解答
1	賃貸借契約は、賃貸人の賃借人に対する目的物の引渡債務と、賃借人の賃料支払債務とが同時履行の関係に立つ、有償・双務・要物契約であるとともに、継続的契約のひとつの典型である。（特別区 H22 年）	× 1【1】(1)
2	賃貸借契約存続中は、賃料不払があっても、賃貸人は、まず敷金をこれに充当しなければならず、充当せずに延滞賃料の全額を請求することはできない。（都庁 H16 年）	× 1【1】(2)
3	B が A から甲建物を賃借し、A に敷金を差し入れて居住していたところ、賃貸借契約期間中に A が C に対して甲建物を譲渡した。この場合、C は、A の B に対する敷金返還債務を承継しないから、B が約定の賃料債務を遅滞なく支払っていたとしても、B は、C に対して敷金の返還を請求することができない。（裁事 H17 年）	× 2【2】
4	甲所有の建物を賃借していた乙が、甲に無断で丙に転貸した場合、乙丙間の賃貸借契約は有効であるが、甲は丙に対して、所有権に基づいて建物の明渡しを求めることができる。（裁事 H22 年）	○ 3【2】
5	A はその所有する建物を B に賃貸し、B は A の承諾を得てその建物を C に転貸している。この状況のもとで、A・B が賃貸借契約を合意解除した場合には、A はそれを C に対抗することができる。（行書 H18-33）	× 3【3】(2)
6	A の所有する土地が B に賃貸され、更に C に転貸されて、実際に C がその土地を使用している事例において、A に無断で転貸借契約がされた場合には、C の土地の使用により AB 間の信頼関係が破壊されているか否かを問うことなく、A は賃貸借契約を解除することができる。（国Ⅱ H19 年）	× 4【2】
7	目的物を賃借人に使用や収益をさせるという賃貸人の義務が、目的物の全部滅失その他によって全部的に履行不能になった場合には、賃貸借は終了する。（都庁 H16 年）	○ 4【3】

Topics

大学生の民法デビューは家を借りること?!

たとえば家族で住むために、あるいは大学に通うために、建物や部屋を借りたことがあると思います。建物の賃貸借契約では、民法に規定されているルールのほかに、賃貸人と賃借人の間で特別な合意（特約）をしてルールが設定されることがしばしばあります。たとえば、賃借人が室内でペットを飼うことを禁止したり、同居人が増えるならば、賃貸人に通知することを約束させたりすることが考えられます。

このような建物賃貸借に伴う特約のひとつとして、敷引特約があります。敷引特約とは、借りた家から退去する時に、賃借人が入居する時に差し入れた敷金（保証金）から、原状回復にかかる費用として、どのような補修が必要かに関わらずに一定額（敷引金）を差し引くというものです。この特約に従うと、賃借人が建物をとても丁寧に使っていて、建物に時間が経つことによる傷み（経年劣化）しか生じていない場合にでも、予定された敷引金が差し引かれることになってしまいます。そのため、このような特約は消費者契約法 10 条に違反し、無効ではないかが争われました。判例は、敷引金が高額すぎる場合で、賃料が大幅に低額であるなどの特段の事情がないかぎり、敷引特約は無効であると判断しました。つまり、このような特約は原則として無効ですが、敷引金を差し引く代わりに、家賃を安くしてくれていれば、有効ということになります。

また、更新料に関しても、その効力が争われました。更新料とは、賃貸住宅の契約を更新する際に、賃借人が賃貸人に支払うものです。判例は、更新料条項が賃貸借契約書に明確かつ具体的に記載されている場合には、更新料の額が高額にすぎるなどの特段の事情のないかぎり、無効とはならないとしました。つまり、この特約は、契約書に更新料がかかることがはっきりと書かれていれば原則として有効であり、ただ、賃料などと比較して更新料が高すぎる場合には無効となるということです。

このように、特約にはさまざまなものがあり、いろいろな団体が賃貸借契約書のひな型を公開していますから、一度目を通してみると予想外の記述があるかもしれません。

第24章 役務型契約等——買った家はだれのもの？

1 請負契約ってなんだろう？

Case コンビニ店長は、テレビで見たリゾート地の別荘に憧れ、一軒家の別荘を建てたいと考えるようになりました。これを買い物に来た太郎に話したところ、太郎の父親の良男が、今は九州で大工をしているので紹介するということになりました。その後、店長は良男に報酬として4000万円を支払うことを約束して、別荘を建築するという仕事を依頼しました。良男は、その依頼を受けて、みずから別荘の建築に必要な材料をすべて購入して、別荘を建築しました。

この場合、店長は、良男から引渡しを受ける前でも、完成した家の所有権が自分にあることを主張できるのでしょうか。

Answer 店長は、別荘の引渡しを受けるまでは、所有権が自分にあることを主張することはできません。

(1) 請負契約について理解しよう

請負契約とは、当事者の一方がある仕事を完成することを約束し、相手方がその仕事の結果に対して報酬を与えることを約束する契約をいいます（632条）①。請負契約はある仕事を完成させ、その仕事の結果に対して報酬を支払う契約であるため、有償・双務・諾成契約となります。完成させる仕事は、家や道路などの形のあるものの製作から、美容院でのサービス、音楽の演奏などの形のないものの提供まで、さまざまな

1 **第632条 請負**
請負は、当事者の一方がある仕事を完成することを約し、相手方がその仕事の結果に対してその報酬を支払うことを約することによって、その効力を生ずる。

《復習 Word》
有償契約とは、契約の当事者双方が互いに対価的な経済的損失をするような契約のことをいいます。
双務契約とは、契約の当事者間に相互的な債権・債務の関係が生じ、法律的な対価関係が合う契約をいいます。
諾成契約とは、当事者の意思表示が合致するだけで成立し、目的物などの引渡し等を必要としない契約をいいます。

ものがあります。

民法では、仕事を依頼する側を**注文者**、仕事を完成させる側を**請負人**とよんでいます。

(2) 完成品の所有権はいつ移転するの？

請負契約でポイントとなるのは、まず、注文者が完成した目的物の所有権をいつ取得するかという問題です。

Case では、店長は別荘の建築という仕事の完成を良男に注文し、良男がその注文を引き受けています。また、店長はその仕事の完成の報酬として、4000万円を支払うことを約束しています。そのため、**Case** の店長と良男の契約は請負契約であるといえます。

では、完成した別荘の所有権はだれに帰属するのでしょうか。この請負契約の内容は、店長の別荘を建築することを目的としているので、完成した別荘の所有権は店長に帰属させるべきであるように思えます。しかし、店長に所有権が帰属すると考えると、店長が良男に対して家の引渡しを求めた場合、良男は、報酬の支払を受けていないにもかかわらず、それに応じなければなくなります。これでは、良男は報酬の支払を受けることができないことになりかねないので、適当ではありません。

請負契約における出来形部分（建前）の所有権の帰属
試験対策講座・債権各論291頁、292頁

2 そこで、判例は②、**注文者が材料の全部または主要部分を供給した場合**は、特約がないかぎり、所有権は完成時に**注文者**に帰属するとしていますが、**請負人が材料の全部または主要部分を供給した場合**は、特約がないかぎり、所有権は完成時に**請負人**に帰属し、**引渡しによって**、**注文者に移転する**としています。**Case** では、材料の全部を請負人である良男が供給しているので、所有権は目的物の引渡しがあるまで、店長に移転しません。そのため、店長は引渡しを受ける前の時点では、所有権が自分にあることを主張できません。

(3) 請負契約の効果はどのようなもの？

（1）請負人はどのような義務を負っているの？

（a）請負人は仕事を完成させる義務を負う

請負人は仕事の完成義務を負っています（632条）。請負人の義務は仕事の完成そのものを目的としているので、請負人は仕事を完成できるのであれば、どのような手段を採ってもよいことになります。そのため、請負人は特約がある場合を除いて、自由に補助者や下請人を使用することができます。

（b）契約不適合があると、どんな担保責任を負うの？

次に、請負契約でポイントとなるのが、完成した目的物の種類・品質に関して契約の内容に適合しない場合に、請負人はどのような担保責任を負うのかという問題です。

（i）請負人の担保責任ってなんだろう？

請負契約は仕事の完成を目的とする契約であるため、請負人は、仕事を完成させる義務を負います。そして、仕事の目的物の種類・品質に関して契約の内容に適合しない場合（契約不適合）、仕事を完成させる義務を果たしたとはいえません。そのため、請負人は、その義務を履行する責任を負っています。これが請負人の担保責任です。

（ii）請負人の担保責任は売主の担保責任と同じ？

請負人の担保責任は、売買における目的物の契約不適合に関する規律に委ねられます（559条）。請負人の担保責任は、原則として売主の担保責任と同じなのです。

ただし、請負固有の担保責任の規定として、636条③（請負人の担保責任の制限）と、637条④（目的物の種類または品質に関する担保責任の期間の制限）があります。

（iii）具体的にはどのような担保責任なの？

請負人の担保責任の内容として、注文者に追完請求権（559条本文・562条）、報酬減額請求権（559条本文・563条）、損害賠償請求権・解除権（559条本文・564条、415条、541条、542条）が認められています。

3 **第636条　請負人の担保責任の制限**
請負人が種類又は品質に関して契約の内容に適合しない仕事の目的物を注文者に引き渡したとき（その引渡しを要しない場合にあっては、仕事が終了した時に仕事の目的物が種類又は品質に関して契約の内容に適合しないとき）は、注文者は、注文者の供した材料の性質又は注文者の与えた指図によって生じた不適合を理由として、履行の追完の請求、報酬の減額の請求、損害賠償の請求及び契約の解除をすることができない。ただし、請負人がその材料又は指図が不適当であることを知りながら告げなかったときは、この限りでない。

4 **第637条　目的物の種類又は品質に関する担保責任の期間の制限**
1　前条本文に規定する場合において、注文者がその不適合を知った時から1年以内にその旨を請負人に通知しないときは、注文者は、その不適合を理由として、履行の追完の請求、報酬の減額の請求、損害賠償の請求及び契約の解除をすることができない。（略）

Case を前提として、太郎の父の良男が店長に別荘を引き渡した後、別荘の屋根に小さな穴が開いていて、雨漏りがあることがわかったとします。契約上は、雨漏りしない状態で引き渡す必要があるため、仕事の目的物の品質に関して契約不適合があるといえます。そのため、良男は、店長に対して、担保責任を負うことになります。

担保責任の具体的な内容としては、屋根の小さな穴を塞ぐなど、修補するよう請求することができます（559条本文・562条）。また、店長が相当の期間を定めて履行の追完（補修）の催告をし、その期間内に履行の補修がないときは、店長は良男に対し、原則としてその不適合の程度（度合い）に応じて報酬の減額を請求することができます（559条本文・563条1項）。さらに、店長は、契約不適合を理由として、良男に対して損害賠償を請求することができますし、請負契約を解除することができます（559条本文・564条）。

《復習 Word》
追完とは、必要な要件をみたしていないために効力を生じない行為が、のちに欠けている要件が備わって効力が生じることをいいます。

（iv）請負固有の担保責任って何？

まず、請負人が種類・品質に関して契約の内容に適合しない仕事の目的物を注文者に引き渡したとき（または、仕事が終了した時に仕事の目的物が種類・品質に関して契約の内容に適合しないとき）は、注文者は、**注文者が請負人に提供した材料の性質または注文者の与えた指示によって生じた不適合**があったならば、追完請求、報酬減額請求、損害賠償請求・契約の解除をすることができません（636条本文）。ただし、請負人がその材料や指示が不適当であることを知りながら言わなかったときは、追完請求などができます（636条ただし書）。

Case の場合、かりに、別荘の不適合の原因が、店長みずからが用意した材料や、店長の指示によって生じたときは、店長は、良男に対して、追完請求などができません。もちろん、良男がその材料か指示が不適当であることを知りながら、店長に言わなかったときは、追完請求などができます。

次に、仕事の目的物の契約不適合を注文者が知った場合に、その時から**1年以内**に契約不適合の事実を通知しなければ、その不適合による追完請求権、報酬減額請求権、損害賠償請求権・解除権を失います（637条1項）。

（2）注文者はどのような義務を負っているの？

注文者の義務として報酬支払義務があります（632条）。**報酬は仕事の目的物の引渡しと同時**に、支払わなければなりません（633条）。仕事の完成は先履行義務⑤であるため、報酬は後 5
払となります。報酬の支払時期は仕事の完成時となり、**目的物の引渡し**と**報酬の支払**とは**同時履行の関係**に立つと考えられています。

> **先履行義務**とは、双務契約における各事業者の債務のうち、他方の債務よりも先に履行しなければならない債務をいいます。

また、①注文者の責めに帰することができない事由によって仕事を完成しなかった場合や、②請負が仕事の完成前に解除された場合には、請負人がすでに完成した仕事の一部分であり、その一部分が注文者にとって利益があるときは、その部分は仕事が完成しているとみなされます（634条柱書前段各号）。たとえば、テーブルセットを作るという受負契約をし、椅子が作成し終えたけれどもテーブルが未完成な時点で契約が解除された場合、椅子の部分は仕事が完成したとみなされます。そして、この場合、請負人は、注文者が受ける利益の割合に応じて報酬を請求することができます（634条柱書後段）。これを**割合的報酬請求権**といいます。

報酬債権そのものは、請負契約の成立によって生じているので、**報酬請求権は請負契約成立後に譲渡することができます**。

（4）請負契約はいつ終了するの？

請負人が仕事を完成しない間は、注文者は、**いつでも損害**を賠償して契約の解除をすることができます（641条）⑥。 6

> **第641条　注文者による契約の解除**
> 請負人が仕事を完成しない間は、注文者は、いつでも損害を賠償して契約の解除をすることができる。

この規定は、注文者にとって不要となった仕事を完成させることを強いる必要はなく、社会経済上も不利益であることから、一定の要件のもとで理由を問わず、注文者の解除権を認めたものです。

2 委任契約ってなんだろう？

(1) 委任契約について理解しよう

委任とは、当事者の一方（委任者）が法律行為をすることを相手方に委託し、相手方（受任者）がこれを承諾することを内
7 容とする契約をいいます（643条）⑦。言い換えると、自分の代わりに法律行為の処理を相手にやってもらう契約ということができます。たとえば、不動産業者への不動産の売却という法律行為を依頼する契約などがあげられます。この場合、不動産の売却を依頼する側を**委任者**、依頼される側を**受任者**とよびます。

> **第643条　委任**
> 委任は、当事者の一方が法律行為をすることを相手方に委託し、相手方がこれを承諾することによって、その効力を生ずる。

(2) 請負契約とは何が違うの？

（1）引き受けた依頼を他人に任せることはできるの？

請負契約は、委任契約と同様に労務提供型の契約であるため、委任契約との違いを意識しておく必要があります。請負契約が**仕事の完成そのもの**を目的としているのに対し、委任契約は、**労務の供給そのもの**に意味があります。

このような契約の性質の違いから、請負契約では、仕事の完成にいたるプロセスは重要でないため、請負人は請け負った仕事を更に第三者に請け負わせることができます。これに対して、委任契約では、委託をした受任者から**労務の提供を受けること自体に意義**があるため、**受任者は第三者に更に委任することは原則として許されません**（自己執行義務）。

たとえば、洋服の製作を依頼する請負契約の場合、注文し
8 た洋服が手に入るのであれば、だれが製作したものであっても、契約の目的を果たすことができるといえます。しかし、一流の医者に対して、その腕を信頼して手術を依頼した準委任契約⑧の場合、その一流の医者の代わりに、新米の医者が手

> 準委任契約とは、法律行為でない事務を委託することをいい（656条）、委任の規定が準用されます。

術を執刀したのでは、委任者の納得が得られないことは容易に想像できます。

ただし、受任者は、**委任者の許諾を得たとき**、または、**やむをえない事由があるとき**は、第三者に更に委任することができます（644条の2第1項）。

（2）特別に約束しないと報酬がもらえない?!

また、委任契約は、請負契約と異なり、特約がないかぎり報酬請求権は発生しません（648条1項）。

そのため、委任契約は原則として**片務**・**無償**・**諾成契約**となり、報酬特約がある場合は**双務・有償・諾成契約**となります。

《復習 Word》
片務契約とは一方だけが債務を負担し、相手方がこれに対する対価的な義務を負わない契約をいいます。
無償契約とは契約の一方当事者のみが経済的な損失をする契約のことをいいます。

(3) 信頼関係がないとどうなるの？

委任契約は委任者からの**信頼を基礎**として、受任者が委任者の代わりに法律行為を行います。そのため、受任者は、有償契約・無償契約の区別なく、委任者に対して善管注意義務を負います（644条）。また、委任者と受任者との間の信頼関係が損なわれた場合には、委任者および受任者はいつでも契約を解除することができます（651条1項）。

《復習 Word》
善管注意義務とは、業務を委任された人の職業や専門家としての能力、社会的地位などから考えて通常期待される**善**良な**管**理者としての**注意義務**のことをいいます。

プラスα文献

試験対策講座・債権各論 2章8節、9節[1]～[3]
判例シリーズ 76事件
条文シリーズ 632条、641条、643条、644条、648条、651条
ステップアップ No. 35 論点1

第24章 Exercise

1	請負の場合でも委任の場合でも、当事者の合意のみでは契約は成立せず、契約書や委任状の作成によってはじめて契約が成立する。（国ⅡH21年）	× 1【1】、2【2】(2)
2	請負人が自己の材料をもって注文者の土地に建物を建築する請負契約の場合には、特約のないかぎり、当該建物の所有権は建物引渡しの時に請負人から注文者に移転する。（裁事H21年）	○ 1【2】
3	請負の場合には、注文者と請負人との間の高度の信頼関係を基礎としていることから、請負人が請け負った仕事を更に第三者に請け負わせることはできない。委任の場合には、委任事務を受任者自身ですべて完成させることが契約の要件となっていないことから、受任者は、自分の代わりに、いつでも第三者に委任事務を処理させることができる。（国ⅡH21年）	× 2【2】(1)

第25章

事務管理・不当利得
——え！　おせっかいにお金を払うの!?

1　事務管理ってなんだろう？

キ……ここは基本！
スデ·君ならできる！
∴……できたらスゴイ！

Case 1　太郎は、コンビニ店長が数日留守にしていた間に、コンビニの窓が暴風雨で壊れているのを見つけました。太郎は、このままではコンビニの商品がだれかに盗まれてしまうと思い、店長に頼まれたわけではないですが、その窓を修理し、5万円の修理費用が掛りました。
修理を終え、一息ついて、太郎はふと思ったのです。あれ、僕が修理費を負担しているじゃないか……。
太郎は、店長に対して修理費を請求できるのでしょうか？

Answer 1　太郎は、店長に対して、修理にかかった費用5万円を請求できます。しかし、修理作業に対する報酬を請求することはできません。

ここでは、イメージし易くするために「店長」としていますが、正確には「コンビニに対して」となります。

(1)　事務管理について理解しよう

義務はないのに他人のためにその事務を管理することを、事務管理といいます（697条）①。

1 **第697条　事務管理**
1　義務なく他人のために事務の管理を始めた者（以下この章において「管理者」という。）は、その事務の性質に従い、最も本人の利益に適合する方法によって、その事務の管理（以下「事務管理」という。）をしなければならない。（略）

本来は、太郎のように義務や権限もないのに他人の家などに立ち入って何かをすることは違法です。しかし、民法では、このような好意から生まれたおせっかいな行為について、違法とならないように規定を設けています。事務管理制度の趣旨は、他人の生活への不当な干渉の排除と、社会生活における相互扶助の要請との調和を図ることにあります。

(2)　事務管理の成立要件はなんだろう？

事務管理にあたる要件は、次の4つです。

① **他人の事務を管理すること**

② **他人のためにする意思があること**

③ **法律上の義務のないこと**

④ **本人の意思および利益に適合すること**

②は、他人に事実上の利益を帰属させようとする意思があることをいいます。**自己の利益を図る意思と並存してもかまいません。Case 1** で、たとえ太郎がコンビニの窓を直す理由に、壊れた窓ガラスが太郎の家に飛んできたら困るという理由が含まれていても、店長に利益をもたらすことが中心になっていれば問題ありません。

③は、もし法律上の義務があるのなら、管理者（**Case 1** では太郎）と本人（**Case 1** では店長）の関係は、その義務の基礎である法律関係によって処理されるので、事務管理は成立しないことになります。

④は、はじめから本人の意思に背いていることがわかっている場合や、本人に不利なことが明らかな場合には、事務管理は成立しません（700条ただし書参照）。

ただし、事務の管理を欲しない本人の意思が強行法規または公序良俗に違反する場合には、本人の意思に背いていても、事務管理の成立を妨げません。たとえば、自殺未遂者が治療を拒否をしているにもかかわらず、医者がこれを治療するような場合です。

3 事務管理の効果はどのようなもの？

（1）管理義務がある！

管理者は、**善管注意義務**を負います（697条参照）。

ただし、本人の身体・名誉・財産に対する急迫の危害を免れさせるための事務管理（**緊急事務管理**といいます）では、注意義務は軽減されます。たとえば、溺れそうな人を助けようとしたときにその人をけがさせてしまっても、悪意または重過失がないかぎり、救助した人は責任を負わなくてよいということです。

（２）管理継続義務がある！

管理者は、本人またはその相続人もしくは法定代理人が管理をすることができるようになるまで、**事務管理を継続しなければなりません**（700条本文）②。

（３）報告義務・受領物等の引渡し義務・金銭消費責任等がある！

管理者は、**645条から647条までの委任契約の受任者と同様の義務を負う**ものと規定されています（701条）③。

（４）費用償還請求権等もある！

管理者は、本人に対して、支出した有益な費用の償還を請求できます（702条１項）④。そのため、**Case 1**では、管理者である太郎は窓の修理に掛った費用を店長（本人）に請求できます。

また、管理者は、有益な債務を負担したときは、本人に対して、自己に代わってその弁済をすることを請求することができ、その債務の支払期日が到来していないときは、本人に対して相当の担保を供させることができます（702条２項・650条２項）。たとえば、太郎は、窓の修理を業者に依頼した場合、業者への代金の支払を、店長が行うように請求できます。

また、管理者は、本人の意思に背いて管理をしてしまっていたことが後でわかったときは、本人が現に利益を受けている限度で費用償還請求ができるにすぎません（702条３項）。このとき、はじめから本人の意思に背いていることが明らかだと、そもそも、事務管理自体が成立しません（700条ただし書）。

なお、管理者は、費用の前払請求をすることはできません（701条参照）。**Case 1**でいえば、太郎は窓の修理費用をあらかじめコンビニ店長に請求することはできません。

（５）報酬と損害賠償はない！

管理者が本人に報酬を請求する権利は認められていません。

2 **第700条　管理者による事務管理の継続**
管理者は、本人又はその相続人若しくは法定代理人が管理をすることができるに至るまで、事務管理を継続しなければならない。ただし、事務管理の継続が本人の意思に反し、又は本人に不利であることが明らかであるときは、この限りでない。

3 **第701条　委任の規定の準用**
第645条から第647条までの規定は、事務管理について準用する。

4 **第702条　管理者による費用の償還請求等**
1　管理者は、本人のために有益な費用を支出したときは、本人に対し、その償還を請求することができる。
2　第650条第２項の規定は、管理者が本人のために有益な債務を負担した場合について準用する。
3　管理者が本人の意思に反して事務管理をしたときは、本人が現に利益を受けている限度においてのみ、前２項の規定を適用する。

また、管理者が自分に過失がないのに被った損害について、本人に対し損害賠償を求めることも認められません。

（6）管理者が第三者と法律行為を行ったらどうなるの？

事務管理は、本人と管理者との間の対内関係の問題にとどまり、本人と相手方の関係のような対外関係は別個の問題です。つまり、単に事務管理が行われただけで、代理権が発生し本人に効果が帰属するということはありません。

Case 1 では、太郎が修理を業者に委託した場合でも、コンビニと修理業者の間に契約関係が生じることはありません。

2 不当利得ってなんだろう？

Case 2 ある日、太郎は小腹が空いたと思い、コンビニに行ったところ、おでん全品 70 円キャンペーンが実施されていました。これはお買い得と思った太郎は、大根を 2 個注文し、140 円を支払いました。
しかし、このとき店長は頭痛がしていたため、誤って大根を 3 個器に入れてしまいました。これに気がついた店長は、そうとは知らずに帰ろうとする太郎を呼びとめ、大根を 1 個返すよう求めました。
店長は、どのような法的根拠に基づいて、太郎から大根を返してもらうことができるでしょうか？

Answer 2 店長は、703 条を根拠として、太郎の持つ大根 1 個は不当利得であるとして、太郎から返してもらうことができます。

(1) 不当利得について理解しよう

不当利得制度とは、法律上正当な理由がないにもかかわらず、他人の財産または労務から利得を受け、これによってその他人に損害を及ぼした場合に、その利得の返還を命じるものです。

第25章

Case 2 では、太郎は2個の大根しか買っていないため、1個分の大根に関しては、法律上正当な理由なく手に入れたことになります。そのため、店長は、不当な利得の返還を求めることができ、太郎に対し大根1個の返還を請求できます(703条)⑤。 5

> **第703条　不当利得の返還義務**
> 法律上の原因なく他人の財産又は労務によって利益を受け、そのために他人に損失を及ぼした者（以下この章において「受益者」という。）は、その利益の存する限度において、これを返還する義務を負う。

(2) 一般不当利得ってなんだろう？

(1) 一般不当利得の要件はなんだろう？

この要件には次の（a）～（d）までの4つがあります。

（a）他人の財産または労務によって利益を受けたこと（受益）

受益があるといえるには、その事実がなかったと仮定した場合に予定される財産の総額よりも、その事実の後の現実の財産の総額が増加していなければなりません。これには、**積極的利益**（財産が積極的に増加した場合）**と消極的利益**（本来生ずるはずだった財産の減少を免れた場合）**の双方が含まれます。**

Case 2 では、太郎の財産が大根1個分増えているので、積極的利益があるといえます。

（b）他人に損失があること（損失）

コンビニには、大根1個分の損失（70円）があります。

（c）受益と損失との間に因果関係があること（因果関係）

Case 2 では、太郎が大根を1個余分に受け取ったこと（受益）によって、コンビニにその大根1個分の損失が生じているので、受益と損失との間に因果関係があります。

（d）法律上の原因がないこと

法律上の原因がないとは、公平の理念からみて、財産の移動がその当事者間において正当といえる実質的な理由のないことをいいます。

Case 2 では、太郎が大根を余分に1個受け取る法的根拠は何もありません。つまり、店長から太郎への代金が支払われていない大根1個の財産の移動が正当といえる理由はないといえます。

（2）一般不当利得の効果はどのようなもの？

（a）善意の受益者はどのような義務を負うの？

利益の存する限度（現存利益）で返還義務を負います（703条）。**現存利益**とは、利益が現物のまま、あるいは形を変えて残っている場合をいいます。

Case 2 では、太郎は大根が余分に1個入っていることにつ
6 いて善意であったと考えられるので、太郎は、店長に現存利益である大根1個を返還すれば足ります。

（b）悪意の受益者はどのような義務を負うの？

受けた利益に利息を付して返還し、なお損害があれば、損害賠償義務も負います（704条）⑥。善意の受益者が途中から悪意
7 になった場合、悪意になったときから、704条の責任を負います。

3 特殊な不当利得ってなんだろう？

（1）非債弁済について理解しよう

債務がないのに弁済した者が、その弁済の当時、債務の不
8 存在を知っていたときは、給付したものの返還を請求できません（705条）⑦。これを非債弁済といいます。

ただ、**あくまでも任意に支払ったという事実が必要**ですから、たとえば強制執行を避けるためとか、脅迫によってやむをえず給付⑧をしたような場合には、不当利得返還請求が認め
9 られます（判例）⑨。

（2）期限前の弁済をしたら返してもらえるの？

10 債務者は、期限の到来前に債務を弁済した場合、給付物が不当利得であるとして、債権者に対して返還を請求することができません（706条本文）⑩。債務は履行期前であっても存在する以上、法律上の原因を欠くとはいえないからです。

ただし、債務者が錯誤によってその弁済をしたときは、債権者はこれによって得た利益（たとえば、期限までの利息相当額）を返還しなければなりません（706条ただし書）。なぜなら、期

第704条　悪意の受益者の返還義務等
悪意の受益者は、その受けた利益に利息を付して返還しなければならない。この場合において、なお損害があるときは、その賠償の責任を負う。

第705条　債務の不存在を知ってした弁済
債務の弁済として給付をした者は、その時において債務の存在しないことを知っていたときは、その給付したものの返還を請求することができない。

給付とは、債務者の債務の内容や債務を履行する行為をいいます。たとえば、金銭債務の内容である金銭を支払うことです。

試験対策講座・債権各論388頁

第706条　期限前の弁済
債務者は、弁済期にない債務の弁済として給付をしたときは、その給付したものの返還を請求することができない。ただし、債務者が錯誤によってその給付をしたときは、債権者は、これによって得た利益を返還しなければならない。

限までの金銭の運用利益は、本来債務者に属するからです。

（3）他人の債務の弁済をしたら返してもらえる？

債務者でない第三者が、自己の債務であると誤って弁済した場合（707条）、債務者のために弁済したわけではないので、第三者弁済（474条）とはなりません。そのため、債務は消滅しないため、本来弁済者は不当利得返還請求ができるはずです。

しかし、たとえば弁済を受けた債権者の側が、それが有効な弁済だと信じて債権証書を破ってしまうとか、担保を放棄してしまうというような事情があった場合、弁済者からの不当利得返還請求を認めてしまうと、債権者が損害を受けることになります。

そこで、債権者が有効な弁済であると信じた場合には、弁済者は不当利得を理由として給付した物の返還請求はできないとされています（707条1項）。

11 **第707条　他人の債務の弁済**
1　債務者でない者が錯誤によって債務の弁済をした場合において、債権者が善意で証書を滅失させ若しくは損傷し、担保を放棄し、又は時効によってその債権を失ったときは、その弁済をした者は、返還の請求をすることができない。
2　（略）

25-1

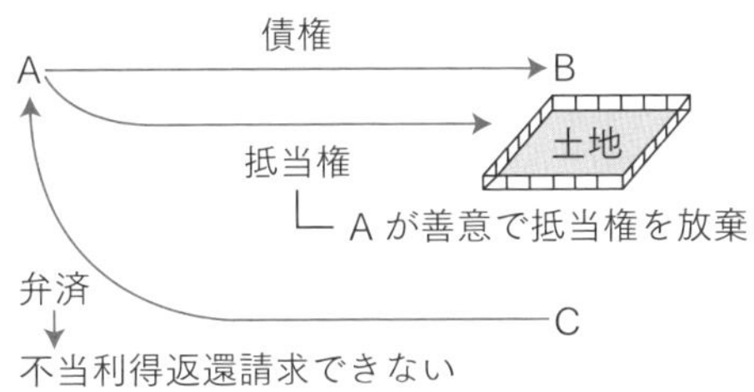

（4）不法原因給付ってなんだろう？

Case 3　**太郎は、大学生活のストレスから、友人に薦められたドラッグをやろうと思い、店長に、10万円を渡すから、大麻を仕入れてほしいと頼みました。店長はくどくど太郎に大麻の危険性やそんなことでは立派な大人にはなれないなどと説教をしつつも、しっかりと10万円は受け取りました。**

その後、太郎は、大麻ではなくタバコで我慢しようと思い、

店長に対し、10万円の返還を求めました。
太郎の10万円は返ってくるのでしょうか？

Answer 3 大麻についての売買契約は、公序良俗に違反し、無効なので、不当利得として10万円を返してもらえるとも思えます。しかし、10万円の支払は不法原因給付（708条）にあたるので、太郎は、店長に対し10万円の返還請求をすることはできません。

（a）不法原因給付ってなんだろう？

不法な原因のため給付を行った者（**Case 3**の太郎）は給付した物の返還請求をすることができない、という法律関係のことを**不法原因給付**といいます（708条本文）。

第708条　不法原因給付
不法な原因のために給付をした者は、その給付したものの返還を請求することができない。ただし、不法な原因が受益者についてのみ存したときは、この限りでない。

（b）どのような趣旨の規定なの？

本来、不法な原因のための契約（**Case 3**の売買契約）は公序良俗に違反して無効であるから（90条）、これによって給付したものについては不当利得返還請求権が認められるはずです。

しかし、この請求を認めると、法が反社会的な行為をした者を救済する結果になり、適当でありません。

そこで、クリーン・ハンズの原則のもと、不法の原因のために給付をした者は、みずからその無効を主張して法的救済を求めることは許されないとしました。

クリーン・ハンズの原則とは、裁判所の救済を受けようとする者は、汚れなき手をしていなければならないとする原則をいいます。

（c）不法原因給付の要件はなんだろう？

（i）不法な原因があること

708条は90条と表裏一体の関係にあるので、不法とは、公序良俗に違反することをいいます。

（ii）給付をしたこと

給付をしたといえるためには、相手方に**終局的な利益を与えたといえる場合**でなければなりません。

Case 3で太郎が店長に10万円を支払ったことは、店長に終局的な利益を与えたといえます。

この要件については、たとえば、**まだ登記されていない不動産の場合ならば、引渡しがあったことが「給付をした」に**

不動産登記については、第11章 物権変動②2を見よう！

あたります。これに対して、すでに登記されている不動産では、引渡しがあっただけでは「給付した」にあたらず、移転登記がされてはじめて、「給付した」にあたります。

(iii)不法の原因が受益者だけにあるのではないこと

不法の原因が受益者のみにあるような場合には、給付者に反社会性があるとはいえないので、不当利得返還請求が認められます。たとえば、相手に一方的にだまされ、つい賭博の資金を渡してしまったというような場合は、渡したほうの給付者に不法性がないといえるので、給付者を保護する結果となることは、708条に背きません。

(d)不法原因給付の効果はどのようなもの?

不当利得返還請求ができなくなります。たとえば、愛人でいることの対価として、男が女に建物を譲渡した場合、男は女に対して、建物が不当利得であると主張することはできません。

また、給付が物の所有権移転である場合、**所有権に基づく返還請求についても、708条が類推適用され、否定されると**考えられています(判例)[14]。つまり、男は建物について、所有権に基づく返還請求もできなくなります。そして、給付した物の返還を請求することができなくなった結果として、所有権は、相手方(女)に帰属すると考えられています(判例)。

なお、**当事者間で、不法原因給付の後になされた、給付した物を任意に返還する旨の特約は、708条の趣旨に背かないので、有効です**(判例)[15]。つまり、男女の間で合意して、やっぱり建物を男に返すということは可能です。

14 所有権に基づく返還請求権と民法708条
試験対策講座・債権各論395頁

15 試験対策講座・債権各論394頁、395頁

プラスα文献

試験対策講座・債権各論3章1節[1]〜[3]、4章1節、2節[1]〜[3]
判例シリーズ80事件
条文シリーズ3編3章、4章
ステップアップNo. 36、37

第25章 Exercise

1	事務管理が成立するためには、義務なくもっぱら他人のために事務の管理をしなければならないから、他人のためにする意思と自己のためにする意思が並存する場合には、事務管理は成立しない。（都庁 H20 年）	× 1【2】
2	事務管理は、義務なくして他人のために事務の管理を行うものであるから、管理者は、本人に特に不利な状況でないかぎり、いつでも事務管理を中止することができる。（都庁 H20 年）	× 1【3】(2)
3	管理者が、事務管理のために第三者に対し債務を負担した場合であっても、本人は債務者ではないから、管理者は、本人に対し自己に代わって弁済することを請求することはいっさいできない。（都庁 H20 年）	× 1【3】(4)
4	管理者が、本人のために、本人の名前で第三者と結んだ契約の効果は、たとえ事務管理が成立する場合であっても、当然に本人に及ぶものではない。（裁事 H19 年）	○ 1【3】(6)
5	甲は、弁済期前に債権者である乙に貸金債務を弁済したが、弁済当時、当該債務の弁済期が到来していないことを知らなかった。この場合、甲は乙に対し、当該金銭の返還を請求することができる。（裁事 H20 年）	× 2【3】(2)
6	甲は、他人の貸金債務を自己の債務と誤信して、乙に弁済した。乙は甲の錯誤を知らず、有効な弁済があったものと信じて、借用証書を破棄した。この場合、甲は、乙に対し、当該金銭の返還を請求することができない。（裁事 H20 年）	○ 2【3】(3)
7	A は、B との愛人関係を維持するために、自己の有する未登記建物を B に贈与し、これを引き渡した。この場合に、A は、B に対し、不当利得としてこの建物の返還を請求することができる。（行書 H22-33）	× 2【3】(4)(d)
8	甲は、不法の原因によって、乙に金銭を贈与したが、その後、甲と乙は、当該贈与契約を解除して、乙が甲に当該金銭を返還する旨の合意をした。このような合意は、公序良俗に反し、無効である。（裁事 H20 年）	× 2【3】(4)(d)

第26章 不法行為——あなたの損害をお金にかえます

キ……ここは基本！
ス デ·君ならできる！
……できたらスゴイ！

1 一般不法行為ってなんだろう？

Case 1 2020年4月1日、コンビニ店長は、自転車を運転中、歩道を歩く美女に目が釘づけになり、道路を横断中の太郎をはねて、太郎にけがを負わせてしまいました。
太郎は店長にけがの治療費を請求したいのですが、どうすればよいのでしょうか？

Answer 1 太郎は、不法行為に基づく損害賠償請求として、店長に対して、治療費を請求できます。

(1) 不法行為について理解しよう

不法行為とは、ある者（被害者）が他人（加害者）から損害を加えられた場合に、被害者が、その受けた損害の賠償を加害者に対して請求する債権が発生する制度をいいます。

不法行為の趣旨・機能は、①被害者の救済、②損害の公平な分担、③将来の不法行為の抑止にあります。

不法行為は、709条①に規定される一般不法行為と、714条から719条までに規定される特殊の不法行為とに分かれます。

> 1 **第709条 不法行為による損害賠償**
> 故意又は過失によって他人の権利又は法律上保護される利益を侵害した者は、これによって生じた損害を賠償する責任を負う。

(2) 一般不法行為の要件はなんだろう？

(1) 故意や過失があること

(a) 過失があるってどのようなこと？

過失とは、損害が発生することが予見できたにもかかわらず、これを回避する義務（結果回避義務）を怠ったことと考えられています。**Case 1**では、店長は脇見をしているとだれかをひいてしまうおそれがあることはわかっているはずですから、ちゃんと前を見て運転するという義務が課せられ、その義務を怠ったということです。

（b）**過失責任主義という考え方がある**

人は、自己の行為について注意を払って行動しさえすれば、かりに他人に損害を与えた場合であっても、不法行為責任を負うことはありません。これを**過失責任主義**あるいは自己責任の原則とよびます。

Case 1 では、店長が美女に目が釘づけになり、前をよく見ないという不注意だったため、その点で過失があるといえます。

2 過失の立証責任②は、債務不履行責任とは異なり、被害者である原告側にあります。つまり、太郎が店長の前方不注意を立証しなければならないのです。

立証責任とは、訴訟において、一定の事実の存否が明らかにならなかった場合に、当事者の一方が被る不利益をいいます。

（2）**権利または法律上保護される利益が侵されること**

Case 1 では、太郎はけがをしているので、太郎の身体という「権利又は法律上保護される利益」が侵されたといえます。

（3）**財産的損害や非財産的損害があること**

損害には、財産的損害と非財産的損害の2種類があります。

（a）**財産的損害って何？**

財産的損害とは、侵害された権利や利益が財産的なものという意味ではなく、たとえ名誉権のような人格権的利益であれ、ともかく侵害によって経済的不利益が生じた場合をいいます。けがの治療費が典型例ですが、こうした**積極的損害**（けがの治療費のような現実に積極的に生じたマイナス）だけでなく、

3 消極的損害③も含まれます。

消極的損害の中味は、**得べかりし利益**とか**逸失利益**といわれます。これらは、不法行為や債務不履行がなければ得られたであろう利益を意味します。

Case 1 では、太郎は治療費を負担しているので、積極的財産的損害があるといえます。

（b）**非財産的損害って何？**

非財産的損害には、被害者の感じた苦痛や不快感という精神的損害、プライドや信用というかたちがないものに対する損害が含まれます。

（4）加害行為と損害との因果関係があること

加害行為と損害との間に因果関係が必要となります。不法行為の成立に必要な因果関係とは、事実的因果関係、つまり「あれなければこれなし」という条件関係のほかに、相当因果関係が必要だと考えられています。判例・通説は、416条の類推適用によって、相当因果関係の範囲内の損害について損害賠償が認められるとしています。

Case 1 では、店長の自転車の脇見運転という加害行為により、太郎の治療費負担という損害が発生していることから、因果関係があるといえます。

《復習 Word》
類推適用とは、ある事実関係に直接適用される条文がない場合に、その事実関係にもっとも類似した事実関係に適用される条文を適用することをいいます。

(3) 不法行為責任が免除される場合があるの？

（1）責任能力ってなんだろう？

自己の行為が違法なものとして法律上非難されるものであることを弁識しうる（わきまえている）能力を、**責任能力**といいます（712条）④。行為の当時に責任能力がなかった者は、不法行為を理由とする損害賠償責任を負いません。また、未成年者と精神障害者については規定があります。

4 **第712条　責任能力**
未成年者は、他人に損害を加えた場合において、自己の行為の責任を弁識するに足りる知能を備えていなかったときは、その行為について賠償の責任を負わない。

行為能力（5条1項本文）と違い、未成年者だからといって常に責任能力が否定されるわけではなく、弁識能力があるのかないのかによって区別されます。一概にはいえませんが、**およそ小学校を卒業する12歳くらい**が基準と考えられています。また、判断能力がまったく欠けている者には、責任能力がありません（713条）⑤。

5 **第713条**
精神上の障害により自己の行為の責任を弁識する能力を欠く状態にある間に他人に損害を加えた者は、その賠償の責任を負わない。ただし、故意又は過失によって一時的にその状態を招いたときは、この限りでない。

そのため **Case 1** で、もしかりに運転していたのが6歳の子どもであれば、その子ども自身に不法行為は成立しません。

（2）要件はみたすが違法性がない場合ってあるの？

通常であれば、上にある要件をみたすことによって不法行為責任が生じますが、特別な事情によって不法行為責任が生じない場合があります。そのような場合として正当防衛（720条1項）と緊急避難（720条2項）の規定があります。

正当防衛とは、他人の不法行為に対して防衛行為をすることです。たとえば、突然見知らぬ男が家に入ってきたので、その男を殴り倒したような場合が正当防衛にあたります。

緊急避難とは、他人の物から生じた緊急の危険を避けるために、その物を損傷した場合のことをいいます。たとえば、太郎が店長の飼い犬に突然襲いかかられたため、その犬を殴ってけがをさせたような場合です（民法上、動物は物として扱われます）。

⑷　一般不法行為の効果はどのようなもの？

（1）基本的にはお金を払って賠償する

6 不法行為による損害賠償は、原則として金銭で賠償します
（722条1項・417条）⑥。ただし、名誉毀損の場合には、謝罪広告な
どの原状回復請求も認められます（723条）⑦。

（2）だれが損害賠償を請求することができるの？

不法行為によって直接に被害を受けた本人が、損害賠償請求権をもつのが原則です。本人が死亡した場合、たとえ即死という本人による慰謝料請求が考えられない状況であっても、相続人は、慰謝料請求権を相続します（判例）⑧。

7 また、不法行為によって生命を侵害された被害者の近親者
（父、母、配偶者、子）は、近親者自身の慰謝料請求権を取得しま
す（711条）。711条は内縁関係においても類推適用されます
（判例）⑨。711条は立証責任の負担を軽減したもので、死亡の場
合に慰謝料請求を制限する趣旨ではありません。そのため、
近親者が、被害者が死亡したときにも匹敵するような精神上
8 の苦痛を受けたと認められる場合（たとえば被害者が一生寝たき
りになったような場合）には、709条、710条を根拠として、近親
9 者自身の慰謝料を請求することができます（判例）⑩。

（3）過失相殺（722条2項）による減額もありうる

10 （a）過失相殺ってなんだろう？

不法行為制度の趣旨は、損害の公平な分担にあります。つ

第722条　損害賠償の方法、中間利息の控除及び過失相殺
1　第417条及び第417条の2の規定は、不法行為による損害賠償について準用する。
2　被害者に過失があったときは、裁判所は、これを考慮して、損害賠償の額を定めることができる。

第723条　名誉毀損における原状回復
他人の名誉を毀損した者に対しては、裁判所は、被害者の請求により、損害賠償に代えて、又は損害賠償とともに、名誉を回復するのに適当な処分を命ずることができる。

慰謝料請求権の相続性
試験対策講座・債権各論471頁

試験対策講座・債権各論471頁

試験対策講座・債権各論471頁

まり、被害者にも過失がある場合には、それを考慮して被った損害額から合理的な減額をした金額を、加害者が現実に賠償義務を負うべき額から減額します。これが過失相殺の制度です。

過失相殺が認められると、裁判所は損害額を減額することができます。

Case 1 で、もし太郎が店長の自転車の前に突如飛び出したというようなことがあれば、太郎にも過失があるとして、店長の支払うべき賠償額が減少することがあります。

過失相殺の過失が認められるには、責任能力は不要であり、事理を弁識するに足る知能（事理弁識能力、5～6歳程度のものごとを正しく認識・判断する能力）**があれば足りる**とされています（判例）。⑪

11 過失相殺と責任能力
試験対策講座・債権各論
464頁

（b）親の過失は子の過失—被害者側の過失—

損害の公平な分担および相互に独立して損害賠償を行うのは合理的でないとの見地から、**被害者本人と身分上、生活関係上、一体をなすとみられるような関係にある者**（親、配偶者など）**の過失は、被害者側の過失として考慮されます。**

たとえば、助手席に妻Ｎが乗った自動車を夫Ｍが運転していて、Ｏが運転する自動車に衝突して、Ｎがけがをした場合、ＮのＯに対する損害賠償請求において、夫のＭの過失が被害者側の過失として考慮されることになります。そして、その分Ｏの支払うべき賠償額が減少することがあります。

（c）被害者の特別な事情で損害が拡大したら？—被害者の素因—

被害者の体質や精神的なことが原因で被害が拡大した場合、損害の公平な分担という見地から、**損害賠償額の設定にその素因が考慮される場合があります。**たとえば、**Case 1** で、かりに太郎は元々重大な病気を抱えていて、そのために太郎の入院期間が長くなったという事情があれば、太郎の素因が考慮されて、その分店長の支払うべき賠償額が減少することがあります。

身体的特徴については、被害者が平均的な体格または通常の体質と異なる身体的特徴があったとしても、それが**疾患にあたらない場合は、原則として、722 条 2 項の類推適用の対
12 象とはなりません**（判例）。⑫

（4）損益相殺ってなんだろう？

13 **損益相殺**とは、不法行為の被害者が、損害を被ったのと同一の原因によって利益を受けた場合には、公平の見地から、その利益の額を控除することをいいます。⑬

14 たとえば、交通事故で被害者が死亡した場合の逸失利益⑭の算定において、生存していたら得られていただろう収入から、生存していたら必要となるはずであった生活費が控除されます。

これに対して、**生命保険金、死亡した幼児の養育費は、控除されません。**

（5）いつまで請求することができるの？

損害や加害者を知った時から 3 年、または**不法行為の時から 20 年**の期間が経過すると、時効によって消滅します（724 条）⑭。ただし、前者の時効期間は、人の生命または身体を害す
15 る場合、3 年ではなく **5 年**になります（724 条の 2）⑮。

損害の発生を現実に認識した時、および加害者に対する損害賠償請求権が可能な程度に加害者を知った時に、はじめて時効が進行します（判例）⑯。

Case 1 では、太郎が事故当日に店長が加害者であることを知ったとすると、2025 年 4 月 1 日を経過すれば、時効により、太郎は損害賠償請求できなくなります。かりに店長がひき逃げをして犯人不明となった場合でも、2040 年 4 月 1 日を経過
16 すると、太郎は損害賠償請求できなくなります。

（6）加害者はすぐに賠償しないと利息が膨らむ

不法行為における損害賠償債務は、期限の定めのない債務なので、原則からすれば 412 条 3 項の請求があった時から遅滞ということになるはずです。しかし、被害者救済の観点か

被害者の素因のしん酌
試験対策講座・債権各論 466 頁、467 頁

逸失利益とは、不法行為等がなければ得られたはずの利益のことをいいます。

第 724 条　不法行為による損害賠償請求権の消滅時効
不法行為による損害賠償の請求権は、次に掲げる場合には、時効によって消滅する。
① 被害者又はその法定代理人が損害及び加害者を知った時から 3 年間行使しないとき。
② 不法行為の時から 20 年間行使しないとき。

第 724 条の 2　人の生命又は身体を害する不法行為による損害賠償請求権の消滅時効
人の生命又は身体を害する不法行為による損害賠償請求権の消滅時効についての前条第 1 号の規定の適用については、同号中「3 年間」とあるのは、「5 年間」とする。

民法 724 条前段の消滅時効の起算点
試験対策講座・債権各論 475 頁

ら、不法行為の時から遅滞に陥ると解釈されています（判例）。[17]

17 試験対策講座・債権総論55頁

2 ほかにどんな特殊不法行為があるの？

Case 2 太郎は、道を歩いていたところ、脇見運転をしていた自転車にはねられてけがをしました。

このとき、太郎をはねたのが、

①店長の息子（7歳）であった場合

②店長からおつかいを頼まれたコンビニ店員であった場合

それぞれ太郎はだれに損害賠償を請求できるのでしょうか？

Answer 2 ①の場合、店長の息子には責任能力がないので太郎は息子に請求できません。しかし、親である店長に対して、監督者責任を理由として請求できます。

②の場合、店員本人に請求することもできますし、使用者責任を理由として、店長にも治療費の請求ができます。

(1) 監督者責任（714条）[18] ってなんだろう？

(1) 監督者責任について理解しよう

1で学習したように、違法な行為により他人に損害を与えても、責任無能力者（**Case 2**①では息子）は責任を負いません（712条、713条）。そこで、被害者救済のために責任無能力者の監督義務者（親権者、後見人）や代理監督者（幼稚園の教諭など）に責任を負わせようとするのが、監督者責任の制度です。

(2) 監督者責任の要件はなんだろう？

①責任無能力者の加害行為が、責任能力以外の一般不法行為（709条）の要件を備えていること、②監督義務者などが、監督の義務を怠らなかった、またはその義務を怠らなくても損害が生じていたといえないこと、の2つが要件です。

Case 2①では、**Case 1**同様に、息子は責任能力以外の一般

18 **第714条　責任無能力者の監督義務者等の責任**
1　前2条の規定により責任無能力者がその責任を負わない場合において、その責任無能力者を監督する法定の義務を負う者は、その責任無能力者が第三者に加えた損害を賠償する責任を負う。ただし、監督義務者がその義務を怠らなかったとき、又はその義務を怠らなくても損害が生ずべきであったときは、この限りでない。
2　監督義務者に代わって責任無能力者を監督する者も、前項の責任を負う。

不法行為の要件をみたしています。また、監督義務者たる店長が監督義務を怠らなかったとの事情はありません。

②については、監督義務者側に、要件をみたさないことの立証責任があります。ただし、実務上、②による監督義務者の免責が認められることはほとんどありません。

（3）未成年者に責任能力がある場合はどうなるの？

この場合、未成年者に責任能力がある以上、712 条の適用はなく、714 条 1 項の適用もありません。そのため、被害者は 714 条 1 項に基づいて未成年者の親権者に対し損害賠償請求することはできません。

ただし、未成年者は資力に乏しいことが多いので、親権者にまったく請求できないとするのは被害者保護に欠けます。
19 そこで、未成年者が責任能力がある場合（たとえば **Case 2** ①の息子が 18 歳のとき）でも、監督義務者の義務違反とその未成年者の不法行為によって生じた結果との間に相当因果関係が認められるときは、監督義務者（店長）は 709 条に基づいて不法
20 行為責任を負うと考えられています（判例）[19]。

責任能力のある未成年者の不法行為と監督義務者の責任
試験対策講座・債権各論 480 頁、481 頁

第 715 条　使用者等の責任
1　ある事業のために他人を使用する者は、被用者がその事業の執行について第三者に加えた損害を賠償する責任を負う。ただし、使用者が被用者の選任及びその事業の監督について相当の注意をしたとき、又は相当の注意をしても損害が生ずべきであったときは、この限りでない。
2　使用者に代わって事業を監督する者も、前項の責任を負う。
3　前 2 項の規定は、使用者又は監督者から被用者に対する求償権の行使を妨げない。

2　使用者責任（715 条）[20] ってなんだろう？

（1）使用者責任について理解しよう

使用者責任とは、他人に使用されている者（被用者、**Case 2** ②の店員）が、その使用者の事業を執行している最中に、他人に損害を加えた場合に、使用者（**Case 2** ②の店長）が損害賠償責任を負うことをいいます。

使用者責任は、被用者の活動により利益をあげている使用者が、損失についても負担するのが公平であるという**報償責任の原理**に基づいています。

（2）使用者責任の要件はなんだろう？

（a）使用者が、事業のために他人を使用していること

この場合の事業は通常の仕事と同じくらい広い概念であり、非営利的なもの、一時的なもの、違法なものをも含みま

す。契約関係の存在は不可欠ではありませんが、実質的な指揮・監督関係が必要です。

Case 2②では、店長は店員を雇っているので、「使用者が、事業のために他人を使用している」といえます。

（b）被用者が事業の執行について第三者に損害を加えたこと

事業の執行についてという点は、使用者の事業自体だけでなく、その事業と密接不可分な関係にある業務および付随的な業務も含まれると解されています。そして、この判断は、**職務行為の外形を標準にして客観的になされます**（外形標準説）。たとえば、社用車に乗った社員が勤務時間外に交通事故を起こした場合でも、外形的には勤務中であるといえるので、「事業の執行」といえます。

ただし、職務の範囲外であることについて相手方が悪意または重過失であれば、その相手方を保護する必要はないとされています（判例）。㉑

21 「事業の執行について」の解釈
試験対策講座・債権各論489頁、490頁

（c）被用者が一般不法行為の要件を備えていること

被用者への求償が認められている（715条3項）ことから、被用者が一般不法行為の要件を備えていることは、当然の前提であるといえます。

（d）使用者が、被用者の選任監督者としての相当の注意をしなかったこと、または相当の注意をしても損害が生じたことを証明できないこと

使用者が、被用者の選任監督につき相当の注意をした場合や、相当の注意をしても損害の発生を避けられなかった場合には、使用者に責任を負わせるのは酷ですから、損害賠償を請求することはできません。

（3）使用者責任の効果はどのようなもの？

使用者は715条1項によって損害すべての賠償責任を負い、被用者は709条によって同様に損害すべての賠償責任を負います。**使用者の責任と被用者の責任とは連帯債務の関係に立つと考えられています。**

使用者は、被害者に損害を賠償したときは、被用者に対して求償することができます（715条3項）。ただし、報償責任の原理、損害の公平な分担という見地から、使用者は、信義則上、相当と認められる限度において求償できるにすぎません
22 （判例）。

逆に、被用者が全額賠償した後に使用者に求償できるか問題となり、一般的には否定されていましたが、最近、肯定す
23 る判例もでました。

民法715条3項に基づく求償権の制限
試験対策講座・債権各論491頁、492頁

☆トラック運転手逆求償事件

(3) 工作物責任ってなんだろう？

24 (1) 工作物責任（717条）について理解しよう

土地の工作物の設置または保存に瑕疵があり、これによって他人に損害が生じた場合に、工作物の占有者または所有者が、損害賠償責任を負うことをいいます。たとえば、建物の屋根瓦の設置がいいかげんなため、瓦が落ちて通行人をけがさせた場合、通行人の治療費が損害賠償の対象となります。

第717条　土地の工作物等の占有者及び所有者の責任
1　土地の工作物の設置又は保存に瑕疵があることによって他人に損害を生じたときは、その工作物の占有者は、被害者に対してその損害を賠償する責任を負う。ただし、占有者が損害の発生を防止するのに必要な注意をしたときは、所有者がその損害を賠償しなければならない。
2　（略）
3　前2項の場合において、損害の原因について他にその責任を負う者があるときは、占有者又は所有者は、その者に対して求償権を行使することができる。

(2) 工作物責任の効果はどのようなもの？

第1次的には、占有者が損害賠償責任を負います。占有者が免責事由を立証したときは、第2次的に所有者が責任を負います（717条1項ただし書）。所有者としては、工作物の設置・保存について自分に過失がなかったことを主張しても意味がありません。所有者は、無過失責任を負います。損害賠償をした占有者または所有者は、ほかに責任を負う者に対して、求償できます（717条3項）。

無過失責任とは、故意や過失がないにもかかわらず、起こった損害に対する損害賠償責任を負担することをいいます。

(4) 共同不法行為者の責任ってなんだろう？

25 (1) 共同不法行為について理解しよう

共同不法行為者の責任とは、数人の者が共同の不法行為によって他人に損害を加えたとき（719条1項前段）、または共同行為者のうちだれが実際に損害を加えたのか明らかでないとき（719条1項後段）に、生じた損害の全額について共同行為者

が連帯して責任を負うことをいいます。

たとえば、複数人で人を暴行してけがをさせた場合、暴行をした者たちは、連帯して損害賠償責任を負うことになります。

その趣旨は、共同不法行為者全員に、損害の全部について連帯して賠償させることで被害者の責任追及を容易にし、被害者の救済を図ることにあります。

行為者を教唆・幇助した者も、共同行為者とみなされます(719条2項)。

(2) 効果はどのようなもの？

共同不法行為者は、それぞれ共同不法行為と相当因果関係にある全損害について、連帯して責任を負います。これは**連帯債務**となります。

共同不法行為者の1人が賠償をした場合には、その分だけ連帯債務は消滅します。損害の公平な分担という見地から、消滅した部分の額が、自分が負担した部分を超えるかどうかにかかわらず、本来負担すべき責任の割合に応じて、ほかの共同不法行為者に求償することができます(442条1項)。

プラスα文献

試験対策講座・債権各論 5章
判例シリーズ 81事件～83事件、85事件、87事件、89事件、90事件
条文シリーズ 3編5章
ステップアップ No. 38～No. 40

第719条　共同不法行為者の責任
1　数人が共同の不法行為によって他人に損害を加えたときは、各自が連帯してその損害を賠償する責任を負う。共同行為者のうちいずれの者がその損害を加えたかを知ることができないときも、同様とする。
2　行為者を教唆した者及び幇助した者は、共同行為者とみなして、前項の規定を適用する。

第26章 Exercise

	問題	解答
1	Aの運転する自動車がAの前方不注意によりBの運転する自動車と衝突して、Bの自動車の助手席に乗っていたBの妻Cを負傷させ損害を生じさせた。CがAに対して損害賠償請求をする場合には、原則としてBの過失も考慮される。 (行書 H24-34)	○ 1【4】(3)(b)
2	Aは、夜間散歩していたところ、突然自動車にはねられ、負傷した。その後6年が経過したが、Aはその1か月前にみずからをはねた自動車の運転手がBであったことを知り、Bに対し、不法行為に基づく損害賠償請求をした。この場合、Aの請求権は時効により消滅している。 (裁事 H16年改題)	× 1【4】(5)
3	加害者である未成年者が、責任能力を有する場合は、未成年者に不法行為責任が成立するから、監督義務者が不法行為責任を負うことはない。 (裁事 H21年)	× 2【1】(3)
4	被用者Aが、使用者Bの事業の執行について他人Cに損害を加えた場合、Cに対する損害賠償責任は、まず被用者であるAが負い、Aに支払能力がないときに、使用者であるBが負う。 (裁事 H20年)	× 2【2】(2)
5	Aが運転する自動車とB社の従業員であるYが運転する自動車が衝突し、Aの自動車に同乗していた妻であるXが負傷した。Yが、業務以外で使用することを禁じられているB社の自動車を私用で運転していたときは、B社の内規に違反するYの行為は事業の執行にあたらないから、B社は、Xに対し、Yの使用者としての責任を負うことはない。 (裁事 H19年改題)	× 2【2】(2)(b)
6	土地の工作物の設置に瑕疵があることによって他人に損害が生じた場合、占有者が損害の発生を防止するのに必要な注意をしていたことを証明したときは、その工作物の所有者が被害者に対して、その損害を賠償しなければならない。 (特別区 H21年)	○ 2【3】(2)

第27章

親族――300日過ぎたら「僕の子じゃない！」は通用しないの？

1　親族法には何が規定されているの？

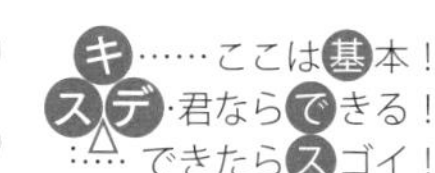

親族法とは、人の共同生活の出発点をなす家族、家庭についての問題処理の基準を与える法分野をいいます。親族法が対象とする身分行為は、本人やその関係者の生活環境に大きな影響を与えます。ですから、親族法は、届出などの一定の方式に従うことが要求されること（要式性）、本人の意思が尊重されること、などの特徴があります。

2　親族ってなんだろう？

Case 1　①太郎と、その父良男は親族でしょうか。

②太郎と花子はついに結婚しました。太郎と妻花子の母A子は親族でしょうか。

③太郎と、太郎の従兄弟の次郎は何親等の親族でしょうか。

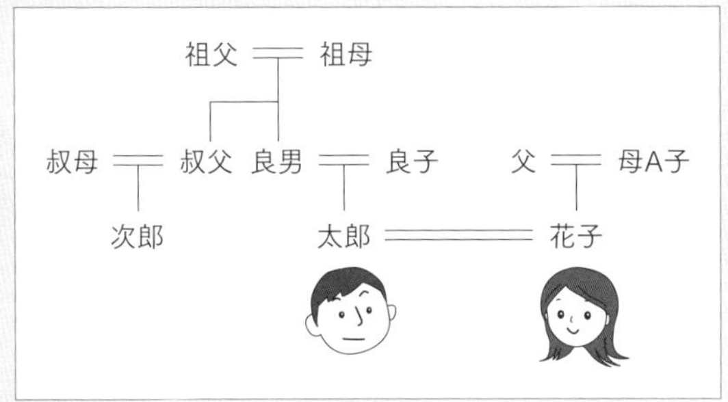

Answer 1　① 1親等の血族であり、親族にあたります。

② 1親等の姻族であり、親族にあたります。

③ 4親等の血族であり、親族にあたります。

第 725 条　親族の範囲
次に掲げる者は、親族とする。
① 6 親等内の血族
② 配偶者
③ 3 親等内の姻族

第 726 条　親等の計算
1 親等は、親族間の世代数を数えて、これを定める。
2 傍系親族の親等を定めるには、その 1 人又はその配偶者から同一の祖先にさかのぼり、その祖先から他の 1 人に下るまでの世代数による。

1 **親族**とは、6 親等以内の血族、配偶者、3 親等以内の姻族をいいます (725 条)。**配偶者**とは、婚姻によって夫婦となった者の一方からみた他方をいいます。**血族**とは、出生などによって血縁につながる者をいい、**Case 1**-①③は血族にあたります。
2 **姻族**とは、婚姻を媒介とした配偶者の一方と他方の血族との関係をいい、**Case 1**-②は姻族にあたります。

親等の数え方は 726 条に規定されています。**Case 1**-③でいえば、太郎と次郎の共通の先祖は太郎の祖父母であり、太郎から祖父母まで 2 世代、祖父母から次郎まで 2 世代なので、4 親等 (2+2) ということになります。

27-1

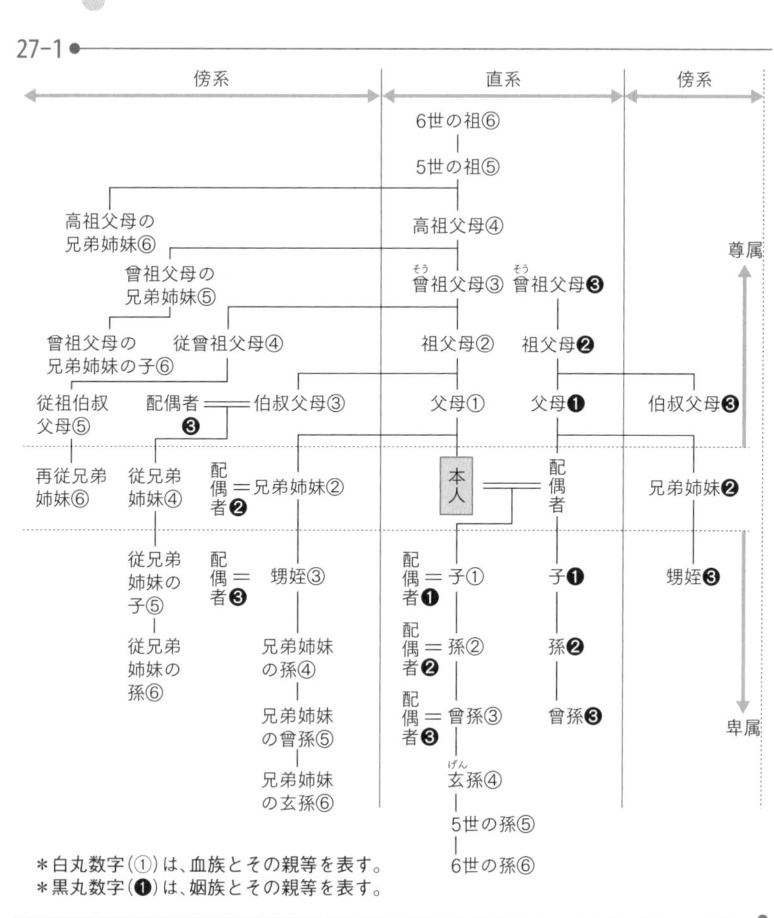

3 婚姻ってなんだろう？

(1) 婚姻の要件はなんだろう？

婚姻とは、男女が結婚すること、または男女が結婚している状態をいいます。婚姻が成立するためには、次のような要件が必要です。

（1）婚姻成立には形式的要件が必要

婚姻の届出（739条1項）という手続をすることが必要です。

（2）婚姻成立には実質的要件も必要

実質的要件として婚姻意思の合致（742条1号）と婚姻障害がない必要があります。

（a）結婚にはやはり互いの気持ちが必要—婚姻意思の合致—

当事者間に真に社会観念上夫婦であると認められる関係を築く意思（**実質的意思**といいます）が必要であると考えられています（判例）。③

3 民法742条1号にいう「当事者に婚姻をする意思がないとき」の意義 試験対策講座・親族・相続21頁〜22頁

（b）禁止規定に触れてはダメ—婚姻障害の不存在—

婚姻障害とは、婚姻することができないような事情をいい、次のようなものが規定されています。

①婚姻適齢（731条）

男性は18歳に、女性は16歳に④ならなければ婚姻できません。この趣旨は、肉体的・精神的に未熟な者を保護しようとする点にあります。

4 婚姻年齢は、2022年4月1日から男女の区別なく18歳になります。

②重婚の禁止（732条）

配偶者のある者が重ねて婚姻することはできません。

③再婚禁止期間（733条1項）

女性は、原則として前婚の解消または取消しから100日を経過した後でなければ再婚できません。これは、後述の嫡出推定規定との関係で、子の父を1人に定めることを目的としています。

④近親婚の禁止、養親子間の婚姻の禁止（734条1項、736条）

直系血族または3親等以内の傍系血族との間では、原則

養子と養親については、4(3)で詳しく学習します。

として婚姻できません。また、倫理的な理由から、たとえば養子と養親の間の婚姻も禁止されています。

(2) 婚姻の無効・取消しってできる?!

(1) 婚姻はどんな場合に無効なの？

婚姻は、①当事者間に婚姻意思のないとき、②届出をしないときにかぎって無効となります（742条）。

(2) 婚姻はどんな場合に取り消されるの？

婚姻の取消原因としては、①不適齢婚、重婚、近親婚、再婚禁止期間内の婚姻（744条、前ページの婚姻障害①から④までに違反した婚姻）と、②詐欺・強迫による婚姻（747条）があります。

婚姻の取消しは、将来に向かってその効力を生じ（748条）、過去にさかのぼって効力が及ぶことはありません。

(3) 婚姻の効果はどのようなもの？

婚姻の成立によって、夫婦の共同生活のための効力が生じます。代表的なものとして次のものがあります。

(1) 身分上の効力はなんだろう？

第750条 夫婦の氏
夫婦は、婚姻の際に定めるところに従い、夫又は妻の氏を称する。

5 ①氏の共同（750条）

②同居・協力・扶助義務（752条）

(2) 財産上の効力はなんだろう？

①夫婦別産制（762条1項）

第761条 日常の家事に関する債務の連帯責任
夫婦の一方が日常の家事に関して第三者と法律行為をしたときは、他の一方は、これによって生じた債務について、連帯してその責任を負う。ただし、第三者に対し責任を負わない旨を予告した場合は、この限りでない。

6 ②日常家事債務の連帯責任（761条本文）

日常家事債務とは、夫婦が共同生活を営むうえで通常必要な債務のことをいいます。761条本文は、連帯責任の前提として、夫婦相互に日常家事債務についての法定代理権を与えたものと考えられています。

(4) 婚姻の解消ってなんだろう？

(1) 婚姻の解消について理解しよう

婚姻の解消とは、有効に成立した婚姻が、その後の事由によって消滅することをいいます。婚姻の解消の原因には、当事者の死亡、失踪宣告、離婚があります。

（2）婚姻の解消の効果はどのようなもの？

離婚により婚姻が解消した場合、離婚と同時に姻族関係が終了します（728条1項）。そして、一方は他方に**財産分与請求権**をもちます（768条1項）。

当事者の死亡によって婚姻が解消した場合には、生存配偶者が姻族関係を終了させる意思表示をすることによって姻族関係が終了します（728条2項）。

(5) 内縁関係ってなんだろう？

内縁とは、婚姻意思をもって共同生活を営み、社会的には夫婦と認められているにもかかわらず、法が定める婚姻の届出の手続をしていないために、法律上は夫婦とは認められない関係をいいます。最近は、婚姻届と直接に関連するものを除き、婚姻の効果はほとんど内縁についても生じるものと考えられています。

4 親子ってなんだろう？

Case 2 太郎と花子の間にA男という子どもが生まれました。A男が生まれた段階では、太郎と花子は婚姻していませんでした。
A男は法律上、太郎や花子と親子関係が認められるでしょうか。

Answer 2 A男と花子との間には法律上親子関係が認められますが、A男と太郎の間には法律上の親子関係が当然には認められません。

(1) 親子関係はどのように分類されるの？

子は、実子と養子に大きく分類できます。さらに、実子は嫡出子と非嫡出子に、養子は**普通養子**と**特別養子**に分類することができます。

27-2

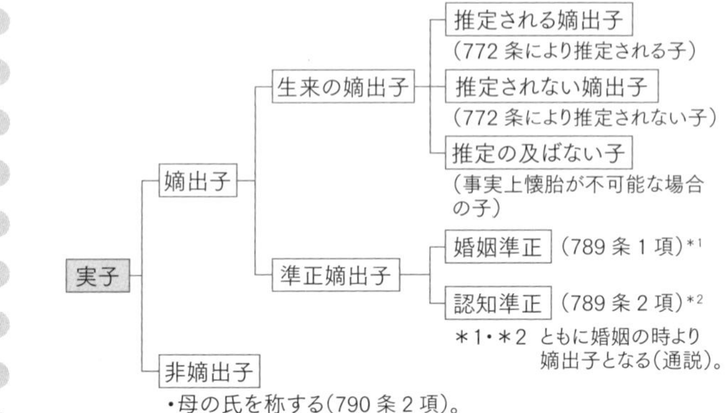

7

第772条　嫡出の推定
1　妻が婚姻中に懐胎した子は、夫の子と推定する。
2　婚姻の成立の日から200日を経過した後又は婚姻の解消若しくは取消しの日から300日以内に生まれた子は、婚姻中に懐胎したものと推定する。

第774条　嫡出の否認
第772条の場合において、夫は、子が嫡出であることを否認することができる。
第775条　嫡出否認の訴え
前条の規定による否認権は、子又は親権を行う母に対する嫡出否認の訴えによって行う。（略）

(2) 実子ってなんだろう？

（1）実子について理解しよう

実親子関係とは、自然的な血縁関係に基づいて生じる親子関係をいいます。

（2）嫡出子ってどのような子のこと？

実子のうち、婚姻関係にある夫婦から生まれた子を**嫡出子**といいます。

8 妻が婚姻中に懐胎（妊娠）した子は、夫の子として推定され（772条1項）⑦、婚姻成立の日から200日後、または婚姻の解消、もしくは取消しの日から300日以内に生まれた子は、婚姻中に懐胎したものと推定されます（722条2項）。これらの規定によって夫の子であると推定される嫡出子を**推定される嫡出子**といいます。推定される嫡出子について、その嫡出性を否定するためには**嫡出否認の訴え**という特別の手続によらなくてはなりません（774条、775条前段）⑧。

一方、婚姻関係にある夫婦から生まれながら、この規定によって嫡出子であるとの推定を受けない嫡出子を**推定されない嫡出子**といいます。推定を受けないことから、子の嫡出性を否定するためには嫡出否認の訴えによる必要はなく、親子関係不存在確認の訴えによっていつでもだれからでも親子関係を争うことができます。

また、推定の及ぶ期間内に生まれたとしても、妻が夫によって懐胎することがおよそ不可能な事実がある場合には、例外的に推定が及びません。このような子を**推定の及ばない子**といいます。たとえば、懐胎可能な時期に夫が刑務所に収監されていた場合などがあげられます。この場合も推定が及ばないので、親子関係を争うには親子関係不存在確認の訴えによれば足ります。

(3) 非嫡出子ってどのような子のこと？

実子のうち、法律上の婚姻関係にない夫婦から生まれた子を非嫡出子といいます。**Case 2** のA男はこの非嫡出子にあたります。

非嫡出子とその母との間の法律上の親子関係は、通常、分娩の事実によって当然に生じます。一方、非嫡出子とその父との法律上の親子関係は当然には生じず、法律上の親子関係を生じさせるためには**認知**という手続（779条）[9] が必要となります。ですので、**Case 2** においても、A男と花子との間には法律上親子関係が認められますが、A男と太郎の間には法律上の親子関係が当然には認められません。このように、生物学的な血縁関係があったとしても、必ずしも法律上の親子関係があるとはかぎらない点に注意しましょう。

9 **第779条　認知**
嫡出でない子は、その父又は母がこれを認知することができる。

3 養親子関係ってどのようなもの？

(1) 養親子関係について理解しよう

養親子関係とは、養子縁組によって人為的に発生する法定親子関係をいいます。養子には普通養子と特別養子があります。

（2）普通養子ってなんだろう？

普通養子とは、養子縁組によって養親の嫡出子としての身分を取得した者をいいます。

（a）普通養子の要件はなんだろう？

普通養子が成立するためには、次の要件をみたす必要があります。

（ｉ）形式的要件

縁組の届出（799条・739条1項）が必要です。

（ii）実質的要件

①縁組意思の合致

②縁組障害事由の不存在

縁組障害事由とは、養子縁組をすることができない事由をいい、それが存在しないことが必要です。具体的には、次のような場合に、縁組障害事由がないとされます。

10 ⓐ養親が成年者[10]でなければならない（792条）

養子の適切な養育を行わせるため、養親となることのできる者を限定しています。

ⓑ尊属または年長者を養子とはできない（793条）

自然な親子関係の創設のための規定です。

ⓒ後見人が被後見人を養子とするには家庭裁判所の許可が必要である（794条）

後見人が被後見人の利益を害することを防止するための規定です。

ⓓ配偶者（妻または夫）のある者が未成年者を養子とする場合には、原則として夫婦で共同して行わなくてはならない（795条本文）

適切かつ円滑な監護・養育のためには夫婦共同で行うことが望ましいことから、このような規定がなされています。

ただし、配偶者の嫡出子を養子とする場合、配偶者がその意思表示をできない場合には、単独で未成年者を養

「成年」（792条）年齢は、2022年4月1日から18歳となります。

子にすることができます（795条ただし書）。

ⓔ配偶者のある者が成年者を養子とする場合や配偶者のある者が養子となる場合には、原則として配偶者の同意が必要である（796条本文）

配偶者とともに縁組をする場合または配偶者が意思表示をすることができない場合には、同意は不要です（796条ただし書）。

ⓕ未成年者を養子とするには、原則として家庭裁判所の許可が必要である（798条本文）

親が勝手な都合により未成年者の利益を害するような養子縁組をすることを防止するための規定です。ただし、自己または配偶者の直系卑属を養子とする場合には許可は不要です（789条ただし書）。

（b）養子縁組の効果には何があるの？

養子縁組により、養子は養親の嫡出子の身分を取得します（809条）。一方で、普通養子となったとしても実方（縁組前の親族）との親族関係が消滅するわけではないので、普通養子には実方と養方（養親を通じての親族関係）の二面の親族関係が生じることになります。

（3）特別養子ってなんだろう？

特別養子とは、幼少期の養子について、実の親族関係を断絶し、実体的な法律関係のみならず、戸籍上も養親の実子として取り扱う制度をいいます。この制度は、安定した家庭環境のなかで子の健全な育成を図るためのものです。

（a）特別養子の要件はなんだろう？

このような制度目的・効果から、特別な手続・要件が規定されています。たとえば、養子となる者は原則として15歳未満でなくてはなりません（817条の5本文）。また、養子となる者の実方の父母による監護が著しく困難であるなどの特別の事情があることが必要です（817条の7）。

(b) **特別養子の効果はどのようなもの？**

特別養子縁組の成立によって、養子と養親およびその血族との間に親族関係が生じ、同時に養子と実方の親族関係は消滅します（817条の9本文）。この点が、普通養子との大きな違いです。

(4) 親権ってなんだろう？

11 **親権**[11]とは、父母の養育者としての地位・職分から導きだされる権利義務を総称したものをいいます。ですから、親権に従うのは未成年の子にかぎられます（818条1項）[12]。

親権の権利的な側面としては財産管理権（824条）、義務的な側面としては利益相反取引の禁止（826条）があげられます。

12

第820条　監護及び教育の権利義務
親権を行う者は、子の利益のために子の監護及び教育をする権利を有し、義務を負う。

第818条　親権者
1　成年に達しない子は、父母の親権に服する。
（略）

5 扶養ってなんだろう？

扶養とは、ある者の生活を維持するために、これと一定の親族的身分関係にある者からなされる財産的給付をいいます。法律上扶養義務を負うのは、原則として配偶者、直系血族、兄弟姉妹にかぎられます（752条、877条1項）。

扶養には、共同生活すべきものが負う**生活保持義務**と、親族の困窮に対して助け合う一時的な義務である**生活扶助義務**があります。

プラスα文献

試験対策講座・親族・相続 1章～4章、6章
条文シリーズ 4編1章～4章、7章
ステップアップ No. 41

1	婚姻をしようとする者の一方が婚姻適齢に達していない場合、その婚姻の届出が誤って受理されたときであっても、この婚姻は当然に無効である。（特別区 H17 年）	× 3【2】(1)
2	詐欺または強迫による婚姻が裁判所で取り消された場合、その婚姻の効果は、はじめから生じなかったものとして扱われる。（特別区 H17 年）	× 3【2】(2)
3	夫婦の一方が日常の家事に関して第三者と法律行為をしたときは、他の一方は、これによって生じた債務について、連帯責任を負わないが、第三者に対し責任を負う旨を予告した場合は、このかぎりでない。（特別区 H22 年）	× 3【3】(2)
4	離婚の成立により姻族関係は当然に終了するが、夫婦の一方の死亡によって婚姻が消滅した場合は、生存配偶者の復氏により姻族関係は終了する。（特別区 H19 年）	× 3【4】(2)
5	A 男と、B 女が出産した C との関係に関し、B は、A と離婚した後 250 日を経て C を出産したが、A は、離婚の 1 年以上前から刑務所に収容されていた場合において、A は、C との父子関係を争うためには嫡出否認の訴えによらなければならない。（行書 H22-34）	× 4【2】(2)
6	扶養の義務を当然に負担しなければならない者は、要扶養者の直系血族および 3 親等内の姻族である。（特別区 H21 年）	× 5

Topics

結婚したって踏んだり蹴ったり

A 子は大学で出会った B 男と恋に落ち、付き合うようになり、ついに卒業後に結婚しました。めでたし、めでたし。

と思いきや、人生はそううまくはいかないものです。その後 B 男は、職場の後輩である C 子に惹かれて不倫をするようになりました。C 子と結婚したくなった B 男は、A 子と協議して離婚しようとしましたが、A 子は B 男の不倫に激怒し、応じませんでした。そのため、B 男は離婚を求める裁判を起こしました。さて、B 男は無事に離婚できるのでしょうか？

「こんな勝手な理由で離婚なんか認められるわけないだろう !!」と、思ったことでしょう。かつて最高裁判所も、有責配偶者からの 770 条 1 項 5 号を理由とする離婚請求において、「もしかかる請求が是認されるならば、被上告人は全く俗にいう踏んだり蹴たりである。法はかくの如き不徳義勝手気侭を許すものではない」と判示して、離婚請求を認めませんでした（最判昭和 27 年 2 月 19 日）。この考え方によると、A 子にとって、めでたし、めでたし、となりそうです。

ところが、約 35 年後の最高裁昭和 62 年 9 月 2 日判決は、「有責配偶者からされた離婚請求であっても、夫婦の別居が両当事者の年齢及び同居期間との対比において相当の長期間に及び、その間に未成熟の子が存在しない場合には……特段の事情の認められない限り、当該請求は、有責配偶者からの請求であるとの一事をもって許されないとすることはできないものと解するのが相当である」として、有責配偶者からの離婚請求を場合によっては認めるようになりました。これにより、消極的破綻主義（破綻による離婚の請求は認めても、有責配偶者からの請求は認められないとする立場）から、積極的破綻主義（たとえ有責配偶者からの請求であっても、婚姻が破綻してしまった以上、離婚を認めてもよいとする立場）へ、裁判所が舵を切ったといわれるようになりました。

B 男が無事に A 子と離婚できるかどうかは、別居期間の長短、未成熟の子の有無などの事由によって決まることとなります。つまり、裁判になってみないと、だれにとってめでたし、となるかはわからないのです。

第28章 相続①——財産があってもなくても骨肉の争い

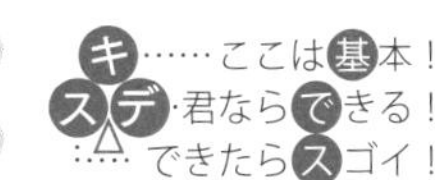

1 相続ってなんだろう？

相続とは、ある人が死亡した場合に、その者の権利義務を、一定の身分関係に立つ者が全部まとめて引き継ぐことをいいます。現行法では、原則として死者と一定の親族関係のあった者に権利義務を承継（引き継ぎ）させるという制度を採用しています。そのうえで、死者には遺言によって自分の選んだ者に権利義務を承継させる自由が一定限度で認められています。

相続の開始によって承継される財産的地位の従来の主体を**被相続人**といい、新たな主体を**相続人**といいます。

1 相続は、人の死亡によってただちに開始します（882条）①。また、失踪宣告（30条）されると、宣告を受けた者は死亡したものとみなされるため（31条）、相続が開始します。

なお、相続人は、被相続人の死亡時に生存していなければならないため、同時死亡の推定（32条の2）を受ける場合は、その相互間において相続は開始しません。

> **第882条　相続開始の原因**
> 相続は、死亡によって開始する。

失踪宣告については、第2章 権利の主体（自然人）の2(3)を見よう！
同時死亡の推定については、第2章 権利の主体（自然人）の2(4)を見よう！

2 だれが相続人なんだろう？

Case 1

①死亡した太郎には、妻花子と子A男、母良子がいました。太郎が残した財産は、だれが相続するのでしょうか。

2 ②太郎が死亡した当時、妻花子はすでに死亡していて、太郎の推定相続人②は子A男のみでした。しかし、太郎の生前、太郎とA男の間の親子関係は険悪で、A男は太郎を

推定相続人とは、相続が開始した場合に相続人となるべき者のことをいいます（892条括弧書）。

バットで殴り殺そうとして、刑に処せられたことがありました。A 男は太郎の遺産を相続できるのでしょうか。

③死亡した太郎には妻花子と子 A 男がいて、A 男には妻 B 子と子 C 男（太郎の孫）がいます。A 男がすでに死亡していた場合、太郎が残した財産は、だれが相続するのでしょうか。

Answer 1 ①太郎の財産は、妻花子と子 A 男が相続します。

②A 男は太郎の遺産を相続できません。

③太郎の財産は、妻花子と孫 C 男が相続します。

(1) 相続人の範囲と順位はどう決まるの？

被相続人が遺言を残さずに死亡した場合、次のルールに
3 従って相続人が確定します。

（1）配偶者は相続人になれるの？

被相続人の配偶者は、常に相続人となります（890条前段）③。ここでいう配偶者とは、法律上の配偶者をいい、内縁の配偶者を含みません。

（2）どのような血族なら相続人になれるの？

4 血族相続人は、1. 子、2. 直系尊属、3. 兄弟姉妹の優先順
位で相続人となります。

1. の子は、配偶者と並んで最優先で相続人となります
5 （887条1項）④。実子であるか養子であるかを問いません。子が
数人いる場合の順位は同順位となります。

2. の直系尊属とは、父母や祖父母等のことをいい、第1順位の子がいない場合に、第2順位の相続人となります（889条1項1号）⑤。直系尊属のなかでは、親等の近い者が優先します（889条1項1号ただし書）。

被相続人に子、直系尊属がいない場合に、3. の兄弟姉妹が第3順位の相続人になります（889条1項2号）。兄弟姉妹が数人いる場合の順位は同順位となります。

第890条　配偶者の相続権
被相続人の配偶者は、常に相続人となる。この場合において、第887条又は前条の規定により相続人となるべき者があるときは、その者と同順位とする。

第887条　子及びその代襲者等の相続権
1　被相続人の子は、相続人となる。

第889条　直系尊属及び兄弟姉妹の相続権
1　次に掲げる者は、第887条の規定により相続人となるべき者がない場合には、次に掲げる順序の順位に従って相続人となる。
①　被相続人の直系尊属。ただし、親等の異なる者の間では、その近い者を先にする。
②　被相続人の兄弟姉妹

Case 1-①では、まず、妻花子は配偶者なので、相続人となります。そして、A男と母良子のうち、子であるA男が、直系尊属である良子に優先して相続人となります。良子は相続人になれません。

(2) 相続人のはずが相続できない場合 ―欠格と廃除―

(1) 欠格ってなんだろう？

相続欠格とは、相続人の不正行為に対する制裁として、相続権を奪う制度をいいます（891条）⑥。不正行為とは、被相続人を殺害しようとして刑に処せられたり、遺言を隠したりする行為等をいいます。欠格事由に該当する相続人は、当然に相続権を喪失します。欠格事由が相続開始後に生じる場合には、相続開始時にさかのぼって相続権を失います。

Case 1-②では、A男には欠格事由（891条1号）があるため、A男は相続権を喪失し、相続人となることができません。

(2) 廃除ってなんだろう？

廃除とは、欠格事由には該当しないものの、著しい非行等がある場合に、被相続人の意思によって、遺留分⑦をもつ推定相続人（兄弟姉妹以外の推定相続人）の相続権を喪失させる制度をいいます（892条）。欠格と違い、被相続人が家庭裁判所に廃除の請求をする必要があります。廃除原因として、被相続人に虐待をしたり、重大な侮辱を加えたり、その他の著しい非行があったときがあげられています（892条）。廃除がなされると、被廃除者は当該被相続人との関係で相続権を失います。

(3) 代襲相続について理解しよう

(1) 代襲相続ってなんだろう？

代襲相続とは、被相続人の子が、相続の開始以前に死亡等によって相続権を失ったときに、その者の子がこれに代わって相続人となる制度です（887条2項）⑧。つまり、被相続人の孫

6 **第891条 相続人の欠格事由**
次に掲げる者は、相続人となることができない。
① 故意に被相続人又は相続について先順位若しくは同順位にある者を死亡するに至らせ、又は至らせようとしたために、刑に処せられた者
② 被相続人の殺害されたことを知って、これを告発せず、又は告訴しなかった者。ただし、その者に是非の弁別がないとき、又は殺害者が自己の配偶者若しくは直系血族であったときは、この限りでない。
③ 詐欺又は強迫によって、被相続人が相続に関する遺言をし、撤回し、取り消し、又は変更することを妨げた者
④ 詐欺又は強迫によって、被相続人に相続に関する遺言をさせ、撤回させ、取り消させ、又は変更させた者
⑤ 相続に関する被相続人の遺言書を偽造し、変造し、破棄し、又は隠匿した者

7 **遺留分**とは、一定の相続人のために、法律上必ずとっておかなければならない相続財産の一定の割合のことをいいます（1042条以下）。
第29章 相続②で詳しく学習します。

8 **第887条 子及びその代襲者等の相続権**
2 被相続人の子が、相続の開始以前に死亡したとき、又は第891条の規定に該当し、若しくは廃

除によって、その相続権を失ったときは、その者の子がこれを代襲して相続人となる。ただし、被相続人の直系卑属でない者は、この限りでない。
3　前項の規定は、代襲者が、相続の開始以前に死亡し、又は第891条の規定に該当し、若しくは廃除によって、その代襲相続権を失った場合について準用する。

が相続することになります。相続権を失った者が相続していたら、その者からみずからもそれを承継できたという直系卑属の期待利益を保護する公平の原理に基づく制度です。

28-1

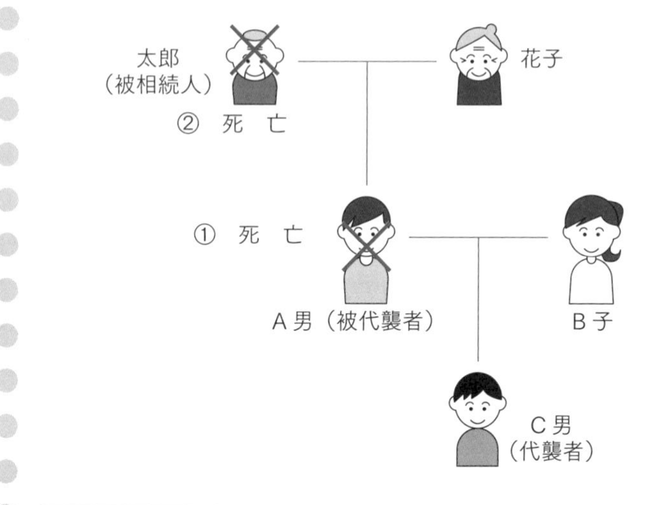

Case 1-③では、まず、妻花子は配偶者なので、相続人となります。次に、本来なら子のA男が相続人となるはずですが、被相続人太郎の死亡前にすでにA男が死亡しているため、孫C男が代襲相続します

さらに、被相続人の孫が相続の開始以前に死亡したときなどは、その者の子、つまりひ孫が代襲相続します（887条3項）。これを、**再代襲相続**といいます。

なお、兄弟姉妹の子にも代襲相続権が認められていますが、再代襲相続は認められません（889条2項・887条2項）。相続関係者が広範囲になると代襲相続人の存否・所在を把握するのが容易ではなく、その結果遺産分割が長期化し、相続人に不利益であるし、遺産の活用も妨げられることなどが理由です。

また、直系尊属は、親等の順で固有の相続権が認められているため、被代襲者にはなりません。

（2）どのような場合に代襲相続が生じるの？

代襲原因として、被代襲者の①相続開始前の死亡、②相続欠格、③廃除があります。相続放棄は代襲原因になりませんので、注意が必要です。

相続放棄については、4で詳しく学習します。

3 相続にはどんな効力があるんだろう？

Case 2 太郎は、1000万円の財産を残して死亡しました。太郎の死亡当時、妻花子、子A男、B子、母良子がいました。

①太郎の財産を、だれが、いくら相続するでしょうか。

②太郎が死亡する1年前に、太郎がA男に200万円の建物を贈与していた場合はどうでしょうか。

③B子が、生前太郎の事業を手伝い、太郎の財産の増加につき200万円の寄与をしていた場合はどうでしょうか。

Answer 2 ①妻花子が500万円、子A男、B子が250万円ずつ相続します。

②妻花子が600万円、子A男が100万円、子B子が300万円相続します。

③妻花子が400万円、子A男が200万円、子B子が400万円相続します。

（1）相続財産を包括承継するってどういうこと？

被相続人が死亡すると、被相続人に属していたいっさいの権利義務が相続人に包括的に承継されます。これを**包括承継**といいます（896条本文）[9]。たとえば、被相続人が住んでいた家の所有権や、被相続人が友人に貸していた貸金の返還請求権、家のローンの返還債務、占有権や、慰謝料請求権などは、すべて相続人に包括承継されます。例外として、被相続人の一身に専属したもの（一身専属権）は、承継されません（896条ただし書）。たとえば、使用借権（597条3項）や組合員としての地位

9 **第896条 相続の一般的効力**
相続人は、相続開始の時から、被相続人の財産に属した一切の権利義務を承継する。ただし、被相続人の一身に専属したものは、この限りでない。

（679条1号）などです。

(2) 相続分をどのように分けるの？

相続分とは、相続人が数人いる場合の、各相続人の承継割合のことをいいます。相続分には、指定相続分（902条）と法定相続分（900条）があります。**指定相続分**とは、被相続人が遺言によって指定する相続分のことをいいます。**法定相続分**とは、被相続人が相続分の指定をしなかった場合に、法律の規定によって定まる相続分のことをいいます。

第900条　法定相続分
同順位の相続人が数人あるときは、その相続分は、次の各号の定めるところによる。
① 子及び配偶者が相続人であるときは、子の相続分及び配偶者の相続分は、各2分の1とする。
② 配偶者及び直系尊属が相続人であるときは、配偶者の相続分は、3分の2とし、直系尊属の相続分は、3分の1とする。
③ 配偶者及び兄弟姉妹が相続人であるときは、配偶者の相続分は、4分の3とし、兄弟姉妹の相続分は、4分の1とする。
④ 子、直系尊属又は兄弟姉妹が数人あるときは、各自の相続分は、相等しいものとする。ただし、父母の一方のみを同じくする兄弟姉妹の相続分は、父母の双方を同じくする兄弟姉妹の相続分の2分の1とする。

（1）法定相続分はどのような配分になっているの？

法定相続分は、次の表のとおりです。

配偶者以外の相続人		配偶者
第1順位：子	1/2	1/2
第2順位：直系尊属	1/3	2/3
第3順位：兄弟姉妹	1/4	3/4

では、具体的にみていくことにしましょう。

（a）配偶者と子が相続人であるとき

配偶者が相続財産の2分の1を、子が2分の1を承継します（900条1号）。子が数人いるときは全員で均分することになります（900条4号本文）。

Case 2-①で、妻花子は太郎の配偶者なので、1000万円×1/2＝500万円を相続します。子A男、B子は、1000万円×1/2×1/2＝250万円ずつ相続します。そして、母良子は相続人ではないため、太郎の財産を相続しません。

（b）配偶者と直系尊属が相続人であるとき

配偶者が相続財産の3分の2を、直系尊属が3分の1を承継します（900条2号）。直系尊属が数人いるときは、全員で均分されます（900条4号本文）。

（c）配偶者と兄弟姉妹が相続人であるとき

配偶者が相続財産の4分の3、兄弟姉妹が4分の1を承継

します（900条3号）。兄弟姉妹が数人いるときは、全員で均分されます（900条4号本文）。ただし、数人いる兄弟姉妹のうち、父母の一方のみを同じくする兄弟姉妹の相続分は、父母の双方を同じくする兄弟姉妹の相続分の2分の1とされています（900条4号ただし書）。

（2）特別受益者の相続分（903条⑪）ってどうやって決めるの？

特別受益者とは、被相続人から、婚姻や養子縁組のため、もしくは生計の資本としての、生前贈与または遺贈を受けている相続人のことをいいます。共同相続人のなかに特別受益者がいる場合に、生前の贈与等を考慮しないで相続分を計算すると、共同相続人間で不公平が生じます。そこで、この場合には、特別受益者は、計算上特別受益を遺産に戻すべきものとしました。そのうえで具体的な相続分を計算し、特別受益者はそこから特別受益を控除することとしました。

Case 2-②で、生前にA男は太郎から200万円相当の建物を贈与されていますが、これは特別受益にあたります。そこで、計算上この200万円はいったん遺産に戻し、遺産は1000万円＋200万円＝1200万円と考えます。それを、花子とA男とB子に法定相続分に従って配分します。花子は、1200万円×1/2＝600万円、B子は、1200万円×1/2×1/2＝300万円となります。A男は特別受益者なので、1200万円×1/2×1/2＝300万円から特別受益である200万円を控除して、100万円となります。

（3）寄与分（904条の2）ってなんだろう？

寄与分制度とは、共同相続人のなかに被相続人の財産の維持・増加に特別に貢献した者がいる場合、その者の相続分を算定するときには、寄与に応じた増加を認める制度をいいます（904条の2第1項⑫）。これは、特別受益者と同様、共同相続人間の公平を図るための制度です。寄与分を受けられる具体例としては、被相続人の事業を手伝ったり、被相続人の療養看護をしたりする場合などがあげられます。相続分を算定する

11 **第903条　特別受益者の相続分**
1　共同相続人中に、被相続人から、遺贈を受け、又は婚姻若しくは養子縁組のため若しくは生計の資本として贈与を受けた者があるときは、被相続人が相続開始の時において有した財産の価額にその贈与の価額を加えたものを相続財産とみなし、第900条から第902条までの規定により算定した相続分の中からその遺贈又は贈与の価額を控除した残額をもってその者の相続分とする。
2　遺贈又は贈与の価額が、相続分の価額に等しく、又はこれを超えるときは、受遺者又は受贈者は、その相続分を受けることができない。
（略）

12 **第904条の2　寄与分**
1　共同相続人中に、被相続人の事業に関する労務の提供又は財産上の給付、被相続人の療養看護その他の方法により被相続人の財産の維持又は増加について特別の寄与をした者があるときは、被相続人が相続開始の時において有した財産の価額から共同相続人の協議で定めたその者の寄与分を控除したものを相続財産とみなし、第900条から902条までの規定により算定した相続分に寄与分を加えた額をもってその者の相続分とする。

際は、まず相続財産から寄与分を控除し、具体的相続分を計算し、寄与をした相続人には寄与分を加算します。

Case 2-③で、B子は、生前太郎の事業を手伝い、太郎の財産の増加について200万円の寄与をしています。そこで、この200万円を太郎の財産から控除します。そうすると、花子は、(1000万円−200万円)×1/2＝400万円、A男は、(1000万円−200万円)×1/2×1/2＝200万円となります。B子は、(1000万円−200万円) 1/2×1/2＝200万円に寄与分である200万円を加算して、400万円となります。

(3) 相続人が数人いると遺産は共有状態になる

被相続人の死亡と同時に相続が開始しますが、相続人が数人いる場合 (共同相続) には、遺産分割が完了してはじめて、相続財産は各相続人の固有財産となります。ところが、実際の遺産分割は、相続開始後長い時間をおいてから始まることが多いのです。そのため、相続人が数人いる場合、遺産分割が完了するまでの間は、各相続人で相続財産を共有することになります (898条)⑬。これを、**遺産の共有**といいます。

13 **第898条　共同相続の効力**
相続人が数人あるときは、相続財産は、その共有に属する。

(4) 遺産分割ってなんだろう？

遺産分割とは、共同相続の場合に、相続人の共有となっている遺産を協議などにより分割し、各相続人の単独財産にすることをいいます (906条以下)。遺産分割は共同相続人の自由意思で行われるものですから、協議の結果、各相続人が現実に取得する相続財産の額がその相続分に対応していなくても有効です。

たとえば、太郎が遺産 (不動産3000万円、預貯金3000万円) を残して死亡し、妻花子と子A男、B子が共同相続した場合、花子とA男とB子で遺産分割協議を行って、法定相続分に従って花子が3000万円分の不動産を取得し、A男とB子が預貯金1500万円ずつを取得すると決めることも可能ですし、法定相続分とは違う割合で、花子が預貯金1000万円を取得し、A男が3000万円分の不動産、B子が預貯金2000万円を取得すると決めることも可能です。

遺産の分割は、相続開始の時にさかのぼって効力を生じます（909条本文）。

4 相続の承認や放棄はどうやってするの？

Case 3 太郎は、1500万円の不動産と2000万円の借金を残して死亡しました。太郎の唯一の相続人花子は、太郎の代わりに2000万円の借金を返済しなければならないのでしょうか。

Answer 3 花子は、相続放棄または限定承認という手続をとれば、借金を全額返済しない、あるいは相続財産の限度で返済すれば足りることになります。

(1) 相続の承認・放棄は何のためにあるの？

遺産のなかには、不動産や預貯金などのように価値のある資産（積極財産）だけでなく、借金のような負の財産（消極財産）も含まれます。そうすると、たとえ遺産のなかに価値のある資産があっても、それを上回る多額の借金があるような場合、相続により相続人が過大な債務を負担しなければならなくなり、相続人にとって酷であるといえます。そこで、相続人は、相続を**①無条件に承認するか**（単純承認、920条）、**②一定の留保をつけて承認するか**（限定承認、922条以下）、**③全面的に拒絶するか**（相続放棄、938条以下）を自由に選択できるものとしました。

相続の承認・放棄は、相続開始後にされる必要があり、開始前にその意思表示をしても無効です。また、相続の承認・放棄は、原則として、相続人が、自分のために**相続の開始が**

あったことを知った時から3か月以内にしなければなりませ
14 ん（915条1項）。だれが相続人となるかをなるべく早く確定させることが、共同相続人や相続財産の債権者にとって望ましいとともに、相続人は承認するか放棄するかを判断するために遺産について十分な調査をして慎重な判断をする時間が必要だからです。この期間のことを熟慮期間といいます。

> **第915条　相続の承認又は放棄をすべき期間**
> 1　相続人は、自己のために相続の開始があったことを知った時から3箇月以内に、相続について、単純若しくは限定の承認又は放棄をしなければならない。ただし、この期間は、利害関係人又は検察官の請求によって、家庭裁判所において伸長することができる。

(2) 単純承認ってなんだろう？

単純承認とは、相続人が、被相続人の権利義務を全面的に承継することを内容として相続を承認することをいいます
（920条）。単純承認は、その意思表示をしなくても、相続人が
15 相続財産の全部または一部を処分した場合（921条1号本文）、熟慮期間内に限定承認または放棄をしなかった場合（921条2号）、限定承認または放棄をした後でも、相続財産を隠匿したり、消費したりした場合（921条3号）、単純承認をしたものとみなされます（921条）。

> **第920条　単純承認の効力**
> 相続人は、単純承認をしたときは、無限に被相続人の権利義務を承継する。

Case 3で、花子が単純承認をした場合、花子は1500万円の不動産を承継することができますが、2000万円の借金も承継しなければならず、全体として500万円の負債を承継することとなってしまいます。

(3) 限定承認ってなんだろう？

限定承認とは、相続人が、被相続人の債務などの弁済を相続財産の限度においてのみすることを条件に、相続の承継を
16 することをいいます（922条以下）。過大な債務の承継から相続人の利益を保護する制度です。相続人が数人いるときは、手続が複雑になるのを防止するため、共同相続人の全員が共同してのみ、限定承認をすることができます（923条）。限定承認をした相続人は、相続によって得た財産の限度においてのみ、被相続人の債務や遺贈を弁済すればよくなります（922条）。

> **第922条　限定承認**
> 相続人は、相続によって得た財産の限度においてのみ被相続人の債務及び遺贈を弁済すべきことを留保して、相続の承認をすることができる。

Case 3で、太郎の遺産は1500万円の不動産（積極財産）と

2000万円の借金（消極財産）ですが、全体としてみると消極財産のほうが多いです。そこで、花子は限定承認をすることで、2000万円の借金については相続した1500万円の不動産の限度しか責任を負わず、残りの500万円の借金を花子固有の財産をもって弁済する必要はなくなります。

(4) 相続放棄するとどうなるの？

相続放棄とは、相続人が、被相続人に属するいっさいの権利義務を承継しないことをいいます（938条以下）[17]。各相続人は、単独で相続放棄をすることができます。被相続人の遺言によっても、相続放棄を禁止することはできません。相続を放棄した場合、相続開始の時にさかのぼってはじめから相続人とならなかったものとみなされます（939条）[18]。相続放棄がされた場合、代襲相続はされません。放棄とは自己の系統に遺産はいらないとの意思とみなされるからです。なお、相続放棄と違い、前に説明した相続欠格と廃除は代襲相続原因となるので注意しましょう。

Case 3で、太郎の遺産は全体としてみると消極財産のほうが多いので、花子は、相続を放棄することで、借金2000万円を相続しなくてよいことになります。相続を放棄すると、相続人でなかったことになり、積極財産も承継することができません。そのため、花子は1500万円の不動産も相続できないことになります。

5 相続人の不存在ってなんだろう？

相続人の不存在とは、ある人が死亡した場合において、相続人がいることが明らかでないことをいいます（951条参照）。

相続人が不存在の場合、①特別縁故者に対して相続財産を分与するか（958条の3）[19]、②残余財産を国庫へ帰属させることとなります（959条）。

17 **第938条 相続の放棄の方式**
相続の放棄をしようとする者は、その旨を家庭裁判所に申述しなければならない。

18 **第939条 相続の放棄の効力**
相続の放棄をした者は、その相続に関しては、初めから相続人とならなかったものとみなす。

19 **第958条の3 特別縁故者に対する相続財産の分与**
1 前条の場合において、相当と認めるときは、家庭裁判所は、被相続人と生計を同じくしていた者、被相続人の療養看護に努めた者その他被相続人と特別の縁故があった者の請求によって、これらの者に、清算後残存すべき相続財産の全部又は一部を与えることができる。

①の**特別縁故者に対する相続財産の分与**とは、相続人ではないけれども被相続人と深い縁故をもっていた者（特別縁故者）に対して、相続財産の分与をすることをいいます。相続人の不存在が確定した場合に、遺産を国庫へ帰属させることよりも、内縁の妻や事実上の養子のような特別縁故者に財産を分与するほうが好ましい場合があるため、設けられた制度です。

プラスα文献

試験対策講座・親族・相続 7章～11章
条文シリーズ 5編1章～4章、6章
ステップアップ No. 42

第28章 Exercise

1	相続欠格の効果は、何らの手続を要することなく法律上当然に発生し、欠格事由が相続開始後に生じる場合には、相続開始時にさかのぼって発生する。（特別区 H16 年）	○ 2【2】(1)
2	相続欠格においては、その効果は一定の欠格事由があれば法律上当然に生ずるが、相続人の廃除においては、その効果は被相続人からの廃除請求による家庭裁判所の審判の確定によって生ずる。（行書 H21-35）	○ 2【2】(1)、(2)
3	被相続人の死亡後、その子Aが、相続に関する被相続人の遺言書を偽造したときは、相続欠格事由に該当するので、Aは相続権を失い、<u>Aの子aもこれを代襲して相続人となることはできない</u>。（特別区 H20 年）	× 2【2】(1)、【3】(2)
4	被相続人は、推定相続人であるその兄弟姉妹から虐待または重大な侮辱を受けた場合は、家庭裁判所の審判により、<u>当該推定相続人を廃除することができる</u>。（特別区 H16 年）	× 2【2】(2)
5	被相続人の子が、子どもがなく、相続の開始以前にその配偶者だけを残して死亡した場合には、<u>当該配偶者に代襲相続が認められる</u>。（特別区 H16 年）	× 2【3】(1)
6	被相続人の子が<u>相続を放棄した場合には、その者の子に代襲相続が認められる</u>。（国Ⅱ H17 年）	× 2【3】(2)、4【4】
7	被相続人の支配のなかにあった物は、原則として当然に相続人の支配のなかに承継されるので、その結果として、占有権は相続の対象となる。（国Ⅱ H16 年）	○ 3【1】
8	相続人が配偶者1名と直系尊属1名のみである場合には、当該配偶者と直系尊属の法定相続分は、<u>各2分の1</u>となる。（国税 H22 年）	× 3【2】(1)(b)
9	相続人は、単純承認をしたときは、無限に被相続人の権利義務を承継する。また、相続人は、相続によって得た財産の限度においてのみ被相続人の債務および遺贈を弁済することを留保して、相続の承認をすることもできる。（国税 H22 年）	○ 4【1】【2】【3】

Topics

子どもに罪はない――全員一致の違憲判決

芸能人などが家庭の外にいわゆる隠し子をもっているといった報道を耳にしたことがあるかと思います。また、一緒に暮らしてはいるけれども籍を入れていない、いわゆる事実婚カップルが増えたため、そのようなカップル間に生まれる子も近年増えています。このような結婚していない男女間に生まれた子のことを、一般的には婚外子、民法上は非嫡出子（ひちゃくしゅつし）といいます。他方、結婚している男女間に生まれた子のことを婚内子、民法上は嫡出子といいます。つい最近まで、非嫡出子と嫡出子は、相続の場面で違った取扱いがされてきました。

第 28 章でも触れましたが、親が死亡すると、その財産は子に平等に相続されるのが原則です。しかし、民法 900 条 4 号ただし書は、子のなかに非嫡出子がいる場合、その相続割合は嫡出子の 2 分の 1 になると規定していました。

2013 年 9 月 4 日、最高裁判所はこのような条文は、人は法の下に平等であるということを規定した憲法 14 条に違反するという判断をしました。つまり、非嫡出子の相続分を嫡出子の半分と規定した民法 900 条 4 号ただし書を、違憲であると判断したのです。

この最高裁判所のだした結論について、どう思いますか。家庭をないがしろにして不倫をした結果生まれた子に対して、同じ額の遺産を相続させるのは不当だと感じるかもしれません。また、非嫡出子の相続分を嫡出子の相続分と同額にすることで、ますます法律婚をないがしろにして不倫をする人が増えるのではないかと心配する人もいるかもしれません。しかし、嫡出子として生まれるか、非嫡出子として生まれるかは親の責任であり、子どもが決められることではありません。父母が婚姻関係になかったという、子どもにとって選択の余地がない理由で不利益を及ぼすことは許されないことです。不倫をして法律関係をないがしろにすることはたしかにほめられたことではありませんが、それに対する罰は親が受けるものであって、生まれてきた子どもが受けるものではないのです。

第29章

相続②——遺言は意外とめんどうくさい

1 遺言(いごん)ってなんだろう？

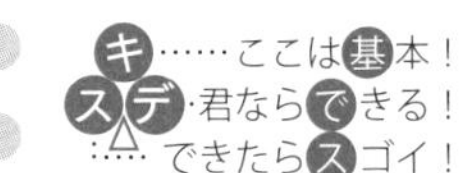

Case 1 幸子と結婚したコンビニ店長も、75歳になりました。子どももA男、B子の2人いますが、長年別居していて、20年ほど前から別の女性愛子（50歳）と暮らしています。店長には1000万円ほど財産があり、自分の死後、この財産をなるべく多く愛子に渡したいと考えています。
どのような方法があるでしょうか。

Answer 1 店長は遺言をすることで、店長の死後愛子に自己の財産を承継させることが可能となります。

(1) 遺言について理解しよう

遺言とは、一定の方式で表示された個人の意思に、その者の死後、それに即した法的効果を与えるという法技術のことをいいます（960条以下）。遺言制度は、遺言者の最期の意思を尊重し、主に相続の法定の原則を修正するために用いられます。遺言者の死亡後は、遺言者の真意を確認することができません。そのため、方式に違反する遺言は無効となります。

また、遺言は、2人以上の者が同じ証書ですることができません（共同遺言の禁止、975条）。なぜなら、数人が同じ証書で遺言をすると、一方の遺言者の意思内容が他方の意思によって制約されるおそれがありますし、また、他方の意思によって自由に撤回することが困難になるからです。

遺言は、15歳以上であれば、だれでも行うことができます

(961条)。制限行為能力者も、一定の要件のもとで単独で遺言をすることができます。次の表を参照してください。

種類	遺言できる場合
未成年者	15歳に達した者は、単独で遺言をすることができる(961条)。
被保佐人 被補助人	保佐人、補助人の同意を得ずに単独で遺言をすることができる(962条)。
成年被後見人	事理を弁識する能力を一時的に回復したときで、かつ、2人以上の医師の立会いがあるとき、単独で遺言をすることができる(973条1項)。

(2) 遺言は自由につくれるの？

遺言は、遺言者が死亡したときからその効力が生じるので(985条1項)、効力が生じるときは、もはやその意思を本人に確認することができません。そこで、あらかじめ遺言者の意思を明確にするため、**遺言は厳格な要式行為**とされています。遺言は、法律などで決められた方式によって作成する必要があり、自由度が低いです。

遺言の方式には、大きく分けて普通方式と特別方式があります。次の図をみてください。

29-1

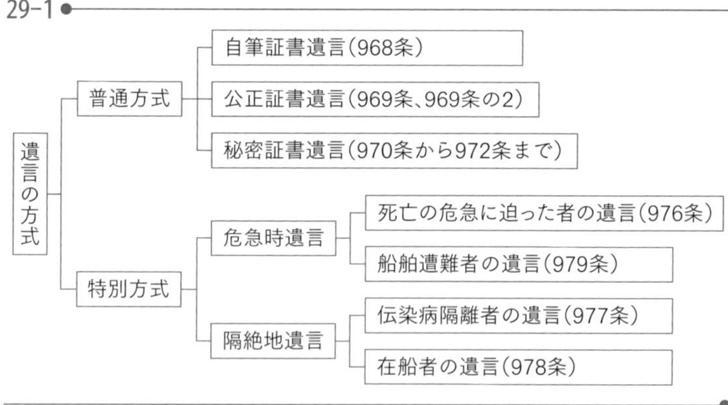

普通方式とは、人々が日常の平穏な生活状態のもとで遺言をする場合に踏むべき方式をいい、**自筆証書遺言**と**公正証書**

遺言と秘密証書遺言があります。各遺言の方式については、次の表をみてください。

種類	自筆証書遺言	公正証書遺言	秘密証書遺言
方式	遺言者が遺言書の全文・日付・氏名を自書し、これに押印する。 ただし、自筆証書遺言本文に添付される財産目録は、自書でなくても可	①2人以上の証人 ②公証人に遺言を口授 ③公証人が筆記して遺言者と証人に読み聞かせるか、閲覧させる ④遺言者と証人が筆記の正確なことを承認した後、署名押印 ⑤公証人が方式に従って作成した旨を付記して署名押印	①遺言者が証書に署名押印 ②遺言者が証書を封じて、証書に用いた印章で封印 ③公証人1人と証人2人以上の前に封書を提出し、自己の遺言書である旨、筆者の氏名・住所を申述 ④公証人が封紙に証書提出の日付と遺言書の申述を記載し、遺言者・証人・公証人が封書に署名押印

特別方式とは、普通方式によって遺言をすることが困難または不可能である場合にかぎって、許される簡単な方式をいいます（967条ただし書、976条から979条まで）。

(3) 遺言の効力はいつ発生するの？

遺言の効力が発生するのは、原則として、遺言者の死亡の時です（985条1項）。ただし、停止条件付きの遺言の場合には、その条件が遺言者の死亡後に成就したときは、条件が成就した時からその効力が生じます（985条2項）。たとえば、遺言の内容として、私が死んでから1か月以内に雪が降ったら、相続財産のうちの建物をMにあげる、雪が降らなかったらNにあげる、という遺言は停止条件付きの遺言にあたります。

1 **第985条　遺言の効力の発生時期**
1　遺言は、遺言者の死亡の時からその効力を生ずる。
2　遺言に停止条件を付した場合において、その条件が遺言者の死亡後に成就したときは、遺言は、条件が成就した時からその効力を生ずる。

(4) 遺贈ってなんだろう？

遺贈とは、遺言によってみずからの財産を無償で他人に与えることをいいます。遺贈には、包括遺贈と特定遺贈があります（964条本文）。**包括遺贈**とは、遺産の全部または一部を一定の割合で示してする遺贈をいいます。**特定遺贈**とは、特定の具体的な財産的利益の遺贈をいいます。

かりに **Case 1** で、店長が「私の財産の3分の1を愛子に、3分の1を妻幸子に、6分の1ずつをA男とB子に与える」という遺言を残した場合、これは遺産の全部を一定の割合で示しているため、包括遺贈にあたります。また、店長が「私の財産のうち、500万円の不動産を妻幸子に、100万円の預貯金をA男に、100万円の株をB子に、300万円の宝石を愛子にそれぞれ与える」という遺言を残した場合、これは特定の具体的な財産的利益の遺贈なので、特定遺贈にあたります。

(5) 遺言の執行ってなんだろう？

遺言の執行とは、遺言の効力が発生した後、その内容を実現する行為をいいます（1004条以下）。たとえば、遺言で特定の者に不動産を遺贈する旨が定められていた場合には、対抗要件を備えるために登記手続をする必要があります。その登記をすることが遺言の執行にあたります。

遺言執行者とは、遺言者に代わり、遺言の内容の実現に向けて、必要ないっさいの事務を行う者をいいます（1012条1項）。遺言執行者がいる場合は、遺言の執行は遺言執行者に委ねられ、相続人は、遺言の執行について何らの権限もなくなります。遺言は、内容によっては相続人間の争いをもたらします。そのため、相続人が遺言を執行したのでは、公正に執行されないおそれがあります。そのような場合に備えて遺言執行者をおいておくことで、遺言の執行が円滑に進むことが期待できます。

(6) 遺言は撤回できるの？

遺言の撤回とは、適法に作成されたけれども、いまだ効力の発生していない遺言について、将来におけるその効力の発生を阻止する遺言者の行為のことをいいます。法律の定めた要件に沿って遺言を作成したが、その遺言をとりやめたいときにする行為のことです。

遺言制度は、遺言者の最終意思を尊重するための制度ですから、遺言者は、いつでも、作成した遺言の全部または一部を撤回することができますし（1022条）②、また、遺言者は、遺言を撤回する権利を放棄することができません（1026条）③。

また、遺言者による撤回行為がなくても、遺言者が遺言の趣旨と抵触する行為をした場合には、抵触した部分は、撤回されたものとみなされます（法定撤回、1023条以下）。具体的には、①前の遺言と抵触する内容の遺言が後になされた場合（1023条1項）④、②遺言をした後にそれと抵触する行為がされた場合（1023条2項）、③遺言者が遺言書を破棄した場合（1024条前段）⑤、④遺言者が遺贈の目的物を破棄した場合（1024条後段）には、法定撤回があったとされます。たとえば、②の例として、遺言者が、建物をMに遺贈する旨の遺言をした後、死亡前にその建物をNに売却した場合、Mへの遺贈は撤回されたことになります。

2 **第1022条　遺言の撤回**
遺言者は、いつでも、遺言の方式に従って、その遺言の全部又は一部を撤回することができる。

3 **第1026条　遺言の撤回権の放棄の禁止**
遺言者は、その遺言を撤回する権利を放棄することができない。

4 **第1023条　前の遺言と後の遺言との抵触等**
1　前の遺言が後の遺言と抵触するときは、その抵触する部分については、後の遺言で前の遺言を撤回したものとみなす。
2　前項の規定は、遺言が遺言後の生前処分その他の法律行為と抵触する場合について準用する。

5 **第1024条　遺言書又は遺贈の目的物の破棄**
遺言者が故意に遺言書を破棄したときは、その破棄した部分については、遺言を撤回したものとみなす。遺言者が故意に遺贈の目的物を破棄したときも、同様とする。

2 遺留分ってなんだろう？

Case 2　店長には、妻幸子と子A男、B子がいますが、自己の全財産2000万円を愛人愛子に贈与してしまい、その3か月後に死亡しました。
妻幸子と子A男、B子は、愛子から2000万円を返してもらうことができないのでしょうか。

Answer 2　妻幸子は500万円、子A男、B子は250万円ずつを、それぞれ愛子から返してもらえます。

(1) 遺留分について理解しよう

遺留分とは、一定の相続人のために、法律上必ずとってお

かなければならない相続財産の一定の割合のことをいいます
6 (1042条以下)⑥。

本来、被相続人は自己の財産を遺言によって自由に処分できるのが原則です。しかし、近親者の相続への期待を保護し、また、遺族の生活の保障をする必要もあります。そこで、被相続人の処分の自由と相続人の保護との調和のため、遺留分制度が定められました。

(2) 遺留分権利者ってだれのこと？　その遺留分はどのくらいなの？

遺留分権利者は、**兄弟姉妹を除く法定相続人**です。つまり、配偶者、子とその代襲者、直系尊属です（1042条1項）。胎児も含まれます（886条1項）。

直系尊属のみが相続人である場合の遺留分は、**被相続人の財産の3分の1**です。**その他の場合**の遺留分は、**被相続人の財産の2分の1**です（1042条1項）。遺留分権利者が複数いるときは、全体の遺留分の割合に、それぞれの遺留分権利者の法定相続分の割合を乗じたものが、その者の遺留分の割合となります（1042条2項、900条、901条）。

Case 2 では、直系尊属のみが相続人である場合にあたりませんので、店長の財産の2分の1が遺留分となります。

また、遺留分権利者は幸子、A男、B子と複数いるため、各人の遺留分の割合は、全体の遺留分の割合（2分の1）にそれぞれの遺留分権利者の法定相続分の割合を乗じたものとなります。

幸子は、1/2（全体の遺留分の割合）×1/2（幸子の法定相続分の割合）＝1/4、A男、B子はそれぞれ、1/2（全体の遺留分の割合）×1/2（A男、B子の法定相続分の割合）×1/2（子の頭数）＝1/8の遺留分の割合となります。

> **第1042条　遺留分の帰属及びその割合**
> 1　兄弟姉妹以外の相続人は、遺留分として、次条第1項に規定する遺留分を算定するための財産の価額に、次の各号に掲げる区分に応じてそれぞれ当該各号に定める割合を乗じた額を受ける。
> ①　直系尊属のみが相続人である場合　3分の1
> ②　前号に掲げる場合以外の場合　2分の1
> 2　相続人が数人ある場合には、前項各号に定める割合は、これらに第900条及び第901条の規定により算定したその各自の相続分を乗じた割合とする。

(3) 遺留分侵害額請求権ってなんだろう？

（1）遺留分侵害額請求権について理解しよう

遺留分侵害額請求権とは、相続人が受け取った遺産額が遺留分にみたないときに、遺留分を侵害した額の金銭の支払を、財産の受遺者[7]または受贈者[7]に請求することができる権利をいいます。

遺留分侵害額請求は、受遺者や受贈者に直接意思表示をし、受遺者がこれに応じない場合には、訴えを起こすことができます。

遺留分侵害額請求をするためには、自分の遺留分がいくら害されているのか、遺留分侵害額を算定する必要があります。遺留分侵害額の算定は3ステップです。①まず、基礎財産を算定します。基礎財産とは、簡単にいえば、相続財産の価格です。詳しくは（2）で説明します。②次に、個別的遺留分を①に掛けます。個別慰留分とは、(2)で算定した1人ひとりの遺留分割合です。③この金額から相続によって得た額を引きます。残った額が遺留分侵害額です。

Case 2 では、①店長の全財産が2000万円なので、これが基礎財産となります。②次に、妻幸子の慰留分は1/4、子A男、B子は各1/8ですから、幸子は2000×1/4で500万円、A男、B子は2000万円×1/8で250万円となります。③店長は財産をすべて愛子に渡していて、相続によって妻と子はまったく財産を得ていません。そのため、幸子は500万円−0円で500万円、A男、B子は250万円−0円で250万円を遺留分侵害額請求として愛子に請求できます。

7 受遺者とは、被相続人から遺贈を受けた者を、受贈者とは、被相続人から贈与を受けた者をいいます。

29-2

■遺留分侵害額

（2）遺留分の算定はどのように行うの？

遺留分侵害額請求をするにあたってはまず、遺留分を算定するために基礎財産の額（価額）を決める必要があります。こ
8 の価額は、被相続人が相続開始の時にもっていた財産の価額に、その贈与した財産の価額を加えた額から債務の全額を控除して決定します（1043 条 1 項）。なお、遺贈は、もともと相続財産に入っているので、加算する必要はありません。贈与は、**相続開始前の 1 年間にしたものにかぎり**、加算されるのが原則です（1044 条 1 項前段）。ただし、当事者の双方が遺留分権利
9 者に損害を与えることを知って贈与をしたときは、1 年前の日よりも前にしたものでも算入されます（1044 条 1 項後段）。**Case 2** では、店長は生前に全財産を愛子に贈与してしまったため、店長が相続開始のときにもっていた財産はゼロです。それに、愛子に贈与した 2000 万円を加算します。債務はないため、遺留分は 1000 万円となります。

では、共同相続人の 1 人だけに贈与された分は、遺留分算定の基礎財産として算入されるでしょうか。

この場合には、①特別受益（904 条参照）にあたり、かつ、②相続開始前の 10 年間にされたものであれば、遺留分算定の基礎財産に算入されます（1044 条 2 項、3 項）。共同相続人の 1 人に対する贈与は、実質的にみて相続財産の前渡し（生前贈与）です。ですから、ここに着目して、共同相続人相互の公平の維持を図り、基礎財産に算入されるのです。ただ、その一方で、相続開始よりもかなり前に贈与を受けた受贈者の地位の
10 安定性を確保する必要があるため、基礎財産に組み入れることができる贈与は、相続開始前の 10 年間にされたものにかぎられています。

(4) 遺留分の放棄はできるの？

相続開始前であれば遺留分の放棄は、家庭裁判所の許可を受けたときにかぎり、することができます（1049 条 1 項）。なぜ

第 1043　遺留分を算定するための財産の価額
1　遺留分を算定するための財産の価額は、被相続人が相続開始の時において有した財産の価額にその贈与した財産の価額を加えた額から債務の全額を控除した額とする。

第 1044 条
1　贈与は、相続開始前の 1 年間にしたものに限り、前条の規定によりその価額を算入する。当事者双方が遺留分権利者に損害を加えることを知って贈与をしたときは、1 年前の日より前にしたものについても、同様とする。
2　第 904 条の規定は、前項に規定する贈与の価額について準用する。
3　相続人に対する贈与についての第 1 項の規定の適用については、同項中「1 年」とあるのは「10 年」と、「価額」とあるのは「価額（婚姻若しくは養子縁組のため又は生計の資本として受けた贈与の価額に限る。）」とする。

第 1049 条　遺留分の放棄
1　相続の開始前における遺留分の放棄は、家庭裁判所の許可を受けたときに限り、その効力を生ずる。
2　共同相続人の 1 人のした遺留分の放棄は、他の各共同相続人の遺留分に影響を及ぼさない。

なら、被相続人に遺留分をあらかじめ放棄するように強要されるおそれがあるからです。なお、遺留分と違い、第28章4で学習した相続の承認・放棄は、相続開始後に行われる必要があり、開始前にその意思表示をしても無効ですので、注意してください。

相続開始後の遺留分の放棄には、家庭裁判所の許可は不要です（1049条1項反対解釈）。

共同相続人のうち1人が遺留分を放棄しても、他の各相続人の遺留分に影響を及ぼしません（1049条2項）。放棄した分だけ被相続人の自由に処分できる財産が増加します。

プラスα文献

試験対策講座・親族・相続 12章、13章
条文シリーズ 5編7章、8章
ステップアップ No. 42

第29章 Exercise

1	遺言は、法律行為であり制限行為能力制度が適用されるので、法定代理人の同意のない未成年者の遺言は、未成年者の年齢にかかわらず無効である。（特別区 H18 年）	× 1【1】
2	遺言は、1人がひとつの証書でしなければならないことはなく、2人以上の者が同一の証書で共同遺言しても有効とされる。（特別区 H18 年）	× 1【1】
3	遺言の方式には、普通方式と特別方式があり、普通方式には自筆証書遺言と公正証書遺言、特別方式には秘密証書遺言がある。（特別区 H18 年）	× 1【2】
4	遺言は、遺言者の死亡の時からその効力を生ずるが、遺言に停止条件を付した場合において、その条件が遺言者の死亡後に成就したときは、遺言は、条件が成就した時からその効力を生ずる。（特別区 H18 年）	○ 1【3】
5	被相続人の配偶者、弟、妹の3人が相続人であったとすると、それぞれの遺留分の割合は、順に、8分の3、8分の1、8分の1である。（国Ⅱ H22 年）	× 2【2】
6	遺留分は、家庭裁判所の許可を受ければ、相続開始前に放棄することができる。（国Ⅱ H22 年）	○ 2【4】

事項索引

く

け

こ

さ

し

ち

つ

て

と

♠伊藤　真（いとう　まこと）

1981 年、大学在学中に 1 年半の受験勉強で司法試験に短期合格。同時に司法試験受験指導を開始する。1982 年、東京大学法学部卒業。1984 年、弁護士として活動しつつ受験指導を続け、法律の体系や全体構造を重視した学習方法を構築し、短期合格者の輩出数、全国ナンバー 1 の実績を不動のものとする。

1995 年、憲法の理念をできるだけ多くの人々に伝えたいとの思いのもとに 15 年間培った受験指導のキャリアを生かし、伊藤メソッドの司法試験塾をスタートする。

現在は、予備試験を含む司法試験や法科大学院入試のみならず、法律科目のある資格試験や公務員試験をめざす人たちの受験指導をしつつ、一人一票実現国民会議の事務局長として一票の価値実現をめざす等、社会的問題にも積極的に取り組んでいる。

「伊藤真試験対策講座」〔全 15 巻〕（弘文堂刊）は、伊藤メソッドを駆使した本格的テキストとして多くの読者に愛用されている。

（一人一票実現国民会議 URL：https://www2.ippyo.org/）

伊藤塾　〒150-0031　東京都渋谷区桜丘町 17-5　03（3780）1717
https://www.itojuku.co.jp

民法［第 2 版］【伊藤真ファーストトラックシリーズ 2】

2014（平成 26）年 6 月 15 日　初　版 1 刷発行
2020（令和 2 ）年 6 月 30 日　第 2 版 1 刷発行
2024（令和 6 ）年 5 月 30 日　同　3 刷発行

監修者　伊藤　真
著　者　伊藤　塾
発行者　鯉渕友南
発行所　株式会社 弘　文　堂　101-0062 東京都千代田区神田駿河台 1 の 7
TEL 03（3294）4801　振替 00120-6-53909
https://www.koubundou.co.jp

装　丁　大森裕二
イラスト（扉・表紙・帯）　都築昭夫
印　刷　三報社印刷
製　本　井上製本所

ISBN978-4-335-31461-2